A&Z

I MANOVRATORI

*Il Mondo è governato da persone
Assai diverse da quelle che vedete in Tv
E che figurano ai vertici delle istituzioni
Nazionali o sopranazionali.
Queste persone –da remoto-
Prendono decisioni sulla vostra vita e il vostro destino
Mentre i politici vi parlano di Democrazia…*

Adriana Zanese Inserra

Vol. II

Pubblicato da
Amazon Media eu

Isbn 9798514331284

Indice

Prologo

Cosa ha trattenuto le bestie da preda che sono chiamate uomini? Cosa è servito loro da guida fino ad ora?
Al principio del formarsi della società essi erano soggetti alla Forza, poi alla Legge, che è la stessa forza, soltanto mascherata. Io ne evinco che in base alla legge di natura il diritto sta nella forza.

La libertà politica è soltanto un'idea. Bisogna imparare ad applicarla quando se ne presenta la necessità, come un'esca per attrarre le masse al proprio partito, col proposito di abbatterne un altro che sta al governo. ….

Il nostro diritto sta nella forza. La parola *"diritto"* è un pensiero astratto e non viene provata da nulla. La parola non significa niente più che: *Dammi quello che voglio in maniera che così ho una prova di essere più forte di te.* ….

Qui senza un assoluto dispotismo non ci può essere esistenza alcuna per la civiltà che viene portata avanti non dalle masse ma dalle loro guide, chiunque esse siano. …

Il nostro contrassegno è Forza e Finzione. … Questo male è il solo e l'unico mezzo per ottenere il fine, il bene. Quindi non dobbiamo fermarci dinanzi alla corruzione, all'inganno ed alla truffa quando questi debbano servire ad ottenere il nostro scopo. In politica si deve sapere come conquistare la proprietà degli altri senza esitazione, se con essa noi ci assicuriamo sottomissione e sovranità. …..

Il nostro Stato, che marcia lungo il percorso della conquista pacifica, ha il diritto di sostituire gli orrori della guerra con sentenze di morte meno evidenti e più soddisfacenti, necessarie per mantenere il terrore che tende a produrre una cieca sottomissione.

In ogni angolo della terra le parole *"Libertà, Uguaglianza, Fraternità"* hanno portato ai nostri ranghi, grazie ai nostri ciechi agenti, intere legioni che hanno sorretto le nostre bandiere con entusiasmo. E per tutto il tempo queste parole sono state dei vermi cancerogeni nel benessere di Goym *(i Gentili)* mettendo fine ovunque a pace, quiete, solidarietà e distruggendo le basi degli Stati ....

(da *I Protocolli dei Savi Anziani di Sion,* 1905)

Nota - Come abbiamo già chiarito nel nostro "I Protocolli dei Savi di Sion e il Nuovo Ordine Mondiale", I Protocolli dei Savi Anziani di Sion (1905) devono considerarsi come l' opera di agenti di una setta segreta volta a screditare il popolo ebreo, strumentalizzandone il nome, la cultura e la religione per fini che nulla avevano, né hanno, a che vedere con il popolo ebraico stesso. Rimane tuttavia la sconcertante corrispondenza tra il progetto esposto dai Savi nei loro Protocolli e i fatti storici verificatisi dal 1905 ad oggi.

Presentazione

Il NWO e la Cospirazione Palese di Herbert G. Wells

*Nel 1928 H.G. Wells, forte sostenitore del Governo mondiale,
pubblicava il libro The Open Conspiracy
(La Cospirazione Palese), nel quale egli afferma: «Il carattere della
Cospirazione Aperta sarà ora esposto chiaramente. [….] Essa sarà
apertamente una religione mondiale».
E nel "Nuovo Ordine Mondiale" del 1940 sarà più esplicito:
« innumerevoli persone odieranno il Nuovo Ordine, saranno rese infelici
nella frustrazione delle loro passioni e ambizioni, a causa del suo
avvento e moriranno protestando contro di esso»*

*

La prima cosa da sapere è che il Potere, in qualsiasi forma-ordinamentale, specialmente forse in quella democratica, per governare ha bisogno di nascondere la verità, cioè di mentire. Il segreto principale concerne la natura stessa del potere, a chi appartiene. In questo saggio dimostreremo che chi ci governa, lo Stato stesso, il suo apparato nelle sue articolazioni amministrative dal centro alla periferia, i parlamenti, i tribunali, le forze armate, la polizia, sono una mera finzione (si tratta di una finzione, in particolare per quanto concerne il sistema giudiziario, non morale, ma ontologica, fattuale); finzione il cui scopo ultimo e decisivo è quello di imporre tributi ai cittadini, tenendoli sotto controllo, e di mantenere l'ordine pubblico, condizione necessaria questa per realizzare quella imposizione tributaria, la raccolta del denaro, frutto e furto del lavoro del popolo, in favore dei Banchieri, di fatto padroni dello Stato.

A tal fine, cioè la governabilità, si ammantano di moralità negativa tanto i delitti contro la persona, quanto quelli fiscali, senza il cui controllo e sanzione sarebbe impossibile qualsiasi governo. Queste caratteristiche sono emerse in maniera stridente con l'esplosione del Mondialismo, ovvero quel complesso di operazioni, dottrine e tendenze economiche, politiche e culturali, che i fautori di un Nuovo Ordine nel mondo hanno immesso nel circuito della Globalizzazione, a partire dagli anni Settanta.   Il meno che si possa dire è che i governi tutti sono delle impalcature teatrali, i governanti dei procuratori per conto dei Potentati Mondialisti, che di fatto decidono dietro le quinte, mentre manovrano i loro attori, scelti sulla base di due requisiti, la disponibilità ad obbedire, la ricattabilità.   Il primo non sta senza il secondo. La recita di questi attori-procuratori serve ad illudere il popolo circa il fatto che lo Stato sia retto da istituzioni democratiche, mentre esso è una gabbia per animali (dal loro punto di vista) avvolta dalle menzogne dei Padroni del Circo. Si inculca nel cittadino il principio della libertà e dei diritti, mentre il suo solo diritto è quello di votare per essere legato alla catena (alla frode) del Debito Pubblico e, per ripagarlo, di dover versare il prezzo del proprio lavoro, le tasse. Ma in capo a chi sta davvero il Potere? E' il tema di questo libro.

Cap. XII - I Rothschild

Padroni della Borsa e della Banca d'Inghilterra

Come scrive Eustace Mullins "New World Order: Our Secret Rulers") la Bank of England fu sempre un centro di intrighi internazionali, sin dal 1694, anno della sua fondazione da parte di un Consorzio di affaristi ebrei, al quale nel 1721 si unirono altri azionisti ebrei portoghesi e spagnoli (Medina, Da Costas, Fonseca, Henriquez, Mendez, Nunes e molti altri) che tennero il mercato azionario della Bank per più di due secoli quando arrivarono i Rothschilds. Il primo precetto del loro successo fu nel creare una domanda di prestiti da parte delle nazioni. Questo era ottenuto escogitando condizioni di panico finanziario, depressione, carestie, suscitando rivoluzioni e guerre. Ci illumina Frederic Morton nel suo "The Rothschilds", asserendo che per oltre un secolo e mezzo la storia della famiglia Rothschilds è stata la storia occulta dell'Europa occidentale.

"Qualcuno sostiene che la ricchezza dei Rothschids consiste nella bancarotta delle nazioni". Lo sostiene E. C. Knuth, in *The Empire of the City*, "il fatto che la Casa dei Rothschilds abbia fatto il proprio denaro durante i grandi crolli e nelle grandi guerre della storia, cioè nei periodi in cui gli altri perdevano le loro fortune, è fuori discussione ". Una tesi che persino il New York Times condivide, riportando un articolo dello storico tedesco professor Wihelm, 8 luglio 1937, " I Rothschilds introdussero il governo del denaro nella politica europea. Essi erano i servitori del denaro, e intrapresero la riedificazione del mondo a immagine del denaro e delle sue funzioni; (così) il denaro e l'uso della ricchezza sono diventati la legge della vita europea. Noi non abbiamo più nazioni, ma province economiche"

Se si guarda al mondo contemporaneo, più calzante definizione non si può trovare. Ancora John Reeves ("The Rothschilds: the Financial Rulers of Nations") scrive: " per i Rothschilds niente può essere stato più propizio dello scoppio della rivoluzione americana e poi di quella francese, poiché entrambe gettarono le fondamenta della loro immensa fortuna." La Casa Rothschild era (ed è) il (vero) potere governante in Europa, in quanto tutte le potenze hanno voluto riconoscere l'influenza del Grande Despota Finanziario e, simili a obbedienti vassalli, hanno pagato il loro tributo senza dire una parola. La sua (della Casa Rothschild) influenza era così onnipotente che circolava il detto, nessuna guerra potrebbe essere intrapresa senza l'assistenza dei Rothschilds. Essi ascesero a una posizione di tale potere politico e commerciale da diventare i Dittatori d'Europa.

Va da sé che i protagonisti di tanto potere ne erano ben consapevoli e se ne servivano per imporre quello che fu coniato politicamente come il Nuovo Ordine già nel Congresso di Vienna, seguito alla caduta di Napoleone, e con lui dei principi liberali. L'inglese lord Castlereagh era presente all'assise che doveva portare la Restaurazione nel continente, non tanto in rappresentanza del governo inglese, quanto dei suoi finanziatori, i Rothschilds. L'equilibrio delle Potenze di cui si discusse in quei mesi era in realtà l'inaugurazione di un sistema di controllo dei popoli, da manovrare a discrezione dei veri governanti, cioè i Banchieri. Un sistema che avrebbe saputo trasformarsi nel corso del XIX secolo, assumendo indifferentemente il volto di nuove rivolte e conquiste liberali -i moti del Risorgimento europeo, che avrebbero condotto alla istituzione degli Stati unitari nazionali, in Italia e in Germania- ma sempre manovrando per i propri interessi, al di sopra dei re e dei loro popoli, segretamrnte assoggettati dal Debito Pubblico. Nel XX e XXI secolo il sistema cambierà i suoi titoli; conseguite le conquiste liberal democratiche, lo slogan sarà sicurezza internazionale, il veicolo psicologico mendace per revocare democrazia e libertà personali. Ci torneremo nel capitolo sulla pandemia di Corona Virus.

ORIGINE DELLA LOCUZIONE   NUOVO ORDINE MONDIALE

Quanti in seguito parlarono e parlano di NWO, cioè FD Roosvelt ed Henry Truman, fino a GH Bush, sembrano ignorare che Hitler aveva quello stesso progetto, "il mio Nuovo Ordine per l'Europa" e per il mondo, e che essi, le forze democratiche d'Occidente, gli dichiararono guerra per impedirgli di portarlo a termine. Anche George Bush padre riprese, nel 1991 il tema con forza. Cambiavano gli slogan, "pace, sicurezza, giustizia, libertà", ma i fatti li riveleranno menzogneri. Bisogna andare più indietro, all'antesignano del Fuhrer, Adam Weishaupt, fondatore degli Illuminati di Baviera. Il presidente Bush (padre e figlio) non ha mai detto però al popolo americano che la locuzione NWO fu adottata dal Congresso nel 1782, quando venne apposta sul Gran Sigillo degli Stati Uniti la piramide tronca con l'occhio onniveggente massonico e la frase Novus Ordo Seclorum, con ciò vincolando la nazione campione delle libertà democratiche al Nuovo Ordine della setta degli Illuminati (nota – agli Illuminati di Baviera, sotto il nome di Società dei Giusti, apparteneva anche Carl Marx, il cui Manifesto è ricalcato sul programma politico della setta) e il cui potere totalitario era, ed è, simboleggiato dalla piramide.

Il verso della banconota da 1 dollaro

Un potere oggi in capo alle grandi Multinazionali di ogni settore, in particolare farmaceutico, nuova frontiera del Potere Mondiale, in un'era che inaugura le pandemie come guerre biologico/commerciali mascherate apparentemente fra le nazioni, in realtà come mezzo di sottomissione e controllo dei popoli. Con una premonizione, il filosofo Nathan Gardels, in un editoriale sul Washington Post (5.1.1992) avvertiva che il modello del Nuovo Ordine Globale aveva origine nell'antico dispotismo dell'Estremo Oriente, e che il futuro Governo Unico avrebbe avuto la sua area ideale non negli Stati Uniti, bensì in Cina, una Cina social/capitalista autoritaria.
Quanto il filosofo fosse vicino alla verità lo illustreremo nella parte dedicata ai Rothschilds contemporanei.

I Rothschilds, la Rivoluzione Bolscevica e il Tesoro degli Czar

Non vi è dubbio che uno dei successi più rimarchevoli fu per i Rothschilds la Rivoluzione bolscevica (che essi finanziarono con gli altri banchieri di Wall Street) per rovesciare la dinastia dei Romanovs e installare la dittatura comunista, più consona al loro progetto di un Nuovo Ordine.

Scrive Eustace Mullins che dopo la caduta di Napoleone (v. il vol. I di quest'opera) "i Rothschilds rivolsero il loro odio contro i Romanovs". Nel 1825 essi fecero avvelenare Alessandro I; nel 1855 fecero avvelenare Nicola I; nel 1882 assoldarono un gruppo di nichilisti (alla Dostoevskij) verosimilmente Tkačev e Neciaiev i quali assassinarono Alessandro II.

L'assalto dei Signori della City all'impero russo, venne lanciato nel 1905, coi primi tentativi di rovesciare lo czar, attraverso i moti popolari organizzati da loro agenti. Determinante era stato il rifiuto di Nicola II di lasciare aprire una Banca Centrale in San Pietroburgo, i cui azionisti privati avrebbero dovuto essere essi, i Rothschilds, onde stampare moneta gravata di signoraggio, ovvero Debito Pubblico, secondo una strategia ben collaudata con la Banca d' Inghilterra. Questa difesa della sovranità russa costò al Romanov la rivoluzione dell'ottobre 1917. La notte del 6 novembre seguente un drappello di Guardie Rosse arrivarono con un camion alla Banca Imperiale di Mosca, essi saccheggiarono la collezione di gioielli della famiglia dello czar e 700 milioni di dollari in oro; un bottino di oltre un miliardo di dollari.

Vi erano poi i depositi di denaro (somme enormi) che lo czar aveva investito in banche europee e americane. Tra il 1905 e il 1910, Nicola II aveva inviato all'estero più di $ 400 milioni. Inoltre egli possedeva investimenti per $ 15 milioni in quattro banche inglesi; $ 35 milioni nella Banca d'Inghlterra; $ 40 milioni nella banca Barings; $ 25 milioni nella Barclays e $ 30 milioni nella Lloyd Bank. A Parigi i Romanovs avevano depositato $ 100 milioni presso la Banca di Francia e $ 80 milioni nella banca Rothschild di Parigi. A Berlino la Banca Mendelshonn custodiva $ 132 milioni dello czar. Nessuna di queste somme è stata mai restitutita agli eredi. A interesse composto, dal 1916, esse ammontano a $ 50 miliardi.

Negli anni seguenti due eredi legittimi si fecero avanti per reclamare il tesoro dei Romanovs, il figlio minore Alexis e la più giovane delle granduchesse figlie dello czar, Anastasia. Malgrado prove cospicue attestanti il loro diritto, essi furono contrastati da battaglie giudiziarie sostenute da Lord Mountbatten, nipote della zarina (trucidata) Alexandra. **(1)** Il fatto era che Lord Mountbatten o Battenberg, era imparentato anche con la famiglia Rothschild, che non voleva che la fortuna degli czar lasciasse le loro banche.

La Famiglia Romanov, trucidata per ordine di Lenin

____

(1) – *Alexandra Assia-Darmstad, sposata a Nicola II. In un'Europa dove tutte le dinastie sono imparentate fra loro tramite matrimoni incrociati, lo stesso Nicola II era cugino dei reali inglesi);*

____

All'inizio del XIX secolo i Rothschilds cominciarono a consolidare i loro guadagni dai prestiti forniti al governo inglese in vari affari, che risultarono profittevoli. Il mercato finanziario nella Borsa di Londra, dopo Waterloo, fruttò a Nathan Mayer Rothschild una considerevole porzione di titoli di Debito Pubblico, che formava la massa dei depositi della Banca d'Inghilterra. Questo ci offre lo spunto per dire che il tasso d'interesse della Banca d'Inghilterra influenza i tassi d'interesse delle altre nazioni; così come il prezzo dell'oro gioca un ruolo cruciale nella loro politica monetaria, anche se il gold standard è stato da tempo superato dalla moneta *fiat* (come abbiamo ampiamente illustrato nel cap. IV, vol.I). Per molti anni il ruolo dominante della Casa Rothschilds nella Banca d'Inghilterra fu accresciuto da un mandato peculiare da essa assunto, il fixing quotidiano del prezzo mondiale dell'oro. Una pratica poi caduta in disuso.

I ROTHSCHILD NELL'ETA' DELL'IMPERIALISMO BRITANNICO

È riconosciuto dagli studiosi il ruolo preminente svolto dai Rothschilds, come azionisti principali della Compagnia delle Indie Orientali, nella politica imperialistica e coloniale della Gran Bretagna, le cui attività di conquista nei paesi dell'estremo Oriente, connotate da precipui interessi commerciali, sono da annoverare fra i grandi investimenti finanziari di questi Banchieri. Ci pare utile in partcolare rievocare tali intraprese nella Cina feudale dell'Impero Manciù. Ma prima un accenno al clima politico culturale in Occidente dalla metà alla fine del XIX secolo.

L'ERA DEL COLONIALISMO

Radici ideologiche dell'Imperialismo

Prima di affrontare l'epoca coloniale riportiamo quelle che la storia ufficiale chiama "le radici ideologiche dell'imperialismo ". Nazionalismo. I successi di una realistica politica di potenza nella costruzione di nuovi stati nazionali (Germania) rafforzano la convinzione che solo grandi nazioni dotate di volontà di potenza (nell'accezione di Nietzsche) e decise alla lotta per l'esistenza (socialdarwinismo) sono destinate alla supremazia sui popoli inferiori (di colore: razzismo). Il prestigio nazionale e l'autoconservazione esigono una politica ad ampio raggio che si basa sull'impiego della forza e della guerra (concezione militaristica); essa richiede perciò un armamento, soprattutto sul mare, perché il controllo del mare significa dominio del mondo (navalismo). Una variante ideologica del nazionalismo è la coscienza della missione, secondo cui la razza bianca, la nazione o la Grande Nazione (panslavismo, pangermanesimo) sarebbe chiamata a guidare ed europeizzare il mondo. Sostenuto dall'elemento militare ed economico della grande e piccola borghesia, l'imperialismo diffonde nel mondo la civiltà occidentale (costumi, concezione filosofica, moda, abbigliamento). Sviluppo delle infrastrutture (ferrovie, amministrazione, porti, scuole, ospedali) e trasformazione economica delle colonie (piantagioni, industrie, mercati) con conseguente sfruttamento e a volte sterminio dei popoli coloniali e distruzione delle loro tradizioni (India, Cina). Si creano nuovi bisogni, ma anche risentimenti e odi, che portano al risveglio dei popoli di colore, a movimenti xenofobi, alla scoperta della propria storia (coscienza nazionale) e alle lotte per l'emancipazione.

Alla luce di quanto abbiamo appreso sull'enorme determinante influenza della Grande Finanza internazionale sui processi economici, storici e dunque sociali, attraverso i secoli, è difficile credere che i movimenti di liberazione nel mondo siano sorti spontaneamente, o che non siano stati guidati e sostenuti finanziariamente (le rivoluzioni costano) dalle Elite che hanno sempre trovato un tornaconto nel rimescolare gli assetti della società. Così come le filosofie e le arti, che fanno la storia della civiltà, non sarebbero state possibili senza l'aiuto delle stesse Elite.

IL BRITISH EMPIRE: 1875 – 1914

In questo clima, si pone per la Gran Bretagna il problema dello spazio vitale, a causa del continuo incremento demografico. La fuga dalla terra porta a una massiccia urbanizzazione. Nonostante l'aumento della concorrenza (Stati Uniti, Germania, Giappone) la Gran Bretagna rimasta fedele al libero scambio, possiede nel 1880 il 46% del tonnellaggio mercantile mondiale e raddoppia fino al 1913 il commercio con l'estero. La bilancia commerciale è passiva, ma quella dei pagamenti è attiva, grazie a operazioni assicurative e bancarie su scala internazionale. Aumentano gli investimenti di capitale dell'impero e la preminenza della Gran Bretagna nel mercato mondiale è assicurata dall'indirizzo imperialistico della sua politica.

Coscienza imperiale. Gli interessi economici e politici si conciliano con la convinzione, di derivazione puritana, di essere chiamati a promuovere nel mondo il progresso e la civiltà. Thomas Carlyle (1795-1881) pone le basi ideologiche della missione universalistica britannica (nazione eletta); sir Charles Dilke (1843-1911) traccia il quadro della Great Britain "in un mondo che va anglicizzandosi ogni giorno di più"; Robert Seeley (1834-95) vuole una sistematica Expansion of England; Rudyard Kipling (1865-1936) parla del "fardello dell'uomo bianco" e della missione britannica.

Politica imperialistica. Il primo ministro Disraeli promuove una politica intesa ad assicurarsi la via marittima dell'India. Nel 1875 vengono acquistate le azioni egiziane della Compagnia del Canale di Suez (costruito con denaro dei Rothschilds, tra il 1859 e il 1869). La regina Vittoria, imperatrice delle Indie, approva la politica di Disraeli, che rafforza il dominio sul mare con l'acquisto di Cipro. Nascono problemi in Egitto, protettorato, a causa di sollevazioni popolari. Nella gara con le altre potenze per la spartizione del continente nero le direttive e gli obiettivi dell'imperialismo britannico sono fissati nel piano "Dal Capo al Cairo". Mentre Cromer (1841-1917) si spinge da nord nel Sudan e urta contro la resistenza dei Mahdisti, nel sud. Cecil Rhodes (1853-1901) dopo la guerra contro gli Zulù (1879) espande i domini britannici. La Compagnia sudafricana da lui diretta ottiene il Baciuanaland (1885) e la Rhodesia (1888-1891).

Diventano colonie britanniche: Somaliland, Kenia, Uganda. Dopo la crisi di Fasciola si stabilisce (1899) il condominio anglo-egiziano sul Sudan.

Rhodes è primo ministro della colonia del Capo (1890-96). Egli prepara la conquista degli stati boeri, condotta a termine, in seguito alla spedizione Jameson nel Transvaal, con la guerra boera (1899-1902). Dopo la vittoria degli Inglesi i Boeri ottengono l'autonomia amministrativa e la Gran Bretagna offre aiuti per la ricostruzione del Paese. Tra il 1895-1903 il ministro delle colonie, Joseph Chamberlain cerca di assicurare contro ogni pericolo l'impero britannico promuovendo l'espansione nelle aree ancora libere, il rafforzamento dell'armamento fino ad avere una flotta che sia superiore alle flotte delle due potenze navali più forti dopo la Gran Bretagna (Two Power Standard); procede inoltre al consolidamento dell'impero mediante la rinuncia a una politica liberoscambista, in favore di una confederazione imperiale di colonie "bianche", legate dalla Corona, dalla lingua e da privilegi economici. In tale azione politica di Chambarlain si inquadra il compromesso con gli Stati Uniti nella questione panamense, e l'abbandono dello splendido isolamento, che condurrà ai negoziati (1898-1901) per un'alleanza con il Reich tedesco. Il piano di Chamberlain per una unione militare, doganale ed economica determina la caduta del ministro, ma egli prepara la politica dell'Intesa e la concezione del Commonwealth. Intorno al 1914 l'Impero consiste di Colonie della Corona, di Protettorati e di Dominion.

Va ricordato che tutte queste attività, dagli evidenti risvolti economici, in particolare quelle condotte dal plenipotenziario Cecil Rhodes (che fondò in Transvaal una importante compagnia diamantifera, la De Beers) vedevano la partecipazione dei banchieri Rothschilds. Quanto a Rhodes, egli costituirà prima di morire nel 1902, la sètta Round Table, con lo scopo (a tutt'oggi) di realizzare l'ideale imperialistico sopra descritto, su scala globale, ad opera della Gran Bretagna e degli Stati Uniti. Un progetto al quale non sarà estraneo il Sionismo, sostenuto dai suddetti Banchieri.

Il Commercio Britannico dell'Oppio: La Compagnia delle Indie

Non possiamo spingerci nel tema del ricchissimo commercio dell'oppio (tuttora praticato dall'Inghiterra) senza un accenno alla Compagnia delle Indie Orientali.

La Compagnia Britannica delle Indie Orientali (British East India Company), fino all'Atto di Unione del 1707 Compagnia inglese delle Indie Orientali, nacque il 31 dicembre 1600, quando la regina Elisabetta I d'Inghilterra le accordò una "carta" o patente reale che le conferiva per 21 anni il monopolio del commercio nell'Oceano Indiano. Rivale della Compagnia Olandese delle Indie Orientali e della Compagnia Francese delle Indie Orientali, essa schiacciò entrambe, impadronendosi dei possedimenti della seconda in India, ciò che fu decisivo per lo sviluppo del colonialismo britannico. Società anonima, la Compagnia era dotata di un capitale iniziale di 72.000 sterline suddiviso tra 125 azionisti.

Emblema della British East India Company
BEIC

La BEIC era gestita da un governatore e da 24 direttori che formavano la Corte dei Direttori. Questi venivano nominati ed erano responsabili davanti all'Assemblea dei proprietari. La British East India sarebbe diventata l'impresa commerciale più potente della sua epoca, fino ad acquisire funzioni militari e amministrative regali nell'amministrazione dell'immenso territorio indiano. Ha inizio così, ad opera delle famiglie più ricche dell'epoca, tra cui i Rothschilds, quella politica di saccheggio dell'Oriente che continuerà sino alla modernità sotto altri nomi, titoli e forme, inclusi i diritti umani e l'esportazione della democrazia.

Nel 1670 il re Carlo II accordò per decreto alla Compagnia il diritto di acquisire nuovi territori, di battere moneta, di comandare delle truppe armate e di esercitare la giustizia sui propri territori. Essa si avviava quindi a divenire una formidabile macchina di potere, non solo in India ma anche in Inghilterra.

Nella prima metà del XIX secolo la Compagnia annesse rapidamente vastissimi territori indiani, costituendo così un vero e proprio Stato sotto l'egida del governo britannico. Andò in tal modo a costituirsi un sistema di governo, con i possedimenti diretti (cioè sotto la diretta amministrazione della compagnia inglese) e mediati (protettorati sui numerosi principati indiani).

Colpita in pieno dall'evoluzione economica e politica del XIX secolo, la Compagnia Britannica delle Indie declinò progressivamente e poi scomparve nel 1874.

Dal suo quartier generale di Londra, la sua straordinaria influenza si estese a tutti i continenti: la Compagnia presiedette alla creazione dell'India britannica, il cosiddetto Raj, fondò Hong Kong e Singapore, ingaggiò Capitan Kidd per combattere la pirateria, impiantò la coltura del tè in India, tenne Napoleone prigioniero a Sant'Elena, e si trovò direttamente implicata nel celebre Boston Tea Party che funse da detonatore per la guerra d'indipendenza degli Stati Uniti.

Privata del suo monopolio commerciale nel 1813 e del commercio del tè della Cina venti anni più tardi, la Compagnia perse infine le sue funzioni amministrative nel 1858 in seguito ai Moti indiani del 1857 (*chiamati anche "Rivolta dei Sepoy"*). Al principio dell'anno 1860 tutti i possedimenti della Compagnia passarono sotto il controllo della Corona. Il 1º gennaio 1874 la Compagnia delle Indie Orientali fu infine sciolta per decreto regio. Va ricordato che, sotto altri nomi, l'organizzazione della BEIC si è perpetuata sino ai giorni nostri ed è riconoscibile nei gruppi delle multinazionali che operano, in particolare nei paesi in via di sviluppo, il nuovo colonialismo della Globalizzazione, con traffici legali e illegali.

Le Guerre dell'Oppio e La Conquista della Cina

Non crediamo di sbagliare nell'affermare che la fase di svolta per l'impero cinese, segnata dalle umilianti guerre dell'oppio subite da parte della Gran Bretagna (tra il 1840 e il 1860) e di qui lo stabilirsi in Cina della dominazione dell'Occidente, spieghino l'evolversi della storia del grande continente asiatico, passando per il Comunismo, sino alla sua espansione geopolitica odierna nel segno del social-capitalismo.

A ispirare la politica coloniale del primo ministro Lord Palmerston, nella prima metà del XIX secolo, sembrava essere il trattato *"Ricerca sopra la Natura e le Cause della Ricchezza delle nazioni"* di Adam Smith (per anni agente della Compagnia delle Indie Orientali). Al di là delle giustificazioni etiche, l'utilitarismo smithiano, poteva essere letto come una guida per la depredazione dei paesi *sottosviluppati* di allora. (ma anche di quelli futuri, considerato che il libro di Smith ha fornito le basi ideologiche del neoliberismo e della Globalizzazione)

Il mercato della Compagnia delle Indie Orientali era suddiviso in diverse aree d'influenza e specializzazioni, assunte da diverse ricche famiglie europee e americane, che avevano il pieno controllo di questa o quella regione. Queste famiglie svilupparono imprese industriali e commerciali, mediante le quali sfruttavano nazioni sovrane.

Vediamo chi erano e di cosa si occupavano. Se la coltura del papavero da oppio e la riscossione delle imposte in India era mansione della Compagnia in quanto tale, cioè dei suoi funzionari, o dopo il 1837 del governo britannico, chi gestiva il commercio dell'oppio era la famiglia Sassoon. In seguito si unirono le famiglie dei Jardine e dei Matheson, che coordinavano la distribuzione anche di altri prodotti (tè, cotone) in Cina; mentre la famiglia Inchapes si occupava della spedizione.

La casa degli Oppenheimer/Rhodes aveva l'esclusiva delle miniere d'oro e di diamanti. Le operazioni americane erano pertinenza delle famiglie Rockefeller, Seagram, Sassoon, Japhet, Jardine, Matheson, ed altre. Tutto il mercato aveva naturalmente un aspetto finanziario, che veniva diretto dalle banche Rothschild e Warburg. L'aspetto assicurativo era curato dai Lloyds, dagli Abes e dagli Astors, che assicuravano l'intera Compagnia delle Indie Orientali. A tutt'oggi sono le stesse famiglie bancarie e assicurative che controllano le Multinazionali più famose. Dal

1800 al 1947 fu la casa dei Sassoon a controllare la gran parte del mercato in India: attività bancaria, commmercio, spedizioni, assicurazioni, dal loro quartier generale di Mumbai. Nel 1900 si trasferirono infine in Inghilterra.

I SASSOON AGENTI DEI ROTHSCHILDS

Il capostipite dell'impresa azionista della BEIC (British East India Company) fu David Sassoon. Nacque nel 1792 in Iraq, Bagdad, da Saleh Sassoon, un ricco banchiere ebreo, tesoriere del governatore della città. Nel 1829 la famiglia Sassoon si trasferì in India, a Bombay, città situata lungo la rotta commerciale verso l'interno del continente indiano, e imbocco all'Estremo Oriente.
In breve tempo i Sassoon riuscirono ad ottenere dal governo inglese (courtesy dei banchieri Rotschild) i diritti di monopolio sulla manifattura di cotone, seta e − più importante di tutto − l'oppio, che era allora la droga principale fra quelle che danno assuefazione ed era molto usata dalle classi alte.

David Sassoon e i suoi figli
in India

Ci informa l'Enciclopedia ebraica del 1905 che la famiglia Sassoon introdusse il traffico dell'oppio dall'India in Cina e nel Giappone. David Sassoon collocò i suoi otto figli nei principali centri di scambio dell'oppio in Cina. Nella narrazione dell'Enciclopedia Ebraica del 1944 "David Sassoon impiegò solo Ebrei nelle sue attività commerciali, e ovunque andavano costruivano sinagoghe e scuole per la comunità ebraica, che fu costituita trasferendo in Cina intere famiglie, forza lavoro impiegata nell' articolata impresa Sassoon. Una preminente attività di essa divenne lo smercio dell'oppio in particolare a Canton, dove i giovani Sassoon la vendevano alla popolazione minuta. Fra il 1830 ed il 1831 essi trafficarono 18.956 casse di oppio, guadagnando milioni di dollari. Parte dei profitti andarono alla Regina Vittoria e, in larga misura, ai loro amici e protettori, i banchieri Rotschild.

Nel 1836 vi fu uj incremento del volume di affari ad oltre 30.000 casse; ciò significò che il consumo di droga divenne endemico nelle città costiere della Cina. L'assunzione d'oppio divenne d'uso comune in ogni strato della popolazione, dai lavoratori semischiavi, agli alti funzionari di governo, ai mandarini, alla famiglia imperiale e, quel ch era più grave, all'esercito. Vi era la preoccupazione fondata che la diffusione della droga fra le classi più povere potesse innescare eventuali rivolte. Estirpare il fenomeno era reso difficile dalla corruzione tra i funzionari preposti al controllo, fino ai governatori di Canton.

La reazione decisiva a questa situazione, che minava la stabilità dello Stato, e implicitamente, la sua sovranità, si concretizzò soltanto nel 1839, quando l'Imperatore Manchiu XuanZong Daoguang (Tao-kuang) reagì assumendo provvedimenti severi. Nominato un nuovo governatore a Canton, Lin Tse-hsu, l'imperatore lo incaricò di condurre una campagna contro l'oppio. Lin ne sequestrò 2.000 casse ai Sassoon e le gettò nel fiume. Un oltraggio del quale David Sassoon informò i Rotschilds.

Questi domandarono e ottennero dal Governo inglese di rispondere con una rappresaglia. Ebbe così inizio quella che sarebbe passata alla storia come la Guerra dell'Oppio. Nel 1840 le truppe britanniche attaccarono le città costiere, presero d'assedio i porti della Cina. La superiorità delle armi inglesi (*diplomazia delle cannoniere*) e la debolezza militare e fisica dell'esercito cinese (infiacchito da dieci anni di assuefazione all'oppio) giocarono in favore dei britannici. Il trattato di Nanchino concluse la guerra nel 1842, con queste condizioni: concessione ai britannici di aprire alcuni porti (*treaty ports*), principalmente Canton e Shanghai, al libero accesso dell'oppio e di altri loro prodotti inglesi; accesso commerciale nelle province meridionali con basse tariffe doganali. Inoltre, cessione dell'isola di Hong Kong all'impero britannico; diritto per gli inglesi di risiedere nei *treaty ports* e godimento della clausola di extraterritorialità (gli Inglesi sottoposti solamente ai loro tribunali consolari).

Il trattato prevedeva anche la "clausola della nazione più favorita": se la Cina avesse accordato privilegi a un altro paese straniero, questi sarebbero stati estesi automaticamente anche agli inglesi. Pochi anni dopo, Francia e Stati Uniti avrebbero estorto accordi simili a una Cina ormai in declino. Era iniziata l'epoca dei cosiddetti "trattati ineguali" che sancirono la supremazia degli stati stranieri sull'Impero Cinese.

Non va dimenticato che i beneficiari più cospicui del Trattato di Nanchino erano gli azionisti della Compagnia delle Indie, tra essi i

Rothschilds e i loro agenti i Sassoon, ben posizionati per trarre profitti rendendo schiava della droga un'intera popolazione. Difatti il trattato prevedeva la legalizzazione del commercio dell'oppio in molte città costiere della Cina. Non era tutto, giacché la BEIC ottenne un risarcimento di due milioni di sterline per la distruzione delle casse d'oppio da parte del governatore Lin. Dal punto di vista della Cina, la prima guerra dell'oppio, mettendo a nudo l'inadeguatezza militare dell'immenso impero e aprendolo alla penetrazione commerciale europea, ebbe il doppio effetto di sconvolgere i suoi equilibri sociali e di far convergere su di esso le mire espansionistiche di altre potenze.

Nel decennio 1850-60 la Cina si trovò così ad affrontare contemporaneamente una gravissima crisi interna - culminata nella lunga e sanguinosissima ribellione contadina nota come la rivolta dei Taiping - e un nuovo sfortunato scontro con i britannici, coadiuvati questa volta dalla Francia.

Il Primo Ministro inglese non era molto soddisfatto del trattato di Nanchino; scrisse al Commissario per la Corona, capitano Charles Elliot, che esso doveva essere rigettato. Il tono della missiva di Lord Palmerston bene interpreta e riassume la filosofia predatrice dell'imperialismo britannico (e dei suoi manovratori internazionali); una filosofia che è rimasta la stessa, dopo quasi due secoli. Scriveva Palmerston: "Dopo tutto, il nostro potere navale è così forte che noi possiamo ordinare all'Imperatore (cinese) ciò che vogliamo prendere piuttosto che chiedere quello che lui intende cedere. Dobbiamo ottenere l'ammissione del commercio dell'oppio anche nella Cina interna, aumentare le somme per il risarcimento e chiedere l'accesso a molti altri porti cinesi." Non rimase all'imperatore che accettare.

Il conto fu salato, giacché gli Inglesi gli chiesero di ripagare i costi sostenuti per fargli guerra, 21 miilioni di sterline. I Sassoon ottennero il monopolio della distribuzione della droga nei porti cinesi. Non soddisfatti, pretesero di più, vendere oppio in tutta la Cina. Al rifiuto del Manchiu, i britannici risposero con la Seconda Guerra dell'Oppio tra il 1858 e il 1860. L'assassinio di un missionario francese fornì poi alla Francia il pretesto per schierarsi al fianco della Gran Bretagna.

Il governo imperiale doveva fare i conti anche con le divisioni politiche interne. Incapace di opporsi all'offensiva britannica, fu costretto a sottoscrivere il trattato di Tientsin (1858). Nell'ottobre 1859 gli inglesi assediarono Pechino. Quando la città cadde, il comandante inglese, Lord Elgin, ordinò che i templi ed altri santuari fosserò saccheggiati e rasi al suolo; un segnale di disprezzo mandato ai Cinesi.

Il trattato di Pechino (1860) significò ulteriori concessioni, aprire i porti a mercanti e missionari stranieri; inoltre le potenze occidentali ottennero esenzioni doganali e il libero accesso delle loro flotte alla rete fluviale cinese. Fu inoltre consentito di stabilire delle legazioni diplomatiche nella capitale.

Il nuovo "trattato di pace", firmato il 25 ottobre 1860, conferiva agli Inglesi il diritto di espandere il traffico di droga sulla quasi totalità del territorio cinese; ciò che fruttò un guadagno di 20 milioni di sterline solo nel 1864. In quell'anno i Sassoon importarono in Cina 58.681 casse di oppio, mentre nel 1880 l'importazione montò a 105.508 casse, facendo dei Sassoon la seconda più ricca famiglia ebraica nel mondo, dopo i Rotschild. Agli Inglesi fu anche assegnata la penisola di Hong Kong come colonia, insieme ad ampi quartieri di Amoy, Canton, Foochow, Ningpo e Shanghai. I Sassoon impiantarono quindi basi per il commercio dell'oppio in ogni centro occupato dagli Inglesi, alla cui vendita era adibito esclusivamente personale di origine ebraica, sotto precise direttive dei Sassoon. Va detto che il governo Inglese non permise mai l'importazione dell'oppio in Europa (non ancora, i tempi non erano maturi).

Nel 1890 l'importazione cinese di oppio dall'India britannica cessò del tutto, grazie allo sviluppo della produzione interna nella regione dello Yunnan. Ed anche la British East India aveva cessato di esistere. Non così i suoi maggiori azionisti, i quali continuarono a intestarsi quel traffico così proficuo. Lo gestirono da Londra (i nuovi mezzi di comunicazione e di trasporto lo consentivano) dove la famiglia Sassoon si era trasferita. Albert Sassoon sposò Aline Caroline Rotschild nel 1887, così da sommare le fortune dei Sassoon con quelle dei Rotschild.

Il traffico di oppio dei Sassoon portò morte per milioni di cinesi ed è ancora oggi una piaga radicata in Asia. La corrotta monarchia inglese onorò questa dinastia finanziaria con privilegi e nomine. Come accade nella storia scritta dai dominatori, i Sassoon vengono ricordati nei libri come "grandi sviluppatori" dell'India, ma l'origine della loro enorme ricchezza non viene mai menzionata.

Quel che si può dire in conclusione è che la dominazione britannica in Cina portò un certo grado di modernizzazione, che, anche attraverso il

Comunismo (favorito dalla vicina URSS) indurrà il vasto continente ad uscire dal proprio isolamento feudale. La Grande Finanza Internazionale (in testa i Rothschilds) pose le basi per il futuro sfruttamento delle risorse, anche intellettuali e industriose, del popolo cinese, che avrebbe raggiunto e superato i livelli scientifici e tecnologici dell'Occidente nel XXI secolo, quando la Cina sarebbe diventata il campo in cui giocare la partita del Nuovo Ordine Mondiale. Alle soglie del 1900 i tempi non erano ancora maturi e i Rothschilds si rivolgevano al campo già arato degli Stati Uniti.

I Rothschilds Eminenza Grigia Della Finanza Americana

Per più di un secolo è stata diffusa, deliberatamente, negli Stati Uniti l'opinione che i Rothschilds occupassero un posto di scarso rilievo nella Finanza americana. Questa abile copertura ha consentito loro di manipolare la politica e lo sviluppo finanziario del paese a proprio vantaggio. Vantaggi spesso tratti dal crollo della Borsa, come ad esempio nel 1837. Si trattava di attività sotto copertura, naturalmente, per mezzo di agenti. Uno di essi, particolarmente abile fu August Belmont. Scrive lo storico Birmingham in *"Our Crowd"*: "Nel Panico of 1837, Belmont riuscì a performare un'operazione che avrebbe ripetuto in successive situazioni di crisi speculative, grazie alle grandi riserve di capitale dei Rothschilds, allo scopo di instaurare in America la propria Federal Reserve, con circa un secolo di anticipo. Dopo il 1837, August Belmont venne identificato pubblicamente sulla stampa finanziaria come il rappresentante dei Rothschild, cosicché ogni sua operazione in Borsa era attribuita ai banchieri inglesi. Altri agenti dei Rothschilds furono JP Morgan e Jacob Schiff della Kuhn Loeb &Co (1).

Un altro esempio dell'operare dei Rothschilds si ha con la manipolazione del prezzo dell'oro. Il loro agente J.P. Morgan, associato a Morris Ketchum, si stava adoperando per esaurire le riserve d'oro americano spedendone grandi quantità in Inghilterra, **(2)**. In tal modo egli aumentò il prezzo dell'oro da $ 126 a $ 171, lucrando un buon profitto e mettendo pressione sul governo di Lincoln (1861-65) notoriamente avverso all'influenza dei banchieri nella politica economica e finanziaria del governo Usa.

____

(1) Jacob Schiff si distinguerà come principale finanziatore della Rivoluzione bolscevica insieme al banchiere Bernard Baruch);
(2) – va detto che se in America prevalevano i giacimenti d'argento, in Inghilterra invece erano superiori quelli auriferi, metallo nel quale essa coniava la propria moneta, ragione per cui alla fine del XIX essa obbligò gli Usa a coniare il dollaro in oro, per destabilizzarne l'economia; cfr. il mio "Gli Illuminati all'Assalto dell'Europa, vol.1);

____

John Pierpoint Morgan divenne celebre come il più potente banchiere al mondo; in realtà brillava della luce riflessa dei suoi segreti committenti, i Rothschilds. Interesserà anche sapere che JP Morgan era un diretto discendente di Alexander Hamilton (economista, uno dei padri fondatori dell'Unione) che aveva redatto lo statuto della prima Banca Centrale Usa, nell'interesse dei Rothschilds. (E' facilmente intuibile che i Rothschilds volessero installare nell'Unione Americana un duplicato della Banca d'Inghilterra, della quale assumere parimenti il controllo)
Quanto a Jacob Schiff, se mai la Casa dei Rothschild lasciò trapelare un interesse verso la banca Khun Loeb &Co, esso viene smascherato dal magazine *Truth* (la Verità) che scrive il 16 dicembre 1912, «il signor Schiff è a capo della grande banca privata Khun, Loeb & Co, che rappresenta gli interessi dei Rothschilds su questa sponda dell'Atlantico. Egli è stato descritto come uno stratega finanziario ed è stato per anni l'amministratore di quell'impersonale potere noto come Standard Oil. ...»; il riferimento è alla compagnia petrolifera dei Rockfellers, dei quali ci occuperemo tra poco. I Rockefellers (come scrive Eustace Mullins, op. cit.) rappresentano una ulteriore prova del potere occulto

dei Rothschilds in Usa. Essi, dietro le quinte, diressero le imprese dei Rockefeller sin dalla costituzione della City Bank di Cleveland (in realtà una banca Rothschild), finanziarono la South Improvement Co, una compagnia ferroviaria, che permise a John Davidson Rockefeller di annientare i suoi concorrenti tramite i rimborsi ferroviari illegali.

MERCANTI DI ARMI E DI MORTE FOMENTARONO LE DUE GUERRE MONDIALI

Se oggi la famiglia Rothschild (nella persona di un suo giovane rampollo, David Mayer) dirige la crociata ambientalista contro il presunto riscaldamento del pianeta, nei primi anni '30 del 900 i suoi antenati propalarono un'altra falsificazione, quella del *movimento per il disarmo*. Dietro l'esortazione alle nazioni di rottamare le armi si celava il progetto di venderne loro di nuove. I "mercanti di morte", come venivano definiti in quegli anni, non erano che esecutori di commissioni per conto dei loro padroni, i "banchieri di morte" ovvero "la Fratellanza della Morte". Nel 1897, la società Vickers, il cui pacchetto azionario di maggioranza era in mano ai Rothschild, acquistò la Naval Construction and Armament Co. insieme alla Maxim Nordenfeldt Guns & Ammunition Co. Il nuovo gruppo VickersMaxim Co inaugurò i suoi prodotti nella guerra Ispano-Americana, che fu innescata dalla J&W Seligman Co., allo scopo di ottenere *l'oro bianco* (la concessione dello sfruttamento della canna da zucchero da Cuba); seguirono poi la crudele Guerra Boera del 1899-1901 (degli Inglesi contro gli agricoltori olandesi Boeri nel Transvaal (sud Africa). Il vero scopo di questa guerra era impadronirsi dei giacimenti auriferi e diamantiferi del Witwatersrand, appartenenti agli Olandesi. **(1)**

---

(1) *La guerra Boera è associata al nome dei Rothschilds tramite Cecil Rhodes, da essi finanziato per fondare la colonia africana della Rhodesia e la De Beers, celebre compagnia per l' estrazione e commercializzazione dei diamanti, a* *tutt'oggi. E' del 1880 il pieno controllo della Rio Tinto mining company, da parte dei Rothschilds);*

Vale la pena soffermarsi su questa pagina vergognosa di storia (che vede i banchieri Rothschild come finanziatori   *investors* nella guerra contro paesi ricchi di giacimenti da sfruttare). Dopo l'annessione britannica del Transvaal (Repubblica Sudafricana) nel 1877, i Boeri si rivoltano (1880-81) e battendo i britannici a Majuba Hill, conquistano l'indipendenza. Tra il 1883 e il 1902 il presidente Ohm Kruger regge la Repubblica indipendente.

Giacimenti d'oro presso Johannesburg (fondata nel 1886) risvegliano l'interesse degli Inglesi, che circondano il territorio di colonie (Beciuanaland, Swaziland, Rhodesia). Cecil Rhodes (ministro plenipotenziario per le colonie) appoggia la spedizione (fallita) del generale Jameson (1886) per rovesciare Kruger. Misure contro gli Uitlanders (i coloni tedesco/olandesi immigrati) scatenano la guerra Boera (1899-1902). Dopo i successi degli indipendentisti (Botha e Hertzog) la superiorità militare inglese (Kitchener) spezza la resistenza dei Boeri, che perdono la loro repubblica indipendente e sono costretti ad accettare di sottomettersi al governo britannico (pace di Vereeniging). Fu in questa guerra che i Britannici inaugurarono i campi di concentramento, per i quali 45 anni dopo condanneranno i gerarchi nazisti a Norimberga.

Torniamo ai tempi più recenti. La VickersMaxim **(2)** fornì poi i suoi armamenti per la guerra russo giapponese, finanziata (su entrambi i fronti) dai Banchieri di Wall Street (e dai Rothschilds) nel 1905. Tale conflitto (istigato) mirava a indebolire lo czar (che infatti ne uscì perdente). Insieme alle prime rivolte popolari contro il regime di Nicola II, esso può essere considerato la prova generale della rivoluzione del 1917, che installerà il Comunismo in Russia, ad opera degli stessi Banchieri internazionali. Le richiamate tre guerre procurarono il pretesto per predisporre la produzione massiva di armamenti che avrebbero portato alla I e alla II Guerra Mondiale. Ancora nel 1897 fu costituito un cartello monopolistico tra i Du Pont, i Nobel, i Koln e i Rottweiler, i quali suddivisero il mondo in quattro distinti mercati. **(3)**

----

(2) la VickersMaxim è la stessa ditta che, incaricata dal governo britannico di inviare armi e munizioni all'alleato czar Nicola II durante la I Guerra Mondiale, fece in modo che gli armamenti non raggiungessero mai la Russia, perpetrando un vero boicottaggio inteso a far cadere la monarchia Romanov; cosa che avvenne. Sul boicottaggio comprovato cfr. *Gli Illuminati all'Assalto dell'Europa, vol. I)*

(3) sotto altri nomi, sono ancora oggi i grandi monopoli a definire le zone di mercato nei vari continenti, e dunque le politiche economiche degli Stati nazionali. Gli accordi di libero scambio sottoscritti dai governi negli ultimi decenni, in Occidente e in Asia, sono di fatto il preambolo alla cessione di sovranità defintiva dei popoli ai Mercanti, ovvero alla Grande Finanza Internazionale);

Se la famiglia Rothschild si è sempre schermata dietro agenti e prestanome, ciò non le ha impedito, quando se ne denunciava l'influenza negativa negli affari degli Stati, di ripararsi dietro la propria appartenenza religiosa o razziale per accusare i suoi critici di antisemitismo. Un esempio: Jennings Bryan, per lungo tempo capo del partito Democratico americano, si oppose all'entrata degli Stati Uniti nella II Guerra mondiale, spingendosi ad accusare i Rothschilds di averla organizzata (evidentemente per trarne profitto). I Rothschilds reagirono prontamente accusando Bryan di antisemitismo.

Bryan si difese dicendo che non intendeva attaccare una razza, bensì la politica finanziaria della famiglia dei banchieri londinesi, insieme ai quali metteva anche i Morgan, che semiti non erano. **(4)**

----

(4) – sulla particolare appartenenza dei Rothschild alla religione ebraica, alcuni studiosi sostengono che si tratti di un'appartenenza non ortodossa, vicina all'eresia sabbatariana (dal fondatore Shabbetai Zevi (sec. XVII) che propugnava una nuova concezione (cabalistica) del Sionismo. Quanto alla razza ebraica, essa non esisterebbe, secondo

alcuni antropologi e scrittori ebrei, (v. Gli Illuminati all'Assalto dell'Europa, vol. II). Mettere avanti l'antisemitismo è una vecchia strategia di quanti, di origine israelita, perseguono il Nuovo Ordine Mondiale all'interno di organizzazioni massoniche o para-massoniche. Non si ripeterà mai abbastanza che questi personaggi hanno sempre fatto il male del popolo ebraico, strumentalizzandolo per i propri fini, come descritti nei Protocolli de Savi Anziani di Sion del 1905);

____

IL CONTROLLO DELL'INFORMAZIONE

Come si è detto nel cap. 1 del vol. 1, la sorveglianza della popolazione da parte delle agenzie d'Intelligence comincia in America durante la II Guerra Mondiale. Non meno controllata era l'informazione, che coadiuvava quella sorveglianza fornendo una visione alterata della realtà. Maestro di questa forma di controllo sulle masse era stato sin dal 1922 il libro di Walter Lippmann, "La Pubblica Opinione", vero manuale del consenso nella Democrazia occidentale. Scrive Eustace Mullins che, avendo i Rothschilds (insieme al sistema bellico e industriale statunitense, ndr) pianificato di lanciare una nuova guerra mondiale, la loro preoccupazione fu il controllo dei mezzi di comunicazione. Un documento importante ci viene dall'Associated Press, il cui presidente Kent Cooper annota su Life, 13 Novembre 1944, titolo La Libertà d'Informazione: « prima e durante la I Guerra mondiale, l'importante agenzia di stampa Wolff era proprietà della famiglia Rothschild.

L'agenzia aveva sede nel centro di Berlino e un suo dirigente era Max Warburg, personale banchiere del kaiser Guglielmo. Quel che avvenne nella Germania imperiale fu che il kaiser usò la Wolff per eccitare il suo popolo a un tale grado che essi divennero ansiosi di andare alla Prima Guerra Mondiale. Venti anni più tardi, lo stesso copione si ripetè sotto Hitler, grazie alla DNB, che era succeduta alla Wolff. » (nota – Hitler esortò il popolo tedesco a combattere contro gli Usa e la Gran Bretagna, i quali per primi avevano lanciato una campagna d'odio contro il popolo tedesco e il Führer. La propaganda antitedesca venne lanciata dai Finanzieri di Wall Street, che sino a pochi mesi prima avevano finanziato Hitler aiutandolo a riarmarsi. Il motivo del voltafaccia fu che Hitler aveva cominciato a stampare moneta propria, rendendo il popolo tedesco indipendente dal giogo dei Banchieri Internazionali, cioè dal Debito Pubblico; cfr. Eustace Mullins, op. cit.)

Nella sua autobiografia *"Barriere abbassate"* annota ancora Cooper, « i Banchieri Internazionali sotto la Casa Rothschilds acquisirono interesse nelle principali agenzie di stampa europee, Havas in Francia, Reuters in Inghilterra; Wolff in Germania ».

Chiosiamo notando che la Reuters è a tutt'oggi controllata dai Rothschilds attraverso la loro banca Barclays; un fatto che acquista particolare rilievo se si considera che le agenzie di stampa di tutto il mondo basano le loro notizie sulle informazioni apprese dalla Reuters; ciò significa che gli eventi che accadono sul pianeta sono filtrati dall'interpretazione che ne dà l'agenzia partecipata dai Rothschilds e così vengono comunicati all'opinione pubblica mondiale (eccetto quando vengono taciuti).

Cap. XIII – I Rockefellers

" Nessuno vive sino in fondo la propria vita, eccetto i toreri "
(H. Hemingway, "Fiesta")
…e i miliardari.

I Rockefeller sono (o erano) considerati la più importante e politicamente potente dinastia finanziaria su scala mondiale, dopo i Rothschilds; sono infatti detti i Rothschilds americani. Nel noto *The Rockefeller file* (1976) di Gary Allen, l' introduzione di Laurence P. McDonald, membro del Congresso US, riesce a compendiare la natura e i fini di questa famiglia che opera negli Stati Uniti da oltre un secolo influenzando l'economia, la politica, anche tramite organizzazioni paramassoniche quali il CFR, la Trilateral, il Bilderberg, cioè quella Trimurti del Potere Globale della quale i Rockefeller, in particolare David senior, sono stati i demiurghi soprattutto dal secondo dopoguerra.

La critica che si rivolge ai Rockefeller non è tanto di possedere un patrimonio inestimabile, né di occultarne l'entità davanti al Fisco e alle altre autorità che negli anni lo hanno indagato. L'accusa che si rivolge a questa dinastia di re borghesi è di usare il denaro per esercitare potere sui popoli della Terra, fino a concepire e dichiarare un Nuovo Ordine Mondiale inteso a sottometterli. La storia contemporanea, almeno dal secondo dopoguerra, ha l'impronta ominosa, e non più segreta, di questo disegno che coinvolge le persone più ricche del pianeta, raggruppate dagli studiosi sotto il nome di Elite Globale; il loro obiettivo essendo un Governo Unico Mondiale regolato da un sistema economico-politico che coniughi l'oligarchia capitalistica e il comunismo; quest'ultimo inteso come regime di ipertassazione garantita da un controllo massivo e poliziesco. Ha dichiarato il congressman Laurence McDonald:"io sono convinto che vi sia un tale complotto, internazionale nella sua prospettiva, antico di generazioni, e incredibilmente malvagio nel suo intento."

Si tratta di una vera e propria cospirazione, come conferma il deputato, e conclude come sia necessario fermare un siffatto piano. Purtroppo, dopo 45 anni il Progetto non solo non è stato fermato, ma è stato portato alla luce, dagli stessi protagonisti, i quali sono ormai sicuri che nessuna legge, nessuno Stato liberal democratico potrà fermare il loro piano totalitario, per la ragione che i governi e i sistemi giudiziari, eccetto alcuni, sono ormai sotto il loro controllo. Fra tali protagonisti, saliti alla ribalta negli ultimi anni citiamo gli ultimi arrivati, George Soros e Bill Gates; il primo ha dichiarato pubblicamente di candidarsi a dirigere il Nuovo Ordine, alla cui realizzazione già contribuisce finanziando l'invasione dell'Europa da parte dei popoli africani; mentre il secondo opera sul fronte sanitario, particolarmente in Africa, nel modo che esamineremo nel capitolo dedicato al Covid-19.

«Je dirigerai un Gouvernement Mondial pour le Nouvel Ordre Mondial»
George Soros

CHI SONO

I cinque fratelli Rockefeller all'apice della loro fortuna (1967)

La ricchezza complessiva della famiglia Rockefeller, i loro asset totali e gli investimenti più il patrimonio individuale dei suoi numerosi membri non è mai stata nota con esattezza; i documenti degli archivi relativi alla famiglia ed ai singoli componenti non è mai stata dischiusa ai ricercatori (né alle autorità, come vedremo).

Quel che si sa è che, sin dal suo primo accumularsi, la ricchezza della famiglia è stata sotto il controllo dei maschi della dinastia. Alle donne sono concessi assegni di mantenimento, ma mai nessuna partecipazione nell'amministrazione del patrimonio. Gran parte dei beni è racchiusa nel cospicuo gruppo societario del 1934 che detiene la massa della fortuna, e il gruppo del 1952, entrambi amministrati dal colosso bancario mondiale Chase Bank (già Chase Manhattan Bank). Questi gruppi sono consistiti di azioni delle compagnie petrolifere, derivate dalla originaria Standard Oil, e di altri vari investimenti, comprese le società finanziarie che controllano il considerevole patrimonio immobiliare; società amministrate a loro volta da un comitato fiduciario. L'amministrazione di questa fortuna è affidata a professionisti finanziari che soprintendono la principale società di controllo, la *Rockefeller Financial Services*. Questa holding controlla gli investimenti dell'intera famiglia da quando il Rockefeller Center non è più loro proprietà. L'attuale presidente è David Rockefeller jr.

Nel 1992 la Rockefeller Financial Services aveva cinque divisioni:
Rockefeller & Co (amministrazione finanziaria); Venrock Associates (Venture capital: uno dei primi investimenti nella Apple computer e uno dei molti investimenti nelle start-up di Silicon Valley);
Rockefeller Trust Company (amministra centinaia delle fondazioni di famiglia); Rockefeller Insurance Company (amministra assicurazioni di passività per i membri della famiglia);
Acadia Risk Management (mediazione assicurativa: stipula polizze per le innumerevoli collezioni d'arte, immobili e aerei privati della famiglia).

STORIA DELLA FAMIGLIA E DELLA FORTUNA

L'origine della famiglia viene situata in Germania, in Rhineland. Il nome era Rockenfeller, forse ebrei, nel XVIII secolo. Il ramo americano viene fatto discendere da Johann Peter Rockefeller, che immigrò da Neuwied a Philadelphia intorno al 1723. Sembra che egli sia divenuto un agricoltore nel New Jersey.

Il primo significativo esponente e capostipite della fortuna della famiglia fu William Rockefeller, padre di John Davison, il quale vendeva petrolio in giro per i villaggi a $ 2,50 la pinta come cura per le verruche, il morso dei serpenti, il cancro e l'impotenza (come nei film western di John Ford). Doctor Bill, medico abusivo, si faceva un vanto di educare i suoi figli ad essere *svegli* negli affari. Difatti John Davison lo fu sin dall'adolescenza. Aveva meno di vent'anni allorché si mise a fare il broker a Cleveland. Nel 1859, attratto da notizie circolanti, si recò a Titusville, Pennsylvania a visitare i nuovi giacimenti petroliferi; ciò che vide lo persuase che c'era da realizzare grandi profitti dalla raffinazione di quell'oro nero. Tornato a Cleveland dai suoi soci, lanciò la Standard Oil Company. Cominciò così la sua carriera, con un saldo principio: eliminare in qualsiasi modo la concorrenza e stabilire un monopolio. Lo fece corrompendo ed estorcendo le imprese delle ferrovie che servivano l'industria petrolifera della regione (la Pennsylvania, la Erie e la New York Central) costringendole a versargli una tangente non solo sulle proprie spedizioni ma anche su ogni barile di petrolio che i suoi rivali spedivano via ferrovia. Più essi spedivano più egli guadagnava.

La formula della tangente gli permise di ridurre i propri prezzi così spingendo le imprese concorrenti fuori mercato. Secondo Lewis Corey (*"La casa dei Morgan"*) la battaglia per la concorrenza venne ingaggiata per mezzo di intrighi, tariffe discriminatorie, ricatti, ed espropriazione delle proprietà concorrenti. L'azione estorsiva di John D. fu consolidata quando egli stesso diventò una potenza nelle ferrovie, acquisendo le tre importanti reti ferroviarie, Pennsylvania, Erie e New York Central. La disparità nelle tariffe suscitò la furia e la denuncia della Standard Oil da parte delle imprese minori; senza esito. Chi si sottometteva riceveva offerte di denaro liquido o di azioni della Standard Oil, in cambio della vendita della propria ditta al prezzo più basso che John D. offriva. I più avveduti sceglievano le azioni.

Quando la Standard Oil non riusciva a condurre la propria espansione con mezzi pacifici, ricorreva agli altri: i suoi fedeli servitori sapevano come usare la dinamite.

Ferdinand Lundberg, nel suo saggio *The Rich and Super-Rich*, nota come la vicenda della Standard Oil sia emblematica della natura cospiratrice dei Rockefeller, i quali sin dalla loro comparsa sulla scena economica seppero vedere e pianificare più lontano dei loro soci e rivali. **(1)**

Analogamente ai Rothschilds, i Rockefeller, sin dal fondatore della loro fortuna, si specializzarono nell'operare attraverso procuratori e agenti, scelti spesso tra le imprese concorrenti, ingerendosi nella politica e nei mezzi di informazione, dove è così facile comprare le persone. Negli anni fecero dello spionaggio industriale più raffinato una delle chiavi del loro successo.

----

(1) *–Per il ruolo fondamentale giocato da John D. Rockefeller nel rovesciamento dello czar di Russia finanziando la rivoluzione bolscevica, v. Gli Illuminati all'Assalto dell'Europa, v.1, dell'Autrice. La Rivoluzione russa rese in particolare un grande servigio alla Standard and Oil dei Rockefellers, i quali grazie al nuovo governo (da essi installato) eliminarono altri competitori e poterono agire per molti anni in regime di quasi monopolio nel mercato petrolifero; ciò a detrimento degli interessi russi nei confronti degli Stati Uniti.);*

il fondatore, John Davison Rockefeller

Scrive William. Manchester in *"Ritratto della Famiglia Rockefeller"*:
"il problema con John D. era che non sapevi mai dove si trovasse. Gestiva la sua società come se fosse una sezione della Cia. Tutti i messaggi importanti venivano codificati (in epoca ancora lontana dalle intercettazioni telefoniche, ndr). Uomini sospetti entravano e uscivano dalla sua porta principale, società losche usavano l'indirizzo della sua entrata secondaria. Per molto tempo il pubblico non si rese conto della sua reale potenza perché egli dichiarava di stare combattendo ditte che egli invece possedeva. Le imprese rivali scoprivano sempre che i loro funzionari più fidati erano sul suo (di John D.) libro paga."
Parecchi furono i produttori petroliferi che finirono sul lastrico a causa di quello stile predatorio. Nei suoi ultimi anni John D. cercò di ammantarlo di religiosità asserendo che Dio gli aveva concesso tanto denaro.

Si trattava evidentemente di un Dio con una strana concezione etica. **(2)**

Le ingenti rendite guadagnate con il controllo del mercato petrolifero permisero a John D. di creare una divisione finanziaria che, complice la Grande Depressione degli anni 20/30, inglobò un istituto bancario dopo l'altro, costituendo alla fine il gigante Chase Manhattan Bank. Nel 2000, la Chase Manhattan si fuse con Jp Morgan dando origine a Jp Morgan Chase, il maggiore conglomerato finanziario del pianeta con oltre 90 milioni di clienti sparsi per il mondo. (3)

---

(2) – *d'altra parte, volendo dar credito alle origini ebraiche dei Rockefeller, il Deuteronomio, la parte "politicamente" più importante della Bibbia, non insegna ai maggiorenti di Israele come depredare le altre nazioni?. Fa sempre effetto apprendere che la ricchezza e il potere sono inevitabilmente e necessariamente frutto di violenza e sopraffazione, ai più vari livelli);*
(3) *si ricordi che la JP Morgan è la maggiore azionista di Bankitalia, attraverso Intesa San Paolo);*

Nel 1882 le varie operazioni finanziarie dei Rockefeller divennero più coordinate e nel 1885 fu aperto un grande ufficio al numero 26 di Broadway Street, a New York. Più tardi, nel 1933, la sede delle società fu installata nel Rockefeller Center, con la disponibilità leggendaria di 5600 stanze; una vera centrale di controllo dell'impero, fino al 2015, quando il Rockefeller Center fu venduto.

Nel corso di un secolo la dinastia newyorkese si è gradualmente trasformata nell'indiscusso punto di riferimento del capitalismo statunitense, sia nella sua fase fordista, con forti investimenti nell'industria estrattiva, produttiva, infrastrutturale, sia in quella finanziaria, di cui il gigantesco Rockefeller Center che sorge nel cuore di Manhattan rappresenta ancora uno dei simboli.

Rockefeller Center, simbolo della dinastia

Un Impero Quasi Politico

"The age of nations is past. The task before us now,
if we would not perish, is to build the earth."
(Pierre Teilhard de Chardin)

Oggi i Rockefeller sono ancora noti al grande pubblico più per le loro compagnie petrolifere che per le loro banche e i loro investimenti. La raffineria di Cleveland dal 1890 è cresciuta in una multinazionale che vende petrolio in oltre 100 paesi, prima Standard Oil, poi Esso, ora Exxon, attraverso 300 filiali che formano le Nazioni Unite del petrolio. Nel 1974 la Exxon riportò il più alto profitto mai conseguito da una industria: $ 2.4 miliardi al netto delle tasse. Il risultato fu dovuto al lievitare dei prezzi del petrolio, grazie al quale il fatturato Exxon aumentò da $ 25.7 miliardi del 1973 ai $35.8 miliardi dell'anno seguente. La sua posizione nella classifica mondiale delle maggiori compagnie petrolifere è immutata, se si considera che nel 2019 essa è al 2° posto dopo la Royal Dutch Shell (dei Rothschilds con la Casa Reale Olandese); mentre la Chevron (dei Rockefeller) occupa il 6° posto. (cfr. classifiche sulla rivista *Fortune*)

Quanto agli anni '70, è interessante notare che erano quelli gli anni e i mesi della grande crisi petrolifera che mise in ginocchio le economie di tutto il mondo. Non è eccessivo, alla luce di queste cifre, ipotizzare spietate manovre speculative, che avremmo imparato a riconoscere negli anni a venire soprattutto in campo finanziario.
Oltre al petrolio, i Rockefeller detengono azioni e fondi gestiti dalle loro banche, compagnie di assicurazione, università ed altri gruppi. Le attività bancarie hanno superato da molto tempo il business del petrolio. La Chase Manhattan Bank (creata dalla fusione con la Manhattan Bank di Khun, Loeb, poi divenuta la Chase Bank, è (stata) la terza più grande banca nel mondo e forse la più influente. E' seguita poi la fusione fortunata con la JP Morgan.

Un siffatto potere finanziario detenuto per decenni autorizza a sospettare che i Rockefeller abbiano potuto causare crisi speculative internazionali nei primi anni '70 (come si è detto), il prezzo del petrolio e dell'oro essendo legati sempre a quello delle valute.
Ogni volta che una tempesta finanziaria esplode centinaia di milioni di dollari affluiscono nelle banche europee. Quando la marea si ritira, coloro che erano ben informati fanno enormi profitti. La Chase

Manhattan Bank può essersi avvantaggiata tramite le sue filiali d'oltremare, grazie al rango degno di uno stato sovrano (ma assai più ricco) che essa detiene, David Rockefeller potè trattare con capi di nazioni quali la Russia sovietica e la Cina rossa.

Connesse alle banche vi sono le compagnie di assicurazione, coi loro fondi d'investimento del valore di centinai di milioni di dollari. E' importante sapere che il controllo su queste banche e società di assicurazione conferisce alla famiglia Rockefeller una grande influenza sull'economia americana, influenza che trascende la loro proprietà diretta.

Nei decenni, vi sono stati molti modi in cui il Clan Rockefeller ha controllato vasti segmenti dell'economia. La prima è attraverso le azioni della famiglia. Ecco alcune delle società che venivano attribuite al controllo della famiglia Rockefeller, dalla rivista *Fortune*, nel 1975, con varie quote di partecipazione:

IBM, Mobil, Texaco, IT&T, Westinghouse, Boeing, International Paper, Minnesota Mining & Manufacturing, Sperry Rand, Xerox, National Cash Register (97), National Steel, American Home Products, Pfizer, Avon. E molto altro. Degne di menzione sono le società di trasporto (sempre nelle attribuzioni di Fortune del 1975) con varie quote di proprietà:

Perm Central, TWA, Eastern Airlines, United Airlines, National Airlines, Delta, Braniff, Northwest Airlines, Consolidated Freightways.

Un modo per esercitare il loro controllo sulle società è quello dei prestiti; un altro è collocare propri manager nei consigli di amministrazione di altre società. Quelli dei Rockefeller sedevano (o siedono) in multinazionali come Allied (Chemical) Anaconda Copper, DuPont, Monsanto, Shell, Gulf, American Motors, Chrysler, CIT Financial, etc.

Il fatto è che gli interessi privati della famiglia Rockefeller assai spesso vanno a confliggere con quelli pubblici, di cui si occupa la politica, tanto che vi sono decisioni del governo che risultano sfavorevoli all'impero Rockefeller: tasse, ambiente, regolamentazione del mercato…

La Filantropia che Genera Potere e Manipola il Mercato

" la Filantropia è l'elemento essenziale del potere dei Rockefeller. Essa conferisce loro. una reputazione inestimabile di pubblici benefattori. La gente la tiene in considerazione così alta da consentire loro la direzione della Cosa Pubblica. La Filantropia genera più potere di quello che la sola ricchezza può procurare"
(Meyer Kutz, "Rockefeller Power")

Per comprendere la filantropia di cui si imblasonano molti banchieri e in particolare i Rockefeller ancora oggi, con la loro famosa Fondazione internazionale, basti inquadrare questa attività in questa scena: un bandito di strada il quale vi derubi di tutto, ma vi doni poi un euro per permettervi di tornare a casa con l'autobus.

Più estensivamente, la beneficenza è un amo lanciato con un pezzetto di polpa come esca per catturare una varietà di pesci. Tanto per cominciare, le Fondazioni filantropiche, oltre a non pagare tasse, ricevono contributi dallo Stato, cioè dai cittadini, dunque è vero che fanno beneficenza coi soldi dei contribuenti. La filantropia è per sua natura associata al tema delle tasse. Nel mentre beneficano i poveri, i banchieri come i Rockefeller si sono sempre adoperati per rendere equa la tassazione, e in questa loro missione si sono avvalsi di quella che una volta veniva chiamata con più coerenza la Sinistra. I militanti di sinistra (non tutti in buona fede, non i capi) si sono accaniti sin dai tempi di Marx contro i ricchi, senza capire che erano proprio essi, i capitalisti, a manovrarli nell'adozione di leggi tassatrici della ricchezza dei popoli, sia pure con il meccanismo della progressività. Perché? perché la tassazione progressiva mira a indebolire gli imprenditori medi e piccoli, a vantaggio dei più forti e spregiudicati (lo abbiamo visto col vecchio John D.). I più forti sono di solito i più accreditati presso la politica (che finanziano) tanto da riuscire a far inserire nella legge sul fisco delle scappatoie per se stessi; questo sin dal 1913, quando il Federal Reserve Act istituendo la Banca Centrale Usa (voluta dai Banchieri) portò con sé la novità socialistica della tassazione sui redditi. E' interessante notare che c'era stato un precedente nel 1909, allorché il senatore Nelson Aldrich estensore del Fed Act (su dettatura dei Banchieri di Wall Street) e nonno materno del futuro vicepresidente Usa,

Nelson Rockefeller, convinse il presidente Taft ad apportare un emendamento alla Costituzione, tale da autorizzare il Congresso a introdurre la tassazione sul reddito; i quali Rockefeller erano presenti a Wall Street (e poi nella Fed) con la National City Bank e la Chase Manhattan Bank. Quanto alle scappatoie: ogni anno i Rockefeller scaricano nelle loro fondazioni benefiche la metà delle loro entrate deducendo le donazioni dalla dichiarazione dei redditi.

Come ha osservato Business Week, "il motivo reale di molte fondazioni è quello di mantenere il controllo della ricchezza: nel mondo delle fondazioni, dove no-profit significa no-taxation, si scambia la proprietà con il suo controllo". I Rockefeller hanno ulteriori vantaggi con le loro fondazioni: possono acquistare, vendere o mantenere beni immobili, azioni e altri titoli. Il congressman Wright Patman, presidente della commissione sulle banche, accusava le fondazioni Rockefeller e le altre di agire in concerto, usando i loro enormi portfolios per manovre intese a truccare il mercato. E conclude Patman in merito al potere raggiunto dalle maggiori fondazioni:

"Senza dubbio la vita economica della nostra nazione è diventata così intrecciata con le fondazioni che, se non si fa qualcosa al riguardo, esse manterranno una posizione dominante in ogni fase della vita americana ". Questo negli anni '50. Da allora nulla è cambiato, e le grandi fondazioni hanno in effetti assunto una posizione dominante in ogni attività della società. Stiamo parlando del Carnegie Group e della Ford Foundation. Per molti anni le cinque fondazioni Carnegie sono state delle mere appendici della piovra Rockefeller; il che equivale a parlare del Council on Foreign Relations (CFR) l'adesivo che tiene insieme l'Establishment Rockefeller. Basti ricordare che David Rockefeller (la figura più autorevole e rappresentativa della famiglia dal secondo dopoguerra alla sua morte, 2017) è stato più volte presidente di questa principale gamba della Trimurti NWO.
Il CFR *era* David Rockefeller, ed è importante sottolinearlo per comprendere il ruolo dell'organizzazione dal 1919 ad oggi e i suoi fini, su scala mondiale.

Ancora merita insistere sull'impatto sociale e politico di queste fondazioni, che diventa devastante nel momento in cui esse si associano per esercitare un dominio completo sugli Stati Uniti (e di lì nel resto del mondo) con implicazioni non solo fraudolente, ma sovversive, come hanno cercato di rivelare molte inchieste del Congresso. Superfluo dire che I Rockefeller hanno sempre avuto le loro pedine sia nella parte repubblicana che nella parte democratica della Camera dei Rappresentanti.

David Rockefeller
(nipote di John D.)

IL CONTROLLO DELL'EDUCAZIONE

La Commissione parlamentare Reece (forse la stessa che investigò sui fondi di Stato elargiti da W.Wilson alla rivoluzione bolscevica) scoprì che John D. investiva molto denaro nell'istruzione, istituendo un General Education Board. Questi i principi che guidavano l'istituzione benefica in bocca al suo assistente Fred Gates: "nei nostri sogni noi abbiamo risorse illimitate e la gente si abbandona con docilità nelle nostre mani plasmatrici. Le convenzioni dell'educazione tradizionale sbiadiscono nella nostra mente per essere sostituite dal nostro volere su una massa riconoscente di persone contadine." Allo scopo di "modellare" le menti della gente le fondazioni Rockefeller e Carnegie di concerto cominciarono nei primi anni Trenta a sponsorizzare con ingenti finanziamenti John Dewey e il suo progetto educativo marxista. Vennero creati sezioni di ricerca e sperimentazione in università quali la Columbia, la Stanford e la Chicago, ed ebbe così inizio lo smantellamento del sistema educativo americano. In queste università lavorarono molti noti personaggi che propugnavano il rovesciamento del sistema americano e la sua sostituzione con uno stato socialista. **(1)**

----

(1) come non collegare questo schema di un nuovo Ordine (mondiale) al Progetto (coevo) dei Savi Anziani di Sion, ovvero ai più antichi Illuminati di Baviera? E non solo perché i Rockefeller venivano dalla Germania, ma perché questo disegno di sovvertimento strumentale, ammantato di amicizia per il popolo, affiora nei secoli come un fiume carsico, evidentemente tramandato nei circoli più segreti e insospettabili. Quel che si apprende su John D. Rockefeller induce a correggere quanti attribuiscono ai banchieri contemporanei Bernard Baruch o Jacob Schiff la testa degli Illuminati di Baviera in Usa. In verità sembra invece John D. l'erede americano di Adam Weishaupt, ovvero di Albert Pike. Si veda Gli Illuminati all'Assalto dell'Europa, vol.1).

Durante i primi decenni del '900 le fondazioni Carnegie-Rockefeller fornivano il 20% delle risorse dei college e delle università, tanto da diventare una sorta di Ministero dell'Educazione statunitense. Il risultato fu una svolta educativa d'impronta Socialista-Fascista, fu l'opinione di Rene Wormser, membro della Commissione Reece. I docenti tradizionalisti che resistevano tenacemente al Dewyismo venivano affondati dalla propaganda finanziata dalle fondazioni Rockefeller-Carnegie. Alla quale si aggiungeva la National Education Association (NEA) la principale lobby educazionale dello Stato, ovviamente finanziata dalle su citate fondazioni. Sostenitrice della filosofia di Dewey, la NEA dichiarava in un comunicato del 1934: "un morente laissez faire dev'essere completamente distrutto e tutti noi, compresi i *proprietari*, dobbiamo sottometterci a un alto grado di controllo sociale." Affermazioni a cui faceva seguito la promozione di libri di testo nelle scuole i quali inclinavano fortemente verso il socialismo, e i cui autori erano finanziati ancora dalla Rockefeller Foundation. La Commissione Reece si spinse a parlare di cospirazione che utilizzava il sistema educativo nazionale per sovvertire l'ordinamento liberale americano e sostituirvi quello sovietico russo. Ma la modellazione delle menti dei cittadini americani non fu il solo campo nel quale i Rockefeller si esercitavano; ci furono i media (ne parleremo più avanti) e c'era la religione.

Circa verso la metà degli anni '70 del Novecento fu coniato in Italia la

locuzione *cattocomunismo*, che designava gli intellettuali democristiani o di fede cattolica che dialogavano col comunismo revisionista. Difatti era il 1973 quando Enrico Berlinguer, nuovo segretario del partito comunista più importante d'Europa elaborava la linea del "compromesso storico", intesa tra comunisti, socialisti e cattolici, volta a costituire una salda maggioranza popolare, per impedire una svolta autoritaria, della quale circoli di estrema destra davano avvisaglie sia pure velleitarie (il tentato golpe Borghese, l'organizzazione neofascista Rosa dei Venti). Spuntava anche la figura del prete operaio...
Ma va ricordato che già il Concilio Vaticano II (1962-1966) aveva aperto al dialogo del Cristianesimo non solo con le altre fedi religiose, ma anche con le ideologie politiche storicamente ostili. Se il denaro ha il potere di "fare la storia ", non è peregrino ipotizzare che i Rockefeller, i quali erano stati capaci di abbattere l'impero russo nel 1917, avessero in qualche modo partecipato al rimescolamento della dottrina cattolica cristiana (rinuncia al dogma di verità) da parte delle gerarchie vaticane, che portarono sul trono di Pietro il massone Roncalli. **(2)**

---

(2) *Per il ruolo giocato dalla Massoneria israelita nel Concilio Vaticano II, cfr. Epiphanius, "Massoneria e sette segrete");*

Il lavorio dello stravolgimento era iniziato parecchi decenni prima, nell'Unione Teologica seminarista di New York, dove si agitavano idee socialiste tali da minare i principi del Cristianesimo, col sostegno finanziario dei Rockefeller; i cui sforzi si concentrarono poi sul noto Concilio Federale delle Chiese (in gran parte Protestanti). Questa istituzione filocomunista venne nel 1936 denunciata dallo spionaggio della Marina Militare US come una delle più pericolose sovversive organizzazioni nel paese; mentre le organizzazioni fondamentaliste cristiane accusavano il Concilio Federale (poi Nazionale) delle Chiese di essere prono all'Unione Sovietica. Sorge naturale la domanda, perché i capitalisti Rockefeller non abbiano mai sovvenzionato la libertà individuale e di impresa, ed abbiano invece finanziato il collettivismo socialista e il comunismo totalitario, ideologicamente nemico del capitalismo e della proprietà privata.

La risposta è presto trovata: i grandi finanzieri e industriali come i Rockefeller hanno sempre puntato al grande monopolio ed hanno compreso, sin da capostipite John D., che le migliori condizioni per stabilire i monopoli non sono quelle offerte dallo stato liberale, ma quelle imposte dallo stato comunista, il quale abolendo il diritto di proprietà e di impresa individuale, tale diritto accentra su di sé, ovvero in un gruppo oligarchico di potere. Perciò avere il controllo di un siffatto regime su scala mondiale è il mezzo ideale per diventare i padroni del mercato e della ricchezza globale. Di qui il Progetto di un Nuovo Ordine Mondiale Totalitario retto da una oligarchia capitalista. Progetto che ha le sue cinghie di trasmissione in innumerevoli movimenti, circoli e partiti della Sinistra, finanziati allo scopo.

Dunque i Rockefellers che si pongono come campioni dell'umanitarismo, sfruttano questo espediente machiavellico solo come mezzo per acquistare un vasto potere sulla politica compiacente e sulle masse credule.

LE FONDAZONI PER OCCULTARE
LA RICCHEZZA REALE

Ma la filantropia, che è un vero e proprio business, rappresenta solo un aspetto. Le fondazioni servono innanzitutto a nascondere e riciclare i redditi dalle attività finanziarie e industriali. Riferisce Gary Allen che le fondazioni no profit, in particolare quelle di beneficenza, servono ai Rockefellers per mostrare al mondo che hanno molto denaro e soprattutto potere; mentre hanno inventato il modo per non pagare le tasse, trasferendo le loro proprietà a tali fondazioni esentasse. Hanno sempre donato, ma in sostanza i maggiori beneficiari delle loro donazioni sono stati essi stessi. Anche quando i denari vengono spesi per delle nobili cause (umanitarie, culturali) l'esborso frutta loro un qualche tipo di vantaggio finanziario o politico. Nel contempo, essi e i loro pari super-ricchi, hanno fatto approvare leggi dirette a ipertassare chiunque altro, cioè la classe media. Così moltiplicando i poveri, possono sfoggiare la loro pelosa mania di elargire beneficenza.

Secondo molte fonti i Rockefeller possiedono almeno 200 (se non diverse centinaia, disposte a scatole cinesi) fra istituzioni e fondazioni, tenendo presente che le università ed altri istituti culturali o di beneficenza da essi fondati sono delle proprietà che danno reddito anche tramite il possesso di azioni delle loro banche e corporate. Perchè così tante fondazioni? Per rendere possibile movimentarle, fonderle, manipolarle in modo tale che gli agenti del Fisco non riescano a capire quanto denaro vi sia in gioco e dove sia allocato.

Una realtà certa sono le centinaia di abitazioni lussuose in città e in campagna, in varie località, le corporate e le holdings, che vanno dalla ex Standard Oil, oggi Exxon, alle banche, alle shareholdings in miniere e industrie di vario tipo. Il quadro che ne risulta è quello di una dinastia capitalistica che controlla l'economia Usa tramite porzioni rilevanti di proprietà e attività. Il che non è nuovo in America, dove poche dinastie capitaliste si spartivano la ricchezza già nel 1800. il fatto nuovo e particolare è, come si è detto, che la ricchezza in sé non basta più: l'obiettivo è acquistare potere su una vasta moltitudine di persone.

I ROCKEFELLER OVVERO IL CFR

I Rockefeller sono riusciti come pochi altri nell'arte di usare il potere economico per costruire un potere politico, il quale è a sua volta un motore di ricchezza, e così via, in un circolo che definire virtuoso sarebbe improprio; senza mai perdere di vista il loro obiettivo, sovvertire la sovranità degli Stati Uniti e sostituirle un Governo Unico Mondiale. Nelson Rockefeller, vicepresidente US nell'amministrazione Ford si adoperò alacremente in tal senso, con ciò tradendo il giuramento alla Costituzione americana. Ma non si può continuare a parlare di NWO senza reintrodurre il CFR.

Il Council on Foreign Relations, potere occulto, influente e pervasivo, interno al governo degli Stati Uniti,   fu creato dai Rockefeller e dai loro alleati per conseguire il Nuovo Ordine Mondiale.

Scrive Gary Allen in *"The Rockefeller File"* : " ogni avvocato, banchiere, generale, giornalista, professore, e burocrate che abbia avuto una qualche influenza nella politica estera degli ultimi 6 presidenti, da

Franklin D. Roosvelt a Richard Nixon, ha passato del tempo nella Pratt House, un palazzo di quattro piani all'angolo di Park Avenue con la 68esima strada…" .   Il quartier generale del Council on Foreign Relations a New York è composto di una èlite di circa 1600 persone (oggi sono 5000) addentro all'Establishment nazionale nei campi dell'alta finanza, delle università, della politica, del commercio, delle fondazioni e dei mass media. Benché i membri del CFR abbiano nomi altisonanti e noti, probabilmente solo una persona su mille in America ne conosce l'esistenza e meno ancora i suoi veri scopi, al di là di quelli enunciati sul suo sito web ("la cooperazione internazionale per una migliore comprensione fra i popoli, il loro benessere"….).

Pratt House, sede del CFR

Durante i suoi primi 50 anni di esistenza il CFR non è stato quasi mai menzionato dai principali massmedia; il che è presto spiegato con il fatto che i direttori o editori dei grandi giornali, dei networks televisivi, erano associati all'organizzazione della Pratt House. Stiamo parlando di: New York Times, Washington Post, Los Angeles Time, Nbc, Cbs, Life, Fortune, etc.

Il ruolo di governo ombra degli Stati Uniti giocato dal CFR, pur segreto all'opinione pubblica, è stato episodicamente ammesso da diversi suoi affiliati. Ad esempio da Joseph Kraft, editorialista dell'Harper's magazine, il quale scriveva nel luglio 1958: "esso (il CFR) è stato la sede di fondamentali decisioni del governo, ha tracciato le condizioni per molte altre, ed ha costituito il terreno per il reclutamento di molti alti funzionari ". Il titolo dell'articolo *Scuola per statisti* dice molto più di quanto Kraft non aggiunga.

Una figura emblematica del CFR e del suo potere è Henry Kissinger. Uomo dei Rockefeller, faceva parte del personale in servizio al Council, quando fu incaricato all'Amministrazione Nixon, il quale era ovviamente un candidato presidenziale di marca CFR. Una formazione *ideologica* questa, rivelatasi nella sua politica estera: disarmo unilaterale, distensione con Unione Sovietica e Cina attraverso accordi commerciali; politiche contrarie al programma dei Repubblicani, nella cui compagine Nixon era stato eletto, ma perfettamente coerenti con i progetti del CFR, che glieli dettava.

Quanto al CFR, esso fu creato nel 1922 come surrogato al fallimento della Società delle Nazioni, finanziata da John D. Rockefeller per imporre il Governo Unico. Evidentemente i Rockefeller non si diedero per vinti, giacché crearono le condizioni (il nazismo) per scatenare una seconda guerra mondiale e di qui l'Onu, che cerca di diventare un Governo Unico con l'aiuto dell'Unione Europea e per riuscirvi conia (ma già dal 1945) la locuzione Nuovo Ordine Mondiale, che è un revival dell'originale *Novus Ordo Seclorum* di Illuminatica memoria; cosa che ci conferma nel sospetto che i Rockefellers, per le vie sotterranee di cui abbiamo detto, siano gli eredi di Albert Pike, erede di Weishaupt. E il NWO che essi pianificano è proprio quella dittatura poliziesca mondiale formalizzata in un manifesto dal fondatore degli Illuminati di Baviera nel 1776. (cfr. il nostro *Gli Illuminati all'Assalto dell'Europa, vol.1*)

Addomesticare i Mezzi d'Informazione – l'Advertising

Quanto all'influenza dei Rockefeller sui media, se oggi, 2021 essi non ne hanno più direttamente, giacché non figurano (a quanto risulta) nella proprietà dei maggiori giornali e network televisivi, tuttavia la esercitano sulla politica,   sull'economia e sull'opinione pubblica, attraverso il CFR e le loro fondazioni, la Ford, in particolare la Rockefeller Foundation. Tramite la loro attività filantropica, essi hanno una presenza incisiva in questioni come la sovrappopolazione mondiale, gli aiuti ai paesi sottosviluppati, i cambiamenti climatici e, ultimamente, il pericolo delle pandemie, cioè i temi strategici per pervenire e dirigere il NWO; temi che portano i Rockefeller a collaborare con l'articolata costellazione dell'ONU. Insieme a loro, sulla stessa lunghezza d'onda, troviamo il magnate dell'informatica, Bill Gates. Tratteremo questi aspetti più avanti, nel capitolo dedicato al Covid-19.

In passato, la famiglia aveva grande influenza sui maggiori giornali e reti televisive, radiofoniche, nonché sulle più importanti case editrici, a cominciare dal *New York Times*. Una notizia pubblicata da questo potente giornale prima o poi viene ripresa anche da tutti gli altri mezzi di informazione, in un effetto moltiplicatore. Lo stesso meccanismo dovrebbe valere per i media all'estero.

Come abbiamo detto in altro capitolo, la proprietà non è il solo modo per controllare gli organi d'informazione; c'è anche l'advertising. La pubblicità costituisce i due terzi, se non i tre quarti degli introiti di un giornale, di una televisione. Il grande inserzionista lo sa, perciò può imporre, attraverso le inserzioni, la sua visione della realtà, sapendo che essa sarà accettata dalla redazione. Ciò è vero soprattutto quando l'impresa industriale che acquista lo spazio pubblicitario, particolarmente in radio e tv, ha stabilito un conformismo culturale che riflette quello dettato dal partito politico al potere in quel momento, grazie all'influenza e al sostegno finanziario della stessa impresa, magari controllata da una certa banca o gruppo di banche, i cui executives sono affiliati al CFR (o al Bilderberg). Questa prassi vale in tutto il mondo e vi è di più, perché un organo d'informazione, carta stampata o emittente radio-Tv, che vive di pubblicità starà attento a non dispiacere il suo principale cliente e rifiuterà contenuti alieni alla di lui *filosofia*.

Quando l'uso del potere mediatico si fa, oltreché politico, anche culturale, un gruppo d'interessi è in grado di costruire personaggi famosi, cioè funzionali ai propri disegni, lo scrittore di successo, l'accademico rinomato, il cineasta premiato, l'attore-divo o cantante pop, e di imporli all'attenzione e alle preferenze del pubblico ignaro. Al contrario, se la creatura si ribella e denuncia il progetto sottostante, la stessa propaganda virando di segno opposto vendicherà i Manovratori demolendo la carriera del ribelle, insozzandone la gloria con le calunnie più vili; ciò che è accaduto recentemente ad esempio al biologo premio nobel Jean Luc Montagnier, per avere cercato di smascherare le menzogne dell'establishment sanitario (OMS) sulla pandemia di corona virus.

A proposito delle Nazioni Unite e della sua articolata costellazione, non esiste nessuna stampa indipendente fino al punto da osare toccare con critiche incisive le istituzioni sopranazionali, a meno che esse non incorrano in qualche scandalo su giornali autorevoli (il Lancet, il

Guardian) come è capitato più volte all'OMS, i cui dirigenti sono stati accusati di corruzione da wistle blowers, peraltro senza alcuna conseguenza di carattere giudiziario, grazie all'immunità di cui tali organizzazioni godono.

L'Ingegneria Del Consenso e le Vie al New World Order

Il condizionamento psicologico tramite la propaganda non è un'invenzione dei regimi totalitari, Comunismo o Nazismo, ma dei sistemi liberali. Sociologi della comunicazione come il giornalista americano Walter Lippmann (partecipò alla fondazione del CFR) nella democrazia più grande al mondo hanno insegnato ai politici l'ingegneria del consenso (W. Lippman *The public opinion, 1922)* e tracciato le basi per la moderna psicologia delle masse e come controllarle, materia specialistica di istituti come il Tavistok Institute for human behavior e il Rand (vedi cap. IX, vol. I, sul CFR).

Non sorprende che i finanziatori di queste istituzioni siano i Rockefeller, sia pure in maniera non esclusiva.

La strategia dei Manovratori è lineare: prima assumere col denaro il controllo dei massmedia, tramite essi il controllo dell'opinione pubblica, transitivamente della politica, cioè dello Stato, al quale infine sostituirsi con il loro Superstato Mondiale.

Quel che vediamo ogni giorno dalle cronache, soprattutto negli ultimi mesi, accelerato dal losco affair del Corona virus, è un lavorio teso a una non più inavvertita azione di accerchiamento delle persone in ogni nazione con l'alibi dell'emergenza sanitaria. Dispositivi di sorveglianza quali il passaporto digitale sanitario, concepito dalla Commissione Europea, sono un'avvisaglia del microchip annunciato da David Rockefeller già da decenni.

Le vie al NWO appaiono davvero infinite, quando si scoprono (in radio, tv, siti web *psico-politicamente corretti)* le diverse associazioni o singole entità che fanno professione di Governo Mondiale (anche senza saperlo) soltanto propugnando l'abbattimento delle frontiere e l'idiosincrasia per lo stato nazione, quasi fosse un retaggio pericoloso e foriero di nazifascismo; mentre (non diversamente dalla Germania del

1919, un secolo dopo) l'ideologia dominante è oggi quella socialista internazionalista (la stessa lanciata dagli Illuminati nel 1776 e dai Rosacrociani nel XVII secolo).

Tutte queste fondazioni culturali, consorterie, organizzazioni non governative, centri studi sono direttamente o per vie remotamente confluenti, finanziate dalle Fondazioni Rockefeller, col molteplice CFR (e dal *neofita* George Soros, che sembra voler contendere ai primi la direzione del futuro Superstato Globale).

Le Nazioni Unite sono l'opera dei Rockefellers intesa a perfezionare la prima versione chiamata Società delle Nazioni e preambolo sofisticato al Governo Unico. Se i Rockefeller vi investirono ancora denaro e potere nel 1945, altrettanto vero è che questa composita organizzazione antidemocratica grava oggi sulle casse delle nazioni che ne fanno parte, cioè sui cittadini, i quali pagano centinaia di milioni dollari/euro per essere sottoposti ai suoi discreti diktat. La strategia è quella moderna ed efficace della persuasione occulta e/o rivestita di connotazioni morali, alla quale da molti anni, in specie dall'avvento del pontefice gesuita (massone) Bergoglio, la Chiesa offre supporto religioso.

Che cosa è in definitiva una religione se non la mistica del Potere politico, cioè il potere di sottomettere i popoli? I Padroni del Mondo ambiscono a un coup d'Ètat globale e indolore, alla cessione volontaria e convinta della libertà da parte dell'umanità, come l'atto di fede con il quale nel finale di *1984*, Winston si abbandona commosso nelle braccia del Grande Fratello. Colpo di stato che ha nella montatura globale del Corona virus un test riuscito, se nel mondo milioni di persone terrorizzate da una campagna mediatica spietata e mistificatoria si sono lasciate persuadere a mettersi sulla bocca la mascherina-bavaglio, la cui forza simbolica sulla psiche profonda si aggiunge a completare un lavoro certo preparato lungamente nei laboratori dei su citati istituti di controllo delle masse, Tavistok Rand ed altri.

Ancora Gary Allen ci offre nel suo saggio (del 1975) un elenco delle numerose associazioni che i Rockefeller/CFR finanziano in America per diffondere il loro vangelo ordinovista. Ne riportiamo alcune, le più note, indicando che esse hanno negli anni prodotto delle diramazioni in Europa, verosimilmente nella vasta e contraddittoria costellazione della Sinistra e del Centro; sono: American Association for the United Nations, Atlantic Union, Center for Advanced Study in Behavioral Sciences, Center of Diplomacy and Foreign Policy, Chatham House, Citizens Committee for

International Development, Committees on Foreign Relations, Council on Foreign Relations Federation of World Governments, Institute of International Education, The Trilateral Commission World Affairs Council, Institute for World Order...

Senza lasciarsi impressionare dai "titoli di testa", va tenuto presente che dietro la loro altisonante retorica è intessuta la trama pervasiva e velenosa di un disegno che vuole il ritorno a una Servitù della Gleba Globale, dove la Gleba sarà la Matrice Web controllata dal Ministero del Fisco-Polizia.

Da segnalare la più antica Atlantic Union (creatura dei Rockefeller) il cui obiettivo è si il Governo Mondiale, ma passando per delle Unioni Regionali, quel che sarebbero sul piano economico i vari TTIP in Occidente (Usa-Europa, Usa-UK) e gli analoghi accordi commerciali in Asia (Cina e gli altri paesi dell'Asean), peraltro tutti ancora in discussione (eccetto l'asiatico Rcep). Qualche analista politico vede trapelare un siffatto disegno anche nei conati indipendentisti di regioni del nord Italia (Lombardia, Veneto) che hanno stabilito già delle macro-regioni mercantili con regioni affini del nord Europa (Baviera). Cominciare a disintegrare gli Stati dall'interno onde pervenire in modo *naturale* alla ricomposizione di macro-regioni non-identitarie in un Unico Governo Totale.

Gary Allen rileva acutamente la connotazione eversiva di quei parlamentari che propugnano la dissoluzione dello stato nazionale in una macroregione e poi nel Governo Unico. La stessa connotazione ritroviamo nella sinistra italiana e persino in certe affermazioni del presidente della Repubblica, che dovrebbe difendere la Costituzione fondata sull'unità dello Stato nazionale. Nel 1975 (quando Allen scrive, **(1)** il pericolo era rappresentato dal disarmo Usa e del suo discioglimento in un regime di tipo sovietico globale. Oggi, dopo la caduta (non accidentale) dell'Urss, il pericolo comunista è stato sostituito da quello islamico (o cinese, o espansionista di Putin); indicazione questa di come il progetto del Nuovo Ordine (la sua antica matrice massonica) si evolva quanto ai mezzi per conseguirlo; ed è proprio questa evoluzione storica (cioè del farsi della storia ad opera della Massoneria Illuminata) il segno delle implicazioni misteriosofiche (se si vuole, esoteriche) di tale Progetto.

----

(1) *Si veda anche "None dare call it Conspiracy" (1971) dello stesso autore;*

Oggi il discioglimento prospettato è nel melting pot delle razze e delle religioni predicato dal pontefice gesuita-sinarca Bergoglio, il campione della Gnosi pre-cristiana rediviva.

LA POLITICA DEL DISARMO PER INTRODURRE IL NWO

La politica del disarmo risale alla guerra fredda con l'Urss ed ebbe un suo momento eclatante nella Prima Conferenza di Pugwash (Nuova Scozia, 1957) quando accademici e scienziati di sinistra (fra essi anche Albert Einstein) si riunirono per chiedere il controllo degli armamenti nucleari da parte degli Usa, onde sventare il pericolo di una guerra distruttrice con l'Urss. Questa iniziativa venne appoggiata dal CFR e fu coronata nel 1960 dalla risposta dell'Unione Sovietica, la quale presentò all'ONU il piano per un disarmo globale; piano che richiedeva una sistematica riduzione degli armamenti da parte delle due maggiori potenze di allora. Come si vide, nella fase operativa dei Salt (Strategic Arms Limitation Talks) del 1968/69, documenta Gary Allen, fra le due, furono gli Stati Uniti poi quelli che si disarmarono di più, seguendo le istruzioni date dal CFR al Dipartimento della Difesa americano. In sostanza il piano dei Rockefeller-CFR era quello di indebolire gli US non tanto per metterli in balia dell'Unione Sovietica, ma in definitiva del Governo Unico, che tramite l'URSS avrebbero potuto realizzare; il che porta a concludere che il CFR, dai tempi della rivoluzione bolscevica commissionata a Lenin, passando per il difficile rapporto con il nazionalista Stalin, era stato sempre il patròn della Russia comunista tramite l'oligarchia (corrotta) che la governava e i prestiti ingenti erogati da Wall Street.

Già subito dopo la rivoluzione il nuovo governo sovietico aprì al commercio con gli Usa, a banchieri e industriali (Vanderlips, Harriman, Rockefeller). Nel 1926 la Standard Oil e la sua sussidiaria la Vacuum Oil, stipularono un contratto per la commercializzazione del petrolio russo nei paesi europei. L'accordo fu accompagnato da un prestito di $ 75.000.000 ai Bolscevichi. Nel 1927 la partner segreta Standard Oil costruì in Russia, una raffineria di petrolio che servì a rimettere in piedi l'economia sovietica disastrata dalla guerra. La Chase Manhattan Bank e la Equitable Trust Company, ancora Rockefeller, diventarono leader nel business del credito sovietico.

Se si aprono i registri della Amtorg, l'organizzazione del commercio sovietico a New York, e della Banca di Stato Sovietica si rimane sconcertati nel vedere quanto denaro è stato trasferito dal Tesoro del capitalista Stati Uniti d'America alla Russia socialista; operazioni transate dalla Chase Manhattan Bank di New York nel corso di decenni, fino all'era Khrushchev e oltre.

Analoga strategia, qualche anno più tardi sarà applicata ai rapporti con la Cina comunista.

Rockefeller, presidente della Chase Manhattan Bank, nel gennaio 1967 stipulò un accordo di aiuti alla Cina Rossa di Chou En-lai, riportato dal New York Times. Gli aiuti comprendevano un incremento del commercio, pagato ovviamente dai tax payers americani.

David Rockefeller stringe la mano a Mao Tze Dong
Al centro, Henry Kissinger

Allen ci informa che soprattutto dal dopoguerra in poi, il governo americano (controllato dal CFR dei Rockefellers) in particolare Lyndon Johnson e poi Richard Nixon attuarono una politica estera commerciale molto favorevole all'Unione Sovietica. Quanto ai prestiti della Chase Manhattan Bank, David Rockefeller aveva provveduto a farli garantire dalle agenzie governative come la Overseas Private Investment Corporation e la Foreign Credit Insurance Association, (cioè i contribuenti americani).

Vale la pena notare per inciso che ai giorni nostri la politica americana inaugurata da Donald Trump di ritirarsi dai teatri di guerra del Medioriente e del nord Africa (per decenni ritenuti strategici) in nome di una politica domestica ("America first") mentre dà l'immagine di un'America che ha rinunciato al proprio ruolo di prima potenza militare mondiale, lasciandolo alla Cina e alla Russia, ha di fatto rinunciato anche ad armarsi, almeno in apparenza; ma questo non vuol dire che l'amministrazione repubblicana sia orientata a cedere un centimetro di sovranità alle Nazioni Unite, verso la quale l'ex presidente Trump ha manifestato più volte una specie di antipatia, così come verso la Federazione Europea, che invita sovente a sciogliersi, con vaghe allusioni alla privazione della libertà che essa comporta per i popoli europei; affermazioni alle quali ha fatto eco il premier britannico Boris Johnson realizzatore finalmente della Brexit.

Per tornare all'evoluzione del progetto ordinovista, posto che esso veda in campo (campo segreto) due fazioni massoniche rivali, in una delle quali militi il CFR di Rockefeller, sembra evidente che gli strumenti odierni del NWO sono altri da quelli di 60 anni fa: vale a dire la minaccia islamista, le guerre regionali (Medioriente/Africa) abilmente innescate (Cia, multinazionali delle armi) e le ondate emigratorie verso l'Europa, che ne derivano, secondo un programma di rimescolamento etnico/culturale, atto a predisporre il vecchio continente al coup d'ètat non violento prossimo venturo. In attesa del quale si sperimentano test di condizionamento di massa quali le pandemie da corona virus prefabbricato, alla luce del sole. Il raffinamento di questi strumenti non può che inquietare, perché indica come l'azione degli ordinovisti (tanto varrebbe chiamarli Illuminati) si è spostata da un piano fisico, a un piano psicologico-simbolico, dunque magico in qualche modo, che fa leva sull'inconscio collettivo della gente, per manipolarla come si vuole, attraverso le voci *onnipotenti* dei media asserviti.

LA STRATEGIA DEI MONOPOLI

Scrive Antony Sutton (*"Wall Street and the Bolshevik Revolution"*) "mentre il controllo monopolistico delle industrie era una volta l'obiettivo di JP Morgan e di John Davison Rockfeller, alla fine del XIX secolo il Sancta Sanctorum di Wall Street comprese che il miglior modo di acquistare un monopolio era quello di renderlo globale e far sì che la gente lavori per i monopolisti in nome del benessere e dell'interesse pubblico. " Quale miglior sistema di quello comunista teorizzato da Marx (creatura della Grande Finanza, (v. *I Protocolli di Sion e il Nuovo*

Ordine Mondiale vol.1) dove la proprietà privata è abolita, e l'oligarchia al potere è padrona dello Stato? **(1)**

---

(1) *Citato da Sutton, osserva Nesta Websterb con acuta ovvietà che, non soltanto il popolo da solo non ebbe nella rivoluzione bolscevica (o in altre) la capacità organizzativa, né il denaro, ma che una rivoluzione contro i capitalisti −i quali invece sono provvisti della prima e del secondo- mai avrebbe potuto essere realizzata con successo senza l'acquiescenza e l'aiuto degli stessi. Giacché la rivoluzione bolscevica, come quella francese fu un colpo di stato delle classi alte borghesi (massonico-ebraiche) contro l'aristocrazia regnante, che vi contribuì per cecità politica);*

Questa considerazione riferita al sistema comunista, installato in Russia dai Banchieri internazionali nel 1917, potrebbe essere ben applicata alla cosiddetta Unione Europea, la cui costituzione fu, con altri titoli, ugualmente opera dei Banchieri, che hanno sin dal 1945 (se non prima) lavorato a un piano le cui varie fasi hanno portato in nome della pace e della libertà, alla perdita di sovranità economica e alla servitù dei popoli europei. Se al vertice dell'Unione Sovietica vi era il Comitato Centrale del popolo (controllato dai Banchieri), oggi al vertice della UE vi è la Commissione, affiancata dalla Bce, il vero governo di questo Superstato che governa in nome dell'Europa, ma per conto dei monopoli finanziari/industriali. Quello dei monopoli era soltanto un mezzo non un fine, come lo era stata pochi anni prima, nel 1913, l' istituzione fraudolenta della Federal Reserve, creata anche nella prospettiva di finanziare il colpo di stato in Russia, **(2)** e introdurre la tassazione sui redditi, per indebolire la classe media americana, spina dorsale dell'economia e riferimento della politica.

Nel manovrare Woodrow Wilson, i Banchieri miravano al profitto, ma avendo chiaro che esso serviva il traguardo finale: il controllo del mondo. Anche la propaganda comunista, da Lenin in poi, vantava questo obiettivo, la conquista del mondo, ma in nome del popolo. Oggi che il comunismo sovietico non esiste più, sembra la Cina capital-comunista la controparte dei Banchieri (se non la sua alleata) **(3)** nella corsa al NWO; eccetto che la tecnologia è cambiata e così il linguaggio; il 5G ha sostituito la falce-martello massonica, ma il simbolismo del potere rimane intatto: come il martello simbolizza il potere, la falce è l'emblema della filosofia gnostica, appannaggio degli iniziati; mentre il pugno chiuso rappresenta la supremazia oligarchica.

----

(2) Va ricordato che gli aiuti alla rivoluzione bolscevica furono dati dal presidente Wilson quasi in segreto, prelevandoli dal Fondo di Guerra (la 1^ Guerra mondiale), mentre gli Usa non riconobbero il regime comunista prima del 1933;

(3) Rileggendo quanto scrive A. Sutton ("Western Technology and Soviet Economic Development") a proposito del fatto che la modernizzazione e la crescita economica dell'URSS furono realizzate grazie alla tecnologia (anche militare) fornita dagli Usa, vien fatto di pensare che pure la Cina maoista deve la sua modernizzazione in senso capitalistico agli aiuti americani, e che la rivalità fra le due superpotenze (come oggi quella con la Russia di Putin) sia una messinscena ad uso dell'opinione pubblica meno avveduta);

Il 5G è un simulacro proiettato nell'etere dove si propagano le onde radio, che se da un lato può rimandare alle cinque punte della stella Sirio (la dea splendente degli Egizi, e della Massoneria), dal lato transhumanista evoca le moltiplicate possibilità, con il 6 e il 7G che seguiranno, di creare protesi cibernetiche al cervello umano atte a renderlo più veloce e specializzato nel realizzare operazioni superumane, come quella di produrre istantaneamente un oggetto materiale da una sua immagine inviata via email da un altro continente.

Né mai va perso di vista che se il mezzo per conseguire il NWO è il socialismo, i Banchieri, in testa i Rockefellers con le loro intraprese *umanitarie*, non si periteranno di fomentare conflitti sociali, finanziando le più disparate e opposte fazioni, partiti e giornali, pur di scagliare popoli e classi sociali gli uni contro gli altri. In questo quadro va vista la mai sopita in America guerra razziale fra bianchi e neri, e da alcuni anni in Europa la propaganda pro-accoglienza degli immigrati clandestini dall'Africa. Giacché cambiare il volto del vecchio continente tramite il "rimpiazzo" della sua popolazione è una precondizione essenziale per il Nuovo Ordine.

RIDURRE I POPOLI IN POVERTA' PER LIVELLARLI

Il lettore attento non sarà sorpreso nell'apprendere il cuore della questione, che tocca l'attualità. Gli architetti del NWO lavorano non per ridurre in bancarotta gli Usa (o l'Occidente) ma per ridurre gradualmente la loro capacità produttiva e dunque la loro ricchezza ai livelli dei paesi socialisti. Impoverendo in eguale misura, con espedienti vari, i popoli, fino a livellarli a un strato di servitù, come era nei regimi sovietici, sarà più facile instaurare il Governo Totalitario sopra una enorme indebolita massa proletaria.

La menzogna del riscaldamento terrestre non è bastata a convincere gli stati circa la necessità di frenare lo sviluppo economico; meglio dunque le pandemie. Di fatti, la tesi dei movimenti (detti *negazionisti*) che il Corona virus sia stato inventato (metà fasullo, metà modificato in laboratorio) per il profitto delle case farmaceutiche produttrici di vaccini, coglie solo l'aspetto esterno e contingente della questione. Quel che conta è la motivazione sottostante, il controllo sociale, essenziale all'instaurazione del NWO. Questo piano totalitario spiega perché, nonostante le innumerevoli opere umanitarie promosse dall'Onu nei paesi sottosviluppati, questi non siano mai stati portati o almeno avvicinati economicamente al benessere dei paesi occidentali, ma al contrario la Banca Mondiale, l'FMI hanno agito (di concerto con le multinazionali) per mantenere una situazione coloniale di sfruttamento. Il motivo segreto è chiaro: perché un giorno, complice l'immigrazione (programmata) in Europa, tutti i continenti si equivarranno nella povertà. Vale ancora il detto di Henry Kissinger, alla fine degli anni '60. Citiamo da Gary Allen:

" è opinione di Kissinger che controllando il cibo si possano controllare i popoli e controllando l'energia si possano controllare le nazioni e i loro sistemi finanziari. Così ponendo il cibo e il petrolio sotto il controllo internazionale, insieme al sistema monetario mondiale, Kissinger ne è convinto, un governo mondiale flessibile può divenire realtà, entro il 1980 ". Kissinger era ottimista. Come accade sempre, i progetti dell'uomo devono fare i conti con il Caso e la Necessità, od anche, con le diverse sfaccettature del NWO e delle Elite, le cui azioni dipendono da Superiori Incogniti, che conosceremo nella terza parte di quest'opera.

Come si vede, l'accento viene posto in particolare sul controllo finanziario. Questo è stato compiuto negli ultimi dieci anni, (tramite i governi tecnici in Italia) e completando l'introduzione dell'euro, inoltre con l'espediente della lotta all'evasione fiscale, cavallo di battaglia (e di Troia) della Sinistra, che ha educato il popolo sovieticamente all'etica del pagare le tasse, occultando la realtà, e cioè che queste tasse vanno nelle casse dei loro padroni i banchieri privati, per mezzo del Signoraggio sull'emissione della moneta, banchieri che invece non pagano le tasse grazie a una frode in bilancio legalizzata da secoli (cfr. il vol. I).

Ma molto resta ancora da fare circa il controllo finanziario; criminalizzare il denaro contante e imporre la moneta elettronica, ancora per "evitare l'evasione fiscale", mentre i governi sono consapevoli che i grandi evasori, a cominciare dai banchieri stessi, sanno come evadere nei paradisi fiscali e manipolando la loro ricchezza nelle fondazioni.

La moneta elettronica serve a privare i cittadini della loro residua libertà economica, ponendoli in balia di uno Stato centralizzato ed anche di creditori pubblici e privati, i quali potranno attingere ai conti della gente e prosciugarli, senza nemmeno il verdetto di un giudice. Tutto questo controllo, per essere efficace ai fini del NWO, deve essere inquadrato in un sistema internazionale: ed ecco l'Unione Europea, strumenti finanziari come il MES, e commerciali come i TTIP, i Gats ed analoghi accordi commerciali intercontinentali, tappe intermedie, come si è detto, del Governo Unico.

LA STRATEGIA DELLE CRISI PROGRAMMATE
E DELL'INTERDIPENDENZA

Che il Governo Mondiale abbia al suo servizio laboratori di studio sociologico e di psicologia delle masse, è dimostrato dalla strategia concepita e messa in atto dal suo quartier generale, il CFR. Ne fu portavoce sin dai primi anni '70 un suo affiliato, Richard Gardner, professore di Diritto e Organizzazione internazionale alla Columbia University nonché funzionario del Dipartimento di Stato **(1)**: la svolta al Governo Oligarchico Totalitario dovrà essere graduale e percepita dai popoli come un evento necessario. L'Establishment creerà delle crisi di varia natura in differenti paesi; crisi per le quali verranno proposte soluzioni, che saranno assunte da un organismo sopranazionale. In questo modo gli stati si abitueranno ad affidarsi ad agenzie internazionali e passo dopo passo cederanno segmenti della loro sovranità nazionale.

____

(1) *Richard Gardner fu ambasciatore in Italia negli anni '70; Aldo Moro, da capo del governo italiano, ebbe un rapporto difficile con lui, che cercava di ingerirsi nella sovranità dell'Italia.*

____

La Globalizzazione, concepita in ambito Bilderberg/Trilateral in quello stesso periodo, è stata certo una pre-forma stato condizionale: solo globalizzando le nazioni e quel che vi accade si potevano globalizzare anche i problemi, in modo tale che la crisi di una nazione diventasse la crisi del mondo intero e di qui la soluzione affidata ad un Ente sopranazionale del quale fosse riconosciuta l'autorità su scala globale. Un esempio recente e attuale è ancora il Covid-19, inventato a scopo di controllo di massa e per innescare una depressione economica e psicologica fruttuosa nella prospettiva NWO. In questo caso l'agenzia, pur discussa e diffidata da molte nazioni, è stata l'OMS, Organizzazione Mondiale della Sanità.

La Crisi del 2008

Nel 2008 la crisi −architettata− dei mutui immobiliari vide protagonista il Fondo Monetario Internazionale, a fianco principalmente della Bce e della Fed. Quest'ultima pur essendo formalmente la Banca Centrale degli Usa, può dirsi un ente privato, come le Bce, entrambe controllate dalla Finanza Internazionale-NWO. Di conseguenza possiamo concludere che l'interdipendenza fra le nazioni, instaurata dalla tela di ragno del CFR (Rockefellers) e di cui è piena oggi la propaganda di capi di governo e presidenti della repubblica in Europa, con aggiunta di criminalizzazione dello stato-nazione, è la chiave di volta per pervenire al Nuovo Ordine. Illuminanti e foriere furono le parole di Kissinger alla Conferenza dell'Onu sul Cibo tenutasi a Roma nel 1972: " Noi dobbiamo affrontare non soltanto il problema del cibo, ma di accelerare la velocità della nostra interdipendenza. Noi dobbiamo fare della cooperazione globale sul cibo un modello per la nostra risposta ad altre sfide di un mondo interdipendente − energia, inflazione, popolazione, difesa dell'ambiente ".

Le decisioni prese nella Conferenza impegnarono gli Usa a riempire i granai degli stati comunisti, Russia, Cina, India, scrive Gary Allen, a spese come sempre dei cittadini americani, con conseguente aumento dei prezzi alimentari e del debito pubblico in Usa, a causa di ulteriori $ 200 miliardi versati a 125 nazioni.

Quanto al prof. Gardner, ecco la sua chiusa: " terminare la sovranità nazionale erodendola pezzo a pezzo ha più probabilità di portarci all' Ordine Mondiale più rapidamente del vecchio assalto frontale." Un' espressione che ci rimanda a due considerazioni; uno, che il totalitarismo nazista e sovietico sopravvive nell'Elite, la quale inventò entrambi; due, che esso ritorna oggi nella forma "liberale" preconizzata da Hanna Arendt nel suo noto saggio **(2)**.

----

(2) *v. Hanna Arendt, "Storia delle origini del Totalitarismo", 1949;*

Naturalmente i Rockefeller sono stati i principali promotori della pianificazione familiare, del controllo delle nascite tramite l'aborto legalizzato, che ha messo le bandiere della libertà alla propaganda della Sinistra; curiosamente questo obiettivo è stato perseguito più negli Stati Uniti (e in Occidente) piuttosto che là dove sarebbe stato più necessario, cioè in Africa, dove il fenomeno è incontrollato e insostenibile a causa della miseria di quei popoli. Ma anche questo ha una spiegazione, la programmazione dei flussi migratori verso l'Europa, ai noti fini del rimpiazzo.

IL CONTROLLO DELL'ENERGIA E LE CRISI PETROLIFERE ARCHITETTATE

Allen allude al fatto che la crisi petrolifera del 1973/74 fu escogitata dai Rockefeller con il concorso delle manovre politiche interne US; la guerra in Medioriente non vi ebbe nulla a che fare, né i consumi della gente.

Anche la rivendicazione ecologista è parte della macchinazione NWO, intesa a frenare la produttività e a rendere monopolistico lo sfruttamento delle energie fossili e selettive le trivellazioni in particolare al largo delle coste. Allen cita l'episodio del versamento di petrolio durante trivellazioni nel canale di Santa Barbara nel 1969, denunciato dai media come un disastro ambientale irreparabile. Uno studio del versamento di petrolio in mare fu intrapreso poi da 40 importanti scienziati sotto la guida della dottoressa Dale Straughan, una biologa marina dell'Università del Sud California. Il rapporto che ne uscì dichiarò che, non solo il danno complessivo, anche sulla fauna, era stato grandemente sovrastimato, ma che quel danno, dove si era prodotto, era stato riparato dalla natura.

In generale, l'ambientalismo, come altre crisi, o questioni di pubblico interesse, create di proposito, hanno lo scopo di ispirare proposte risolutive che orientino l'opinione pubblica verso un Nuovo Ordine delle cose. Ecco perché il movimento ecologista è sponsorizzato, oltre che dalla fondazione Ford, anche dalle fondazioni Rockefeller (e dai

Rothschild) che hanno fatto approvare leggi ambientaliste in America e in Europa, volte alla crescita economica zero, la lotta all'energia fossile, con conseguente aumento dei prezzi dell'energia elettrica e messa a rischio di milioni di posti di lavoro in ogni campo di attività, cominciando dal campo energetico. Contemporaneamente, riducendo il numero dei produttori energetici tradizionali sul mercato, i Rockefeller e i loro amici sono sicuri di trarre profitti aumentando i costi del petrolio. **(2)**

Anche l'agricoltura è parte del piano di decrescita del NWO. Controllare la produzione delle materie prime e far diminuire le derrate alimentari (o spargere voce in tal senso) è una formidabile arma verso l'instaurazione di un Governo Unico Autoritario.

---

(2) le leggi ambientaliste esigono requisiti di rispetto dell'ambiente spesso costosi per i medi produttori i quali, non attrezzati per le riconversioni, sono costretti a cessare la loro attività; quanto alle energie rinnovabili, esse si sono rivelate un espediente per aumentare i costi delle bollette dei cittadini e impoverirli;

Lo Zeg (Zero Economic Growth): Il Club di Roma

"Single acts of tyranny may be ascribed to the accidental opinion of a day, but a series of oppressions, begun at a distinguished period, unalterable through every change of ministers, too plainly prove a deliberate, systematical plan of reducing us to slavery."
-Thomas Jefferson -

(Singoli atti di tirannia possono essere attribuiti all'opinione accidentale di un giorno; ma una serie di oppressioni cominciate in un periodo definito, immutabile attraverso il mutamento di ministri, troppo chiaramente sono la prova di un piano deliberato e sistematico per ridurci in schiavitù)

*

Il Club di Roma è un gruppo di esponenti della Elite internazionale (industriali, banchieri, scienziati); il circolo fu fondato nel 1968 dai Rockefeller nella residenza privata di Bellagio (villa Serbelloni, sede italiana della Rockefeller Foundation, nda). Dopo uno studio delle condizioni del mondo, il club emise (1972) un rapporto che era un avvertimento: se non si provvedeva a ridurre drasticamente lo standard di vita delle nazioni sviluppate, cioè la produzione industriale, e la popolazione mondiale, un declino del pianeta sarebbe stato inevitabile.

Ecco 50 uomini chiave, tra industriali, banchieri ed economisti, riuniti sotto gli auspici dei Rockefeller, che lanciano un comunicato stranamemte orientato verso gli obiettivi del NWO. Ancora, scrive Allen, è lo stile di vita della gente comune che dovrà cambiare, non il loro, della Elite (cfr anche Ovid Demaris, *"Dirty Business"*).

*David Rockefeller con Gianni Agnelli, membro
del Club di Roma*

La parola pianificazione evoca il sovietismo e il fascismo. Ed è proprio quella che ricorre più spesso nel CFR dei Rockefeller (e nella Commissione Europea).
"Cambiano i governi in US, ma i Rockefeller sono sempre lì a dettare la linea dietro il trono."
Sono essi i *Manovratori.* Noi sappiamo però che vi sono altri livelli e che il potere che trapela dietro il controllo dei massa media, non è il vero potere, il quale risiede invece in strati più profondi e inavvertiti.

Assai prima della costituzione del governo ombra, il CFR, i Rockefeller si infiltrarono nella Casa Bianca con l'elezione di William McKinley, nel 1894. Ma è a partire dall'elezione, sponsorizzata nel 1933, di Frank Delano Roosvelt che essi manovrano la politica del governo americano. Stiamo parlando del celebrato New Deal, inteso a risollevare l'economia del paese dopo la grande depressione del 1929.
   Secondo Gary Allen "*None Dare Call it Conspiracy*", cap. III) le politiche socialiste del nuovo presidente furono opera dei Rockefeller e servirono principalmente i loro interessi deprimendo il mercato azionario a loro favore e prolungando la crisi economica per diversi anni.

Roosvelt in un manifesto di propaganda

L'uomo dei Rockefeller alla Casa Bianca era Harry Hopkins, che divenne l'alter ego di Roosvelt, fino a redigere già nel 1941 lo statuto delle Nazioni Unite (volute dai Rockefeller). In seguito ogni amministrazione di governo, sia che fosse democratica o repubblicana, ebbe ai suoi vertici uomini del CFR-Rockefeller.

Merita ricordare ancora l'immancabile Hanry Kissinger, Segretario di Stato di Nixon e Ford, che decideva la politica estera Usa (per conto del CFR). Né si può tralasciare la Cia, che Allen Dulles, suo creatore, mise al servizio della Standard Oil, rovesciando o installando governi nelle regioni più precarie (e ricche di petrolio) del mondo, secondo gli interessi dei Rockefeller.

Nixon e Kissinger

Allen Dulles

Come scriveva John D. Rockefeller nel suo libro *Reminiscenze*:

"uno dei nostri più grandi aiutanti è stato il Dipartimento di Stato a Washington. I nostri ambasciatori, ministri e consoli, ci hanno aiutato a farci strada nei mercati di tutto il mondo ".

Questa politica estera viene applicata dal Dipartimento anche per le altre compagnie petrolifere americane. Sia detto per completezza, anche in materia finanziaria internazionale la "mafia" dei Rockefeller esercita un'influenza che investe persino la Banca Mondiale. Banca Mondiale, che dovrebbe incoraggiare lo sviluppo dei paesi poveri e che invece "ha sempre giocato un ruolo attivo, sottotraccia, nel cercare di dissuadere quei paesi dall'usare i propri capitali per esplorare i giacimenti di petrolio ". (ibidem G. Allen). Sono gli stessi paesi oggetto ancora oggi degli aiuti umanitari della Rockefeller Foundation, secondo l'assioma, "prima ti depredo, poi di regalo qualche spicciolo per impedirti di morire di stenti ".

RETROSCENA NELLA CREAZIONE DELLA
FEDERAL RESERVE

Abbiamo riferito di come l'istituzione della Federal Reserve sia stato il risultato di una vera cospirazione da parte dei banchieri di Wall Street sin dal 1910. Malgrado il senatore Nelson Aldrich (imparentanto coi Rockefeller) capo della commissione per una legge di riforma del sistema finanziario, si fosse messo a disposizione dei Banchieri, non era facile far passare la bozza da costoro preparata. Fu allora escogitato uno stratagemma shakespeariano.

Considerato che il partito repubblicano veniva identificato dall'opinione pubblica coi finanzieri di Wall Street, questi pensarono bene di travestire il progetto di una Banca Centrale facendolo promuovere dai Democratici come mezzo apparente per privare la Finanza del suo potere. L'occasione fu offerta dalle elezioni presidenziali del 1912, quando i cospiratori dell'isola Jeckyll convinsero il repubblicano Theodor Roosvelt a correre come terzo candidato, per disperdere il voto repubblicano. Il risultato fu che il dato perdente democratico Woodrow Wilson vinse. (cfr. Gary Allen, *None Dare Call it Conspiracy*). Dopo l'approvazione del Fed Act Bill, per completare la messinscena e farlo passare come una "legge per il popolo", i Finanzieri di Wall Street levarono alte proteste; il che non mise a tacere la denuncia genuina di parlamentari, come Charles Lindberg (padre dell'aviatore transoceanico) il quale dinanzi al Congresso dichiarò: "questa legge stabilisce il più grande monopolio sulla terra. Quando il presidente firmerà quest'atto, il governo invisibile del potere finanziario sarà legalizzato ".
(cfr. Congressional Record, vol. LI, pag. 1446, Discorso Lindberg del 22 dicembre 1913).

Ecco infatti i poteri della Banca Centrale US (Banca non di Stato, ma di banche private):
la Federal Reserve controlla la provvista di denaro della nazione e i tassi d'interesse, di conseguenza manipola l'intera economia creando inflazione o deflazione, recessione o crescita, e mandando il mercato azionario su o giù, a piacimento.

Ecco come si espresse in merito, Wright Patman, presidente della commissione Banche, della Camera: "Negli Stati Uniti noi abbiamo in realtà due governi, il governo costituzionalmente costituito e un altro governo, indipendente, incontrollato e non coordinato, nel sistema della Federal Reserve, che esercita il potere finanziario, che la Costituzione riserva al Congresso."

Le parole di Patnam si addicono nello steso modo alla Bce e a tutte le banche centrali installate negli stati, sin dalla capostipite nel 1694, la Banca d'Inghilterra. Queste banche, decidendo la politica monetaria, apparentemente di concerto coi ministri nazionali del Tesoro, dirigono di fatto le politiche economiche dei governi e dunque i governi stessi, per mezzo del Signoraggio, che crea Debito pubblico, la schiavitù legalizzata di ogni cittadino.

A partire dal 1913 (data d'inizio della schiavitù finanziaria in America) i Banchieri, che hanno sempre manipolato i mercati, possono legalmente innescare crisi economiche artificiali con conseguenze reali e disastrose per milioni di persone inermi e inconsapevoli nel mondo. Detenere il potere di emettere moneta, cioè il potere di farla affluire o di sottrarla a volontà nell'economia reale, creare bolle speculative grazie alla globalizzazione, equivale a disporre delle vite e dei destini dell'umanità; dunque, su queste basi instaurare un NWO è questione ormai di poco tempo.

Parafrasando Gary Allen, potremmo dire, ora i Banchieri stanno affilando le loro cesoie per tosare ulteriormente le loro pecore, ma la prossima potrebbe essere l'ultima volta. Nel 1929 l'America fu a un passo dal Governo Totale. La peggiore depressione che verrà sarà usata come scusa per l'instaurazione di una Dittatura socialista-fascista, un Superstato Mondiale. Ma va detto che le armi sono ormai affinate e i Manovratori stanno dimostrando, con la pandemia architettata del Corona virus, di saperle usare in modo sottile e perfido, servendosi della persuasione terroristica dei massmedia, assoldati per lavare le menti fragili delle masse, che si pongono in ascolto intimorite, pronte ad obbedire; come recita efficacemente una frase dei Protocolli dei Savi di Sion (1905), "quando il lupo entra nella stalla, le pecore atterrite chiudono gli occhi e aspettano (di essere sbranate) "

IL PENTIMENTO DEL PRESIDENTE W. WILSON

Woodrow Wilson

Tre anni dopo avere firmato il decreto per il Federal Reserve Act, il presidente Woodrow Wilson affermerà: «Sono l'uomo più infelice. Ho inconsapevolmente rovinato il mio Paese. Una grande nazione industriale è controllata dal suo sistema di credito. Ora il nostro sistema di credito è concentrato. Perciò, la crescita della nazione e tutte le nostre attività sono nelle mani di pochi uomini. Stiamo per diventare un Paese mal governato, completamente controllato e dominato, nel mondo civilizzato. Non più un governo in cui c'è libertà di opinione, non più un governo guidato dalla convinzione e dal voto della maggioranza, ma un governo pilotato dall'arbitrio e dalla prigionia voluta da un piccolo gruppo dominante di Banchieri. ...»

Louis T. McFadden (1876-1936), che dal 1920-1931 fu il presidente della Commissione sulle Banche e la Moneta, della Camera dei Deputati, degli USA, nel 1932 dinanzi al Congresso affermerà in merito alla Federal Reserve: «Quando il Federal Reserve Act è stato approvato, gli americani non hanno percepito che si trattava dell'instaurazione di un Sistema Bancario mondiale; una sorta di super-Stato controllato dai Banchieri e dagli Industriali Internazionali che agiscono di concerto per asservire il mondo al loro capriccio. Ogni sforzo è stato fatto dalla Federal Reserve per celare i suoi poteri, ma la verità è che questa entità ha usurpato il ruolo del governo. Essa controlla tutto, e controlla tutte le nostre relazioni con l'estero. Essa costituisce e destituisce governi a volontà ».

A proposito della Grande Depressione del 1929 e dell'accettazione da parte del Paese del New Deal, proposto dalla Federal Reserve, egli asserisce: «Non si è trattato di un evento accidentale, è stato un avvenimento attentamente preparato. I Banchieri Internazionali hanno cercato di provocare una condizione di disperazione in modo da emergere come i dominatori di noi tutti » (cfr. Congressional Record, del 10 giugno 1932).

La riflessione che sorge è questa: raramente, o mai, nei parlamenti di oggi si sente un rappresentante del popolo parlare con altrettanta chiarezza e coraggio.

MANIFESTO DI DAVID ROCKEFELLER 1991

Nel Giugno 1991 i leaders mondiali si incontrarono per un'altra riunione a porte chiuse del Bilderberg Club in Baden Baden, Germania. Durante un suo discorso, David Rockefeller dichiarò: «Siamo grati al Washington Post, al New York Times, al Time e alle altre grandi pubblicazioni, i cui direttori hanno presenziato alle nostre riunioni ed hanno rispettato le loro promesse di discrezione per quasi quaranta anni. Sarebbe stato impossibile per noi sviluppare il nostro Piano Mondiale se fossimo stati sotto le luci dei riflettori durante quegli anni. Ma il mondo ora è più sofisticato e più preparato a marciare verso un Governo Mondiale. La Sovranità Sovranazionale di un'Elite intellettuale e di Banchieri Internazionali è certamente preferibile all'autodeterminazione nazionale praticata nei secoli passati ».

LA DICHIARAZIONE DI HENRY KISSINGER
(nel linguaggio dei *Protocolli di Sion*)

Henry Kissinger

Un grande amico e collaboratore dei Rockefeller, in particolare di David, è stato Henry Kissinger. Il 21 maggio 1992, in un discorso indirizzato al Bilderberg Club riunito ad Evian (Francia), l'ex Segretario di Stato americano, affiliato al CFR e alla Commissione Trilaterale, dichiara: «Oggi, gli americani si sentirebbero oltraggiati se le truppe dell'ONU entrassero a Los Angeles per ripristinare l'ordine; ma un domani sarebbero loro molto grati! Ciò è specialmente vero se venisse loro detto che c'era una minaccia esterna, reale o fittizia, che mette in pericolo la nostra stessa esistenza. Dopo di che, tutti i popoli del pianeta supplicheranno i leader mondiali di liberarli da questo male. L'unica cosa che l'uomo teme veramente è l'ignoto. Di fronte a questo scenario, i diritti individuali verranno soppressi di buon grado purché venga loro garantito l'ordine e la pace, garantiti da parte di un Governo Mondiale » (il discorso di Henry Kissinger fu registrato segretamente da uno dei delegati Svizzeri agli incontri del Bilderberg Group).

Questa dichiarazione è indicativa dello spirito che anima l'Elite del NWO (uno spirito che trova la sua matrice nei tanto denegati *Protocolli dei Savi Anziani di Sion* del 1905) e spiega, nel modo più inquietante, eventi pericolosi verosimilmente architettate (l'11 settembre) o di minaccia *ignota/incontrollabile* come quella che stiamo ancora vivendo (il Corona Virus 19).

I ROCKEFELLERS E LA NUOVA RELIGIONE MONDIALE

Nel 1908 nasce in America – con i finanziamenti della famiglia Rockefeller – il Federal Council of Churches, che nel 1950 assumerà il nome di 'National Council of Churches' di cui oggi fanno parte decine di denominazioni, with oltre 100,000 congregazioni locali e 45 milioni di persone negli USA. Si tratta di una organizzazione religiosa americana che sostiene il Nwo, nella prospettiva di una Religione Universale sul modello del rosicruciano Jan Amos Comenius, cfr. Epiphanius,*Massoneria e Sette segrete*)

Nel 1993 a Chicago si tenne un secondo Parlamento Mondiale delle Religioni in occasione del 100° anniversario del primo Convegno. Come durante il precedente incontro, si parlò di riunire tutte le religioni del mondo in un'«unica cosa armoniosa», derivata dall'amalgama dei loro elementi originali e delle loro credenze comuni, (il che implica ovviamente la cancellazione delle civiltà di riferimento, a cominciare da quella cristiana). Le religioni tradizionali monoteistiche, come il Cristianesimo, sono considerate incompatibili con l' *illuminazione individuale* (cioè la Gnosi, che ispira questi attivisti) e devono perciò essere drasticamente modificate. Va da sé che queste Assemblee interreligiose sono state inventate e sono finanziate come strumenti essenziali per l'avvento del NWO. Il primo a sponsorizzarle fu, nei primi del '900, John Davison Rockefeller, che si vantava di essere un fervente cristiano.

(nota – La Giornata Mondiale per la Pace di Assisi, preludio alla cancellazione del Cristianesimo. Il 27 ottobre 1986, fu convocata ad Assisi da Giovanni Paolo II una Giornata Mondiale di preghiera per la Pace, a cui presero parte i rappresentanti di tutte le grandi religioni mondiali. Vi parteciparono decine di rappresentanti di Chiese Protestanti e delle religioni mondiali. Nel gennaio 2002, ad Assisi, in occasione di un'altra Giornata come quella del 1986, dietro invito di Giovanni Paolo II fu presente anche Cecil M. Robeck, Jr., che è un ministro di culto molto famoso appartenente alle Assemblee di Dio USA. Sono passi significativi verso la Religione Unica Mondiale. Questa giornata che viene celebrata ogni anno come una santa ricorrenza, sostenuta oggi con fervore dal papa gesuita Bergoglio, non è altro che un Concilio preparatorio della deposizione del Cristianesimo mediante la sua diluizione in altre religioni, condizione fondamentale per la estinzione della civiltà occidentale e non solo. Ma questo i media non possono dirlo.)

*

Concludiamo il capitolo con colui che è stato, ad oggi, l'esponente più rappresentativo e interessante della dinastia Rockefeller.

David Rockefeller, Il Patròn del NWO

Dopo la morte del patriarca, nel marzo del 2017, all'età di 101 anni, i cronisti finanziari e mondani di New York sono stati concordi nell'affermare che nella famiglia Rockefeller non rimane più nessuna figura di rilievo e che il prestigio è ormai legato solamente al nome, nel suo insieme. Difatti, così come sino al 1937 la fama degli industriali/banchieri più ricchi d'America era incarnata dal fondatore John D. Rockefeller, dalla metà del 1900 questo carisma si trasferì nella persona di David, suo nipote. Nel corso dei decenni, la dinastia newyorkese era gradualmente divenuta l'indiscusso punto di riferimento del capitalismo statunitense.

Prima di tracciare una nota biografica di David, prendiamo dall'accordo di affari del 2012 da lui stipulato con Jacob Rothschild. L'alleanza fra i banchieri europei di papi e imperatori del vecchio continente (quasi 4 miliardi di dollari di patrimonio stimato) e i principi di Wall Street fondatori della moderna industria petrolifera (circa 34 miliardi di dollari di patrimonio stimato) ha quindi una portata che va ben oltre i numeri. **(1)**

----

(1) *Quanto alla ricchezza attribuita ai Rockefeller, o ad altri, bisogna distinguere fra assets e fatturato delle loro attività. Ad esempio, la rivista Fortune Global nel marzo 2019 attribuisce alla ExxonMobil un fatturato di $ 382.6 mld, con un profitto di $ 32.5 mld; invece gli assets dei Rockefellers avrebbero un valore di $ 34 mld. Quello dei Rotschilds*

$ 2.4 mld. Da notare che i primi devono dividere il loro patrimonio fra 200 eredi, mentre i secondi soltanto fra 15 eredi.)

Jacob Rothschild e David Rockefeller, 2012

Il contratto tra Jacob Rothschild e David Rockefeller ha dato vita a una roccaforte che si propone di riaffermare l'egemonia della finanza transatlantica -uno dei pilastri su cui si reggono i delicati rapporti euro-americani- minacciata dall'assalto dei grandi banchieri cinesi, russi e indiani interessati a volgere in proprio favore le opportunità offerte dalla Globalizzazione, per sovvertire o almeno alterare i rapporti di forza che proprio famiglie come i Rothschild e i Rockefeller avevano contribuito a regolare.
Dire Rockefeller, ha dunque significato per oltre mezzo secolo parlare di David Rockefeller.

Il giovane David col nonno John D. e il padre John D. junior

Educato ad Harvard e alla London School of Economics (finanziata dal nonno John D.) David entrò a far parte del mondo bancario nel 1946 come direttore assistente del dipartimento estero della Chase Manhattan Bank (fondata da John D.) della quale divenne presidente nel 1960. Il più alto grado di responsabilià egli raggiunse nel 1968, come presidente del Consiglio di amministrazione (la lingua inglese distingue fra presidente e chairman; il primo ha solo la rappresentanza, ma non funzioni amministrative). Il più giovane dei cinque figli di John D. II, David è stato di fatto l'indiscusso capo della comunità finanziaria internazionale. Ha partecipato sino alla fine (2017) alle riunioni del Bilderberg (che ha contribuito a fondare tramite il CFR) esercitandovi la propria influenza; così come è stato presidente (chairman) della Trilateral Commission.

Come si è già riferito, nel 2000, la Chase Manhattan si fuse con Jp Morgan dando origine a Jp Morgan Chase, il maggiore conglomerato finanziario del pianeta con oltre 90 milioni di clienti nel mondo. In qualità di Chairman David Rockefeller ha supervisionato gli interessi del Gruppo Chase Manhattan Bank, che è composto di sette istituzioni finanziarie: quattro banche (tre a New York, una a Chicago) e tre compagnie di Assicurazione, tutte situate a New York. Il Gruppo consiste delle azioni delle società petrolifere derivate dalla Standard Oil, (cioè la ExxonMobil e la Chevron) e di altri diversificati investimenti, in vari settori dell'industria, dei Servizi, delle Telecomunicazioni (American Telephone and Telegraph, Allied Chemicals, Anaconda Copper, Columbia Broadcasting System). Nel 1947 David Rockefeller fu eletto a far parte del Council on Foreign Relations, detto "il Governo in esilio" o "il Rockefeller Foreign Office". Il palazzo dove risiede questo club paramassonico, ricordiamolo, è il Harold Pratt House, 4 piani al numero 58 East della 68^ strada, in New York, e fu donato al Council dal padre di David, John D. junior.

Dell'enorme, da molti studiosi documentata, influenza del Council sulla politica e sull'economia americana abbiamo già riferito. David Rockefeller si legò al CFR e vi si è dedicato, considerandolo evidentemente come uno strumento utilissimo per gli interessi della famiglia nel mondo; interessi, che comprendevano quel sistema di potere internazionale inteso a conseguire il Governo Unico. Nel libro "*The Rockefellers*" Peter Collins e David Horovitz scrivono, "il Council diede a David una prospettiva da insider sullo svolgersi degli eventi nella politica internazionale degli Stati Uniti. Per fare un esempio, se si verificava una crisi politica in qualche regione petrolifera del Medioriente, c'era sempre un Segretario di Stato (affiliato) che teneva gli altri membri del Council aggiornati sugli sviluppi. Abbiamo riferito come il CFR dipenda dalle donazioni dei suoi associati, corporations o persone fisiche. Nel 1964 David Rockefeller donò 500,000 dollari. Nel 1972 venne eletto al soglio più ambito: quello di presidente del Consiglio di amministrazione, come dire Presidente dell' Establishment americano. Né mancarono le proposte politiche. Kennedy, Nixon e Carter gli offrirono un posto di governo come Segretario (ministro) al Tesoro. Rockefeller declinò sempre con garbo. Preferiva rimanere dietro le quinte, dove si è più potenti perchè sottratti alla visibilità e alle critiche del pubblico.

Quando era libero dai consigli di amministrazione e dal presiedere le conferenze internazionali (Bilderberg, Trilateral e simili) David Rockefeller soleva girare il mondo nel suo jet privato e capitare come per caso nei meetings dei leaders del mondo, per offrire i suoi consigli, e dove era ricevuto come un capo di stato.
Testimone del suo potere era il suo Rolodex, una rubrica di circa 150.000 nomi illustri, comprendenti amici personali in alte posizioni (banchieri e uomini di Stato).

David Rockefeller anni '50

David Rockefeller anni '70 - 80

Era l'ambasciatore del Capitalismo americano nel pianeta. Ancora nei suoi tardi 90 anni era una forza di mercato. Negli anni '70 i suoi incontri con Anwar el-Sadat in Egitto, Lonid Breznev In Urss e Zhou Enlai in Cina contribuì all'affermazione della Chase Manhattan Bank in quelle nazioni. Poche persone, soleva vantare, hanno incontrato tanti capi di Stato quanti ne ho incontrati io. La sua statura, potremmo dire diplomatica, era (hanno detto i cronisti) maggiore di quella che identificava il suo titolo di presidente di un gruppo societario. La sua influenza veniva sentita in modo particolare a Washington e nelle capitali straniere, nei corridoi del governo di New York City, come nei musei, nelle grandi università (che la famiglia aveva istituito).

David in braccio alla madre, coi fratelli, il nonno e il padre

Un accenno di colore: la sua infanzia, come in un romanzo di Theodor Dreyser **(1)** lo raffigura ultimo nato di sei fratelli. David nacque a Manhattan il 12 giugno 1915 da John D. Rockefeller junior e da Abby Aldrich, figlia di Nelson Aldrich, un facoltoso imprenditore del caucciù e senatore di Rhode Island. (Ricordiamo per inciso che si tratta dello stesso senatore Aldrich che (sotto dettatura della Finanza di Wall Street) redasse il Fed Act, che avrebbe messo il popolo americano, la sua ricchezza e la sua libertà, nelle mani di una cricca di banchieri).

Il piccolo David crebbe in una casa (la più grande in città, all'epoca) al numero 10 West della 54^ Strada **(2)**.   David aveva a che fare con valletti, cameriere e nurses in quantità. A cena vedeva suo padre e sua madre vestiti in abiti da sera. Le vacanze venivano trascorse dalla famiglia in un *cottage* di 107 stanze in Seal Harbour (Maine) e i fine settimana a Kykuit, il complesso rurale in Tarrytown, a nord di New York City. Sembra che, divenuti adolescenti, David e i suoi 5 fratelli usassero andare a pattinare lungo la V Avenue, seguiti da una limousine con autista, pronto a prenderli a bordo quando si fossero stancati di piroettare.

---

(1) *Theodor Dreyser è l'autore di romanzi quali The Tycoon, Una tragedia americana e Nostra sorella Carrie, ambientati tra il mondo della Grande Finanza e i bassifondi della metropoli, i cui protagonisti cercano di scalare i gradini più alti della società o, caduti in disgrazia, ne vengono esclusi);*
(2) *54^ Strada, 10 West – si ricorda che a New York l'indicazione west o east si riferisce alla posizione di una strada ad est o ad ovest della Quinta Avenue, che attraversa come una spada i 5 chilometri di cui consiste l'isola di Manhattan, identificabile con New York della mondanità, degli Affari e della borghesia benestante o ricca);*

Scrive Rockefeller nelle sue *"Memorie"* (2002), « alla fine la famiglia accumulò circa 3400 acri che circondavano e includevano pressoché l'intero villaggio di Pocantico Hills, dove la gran parte dei residenti lavorava per noi e abitava in case di proprietà di mio nonno ». Il senso dei meriti della nobiltà di censo del giovane David Rockefeller fu accresciuto dall'educazione ricevuta nella sperimentale Lincoln School di Manhattan, fondata dal filosofo John Dewey con finanziamenti dei Rockefeller. Si trattava di una scuola di indirizzo socialista, come la London School of Economics che David frequentò per un anno, prima di conseguire un dottorato di ricerca (Ph.D.) in Economia all'Università di Chicago, nel 1940. Né deve meravigliare questa predilezione della famiglia Rockefeller per l'educazione al socialismo, intesa a livellare teoricamente i ceti alla nullatenenza, nella prospettiva di instaurare un sistema dove, in nome dello statalismo, possano governare i Grandi Monopoli.

David Rockefeller, e la sua famiglia, passeranno agli annali del capitalismo (quelli ufficiali) come dei grandi filantropi che hanno speso la loro vita e le loro sostanze per beneficare il prossimo. Gli storici e i ricercatori indipendenti sanno che la verità è un'altra. Essa emerge in trasparenza dalla storia degli Stati Uniti e del mondo; e da dichiarazioni, testimonianze dirette.

IL MICROCHIP CONCEPITO DALL'ELITE:
UN TESTIMONE ATTENDIBILE

Il 29 gennaio 2007, sette mesi prima di morire, il produttore cinematografico Aaron Russo (1943-2007), durante una intervista rilasciata al giornalista Alex Jones, fece delle rivelazioni che suscitarono scalpore in tutto il mondo. Le rivelazioni riguardavano le confidenze ricevute da Nicholas Rockefeller. Si tratta di un lontano parente di David Rockefeller (settimo o ottavo cugino) imprenditore nel campo tecnologico, con interessi professionali nel banking e venture capital, membro di consigli di amministrazione di molte società pubbliche e private; assiduo partecipante del World Economic Forum e, quel che più conta, affiliato al Council on Foreign Relations. La premessa è essenziale per comprendere la confidenza che Nicholas rivolse al Russo circa il disegno, ordito dall'Elite Industriale-Finanziaria, di prendere il comando del mondo. In particolare, il Rockefeller gli propose di affiliarsi al Council on Foreign Relations, evidentemente laboratorio di quel Progetto. Russo rifiutò, spiegando di non essere interessato a "schiavizzare la gente", e domandò "qual è il senso di tutto questo? Avete tutto il denaro e tutto il potere di cui avete bisogno. Qual è il vostro fine ultimo? ". Questa fu la risposta del discendente di John D. Rockefeller, " Il nostro fine ultimo è di far mettere in tutti (gli esseri umani) il microchip, per controllare l'intera società, per far controllare il mondo dai banchieri e dagli appartenenti all'élite' (cfr. video su Youtube: http://youtu.be/MZnGkSVVOug – min. 28).

Ora, più che una testimonianza, l'ammissione dell'esponente più autorevole del CFR, ovvero dell'Establishment americano, morto nel 2017 all'età di 101 anni.

LE MEMOIRS DI DAVID ROCKEFELLER

Nel 2002, l'ottantasettenne David Rpockefeller pubblicò un libro di memorie, intitolato opportunamente *"Memoirs"*. Del libro ci interessa la seguente dichiarazione, che riportiamo: « alcuni credono persino che noi [i Rockefeller] facciamo parte di una cabala segreta, che manovra contro i migliori interessi degli Stati Uniti, definendo me e la mia famiglia *internazionalisti* e ci accusano di complottare con altri nel mondo, di costruire una struttura politica ed economica globale più integrata, un mondo [governo] unico, se volete. Se questa è l'accusa, mi dichiaro colpevole e sono orgoglioso di esserlo »

(David Rockefeller, *Memoirs*, Random House, New York, 2002, pag. 405).

David Rockefeller presenta il suo libro

Cap. XIV – La Grande Finanza: Tra Influenza Legale e Traffici Illegali

Nei cap. IV e VII (vol. I)   abbiamo visto come il Sistema Finanziario Internazionale sia una rete che interconnette le grandi Banche e i Fondi d'Investimento, e come grazie alla loro partecipazione azionaria nelle Banche Centrali esse controllino le economie delle nazioni, attraverso il Signoraggio e vari complessi strumenti finanziari (al limite della legalità). I Rothschilds e i Rockefellers attualmente non sono più i protagonisti assoluti di tale sistema,   tuttavia, sotto altri nomi e fusioni con nuovi attori finanziari, essi sono presenti pressoché in ogni continente ed esercitano la loro influenza. Senza volere ripeterci, parlare dell'influenza della Grande Finanza implica fatalmente imbattersi nei Rothschilds. Lo spiegheremo meglio nel prosieguo.

La Edmond de Rothschild (basata in Francia) e la Rothschild &Co. (basata in Svizzera) sono due gruppi distinti, che svolgono più o meno le stesse attività. Rothschild & Co (ex Paris Orléans) è una banca d'investimento franco britannica, fortemente legata all'Èlite finanziaria e politica. La sede principale si trova a Parigi, anche se essa risulta registrata in Svizzera. Inquadrate in questo gruppo vi sono la Rothschild Continuation Holdings registrata in Svizzera; e la NM Rothschild &Sons (l'originaria banca inglese dell'antenato Nathan Meyer Rothschild). Queste entità, dette semplicemente Rothschild, sono una Banca d'affari che attualmente opera nei seguenti settori: Investment banking; Corporate banking; Private banking e trust; nel settore immobiliare; nel venture capital; nell'asset management (gestione degli investimenti). C'è poi la RIT Capital Partners, già Rothschild Investment Trust, un Fondo d'Investimento inglese originato da NM Rothschild & Sons di Londra.

La Rit Capital Partners, guidata da Jacob Rothschild **(1)** ha acquistato nel 2012 la quota del 37% della Rockefeller Financial Services (David Rockefeller) diventando socio (ne abbiamo già riferito).
Si stima che la famiglia dei **Rothschild** controlli più di **350 miliardi di dollari di patrimoni** tra le attività sopra descritte.

---

(1) *Jacob Rothschild di recente deceduto);*

LA STRATEGIA DELLE SCATOLE CINESI
E DEL MERGERS AND ACQUISITIONS M&A

Va compreso che i grandi Gruppi societari sono come scatole cinesi, dei grandi contenitori di aziende controllate, che sono spesso delle Inc. (incorporated) seriali numerose. La numerosità è utile per fini fiscali, onde rendere difficile accertare l'esatto patrimonio del Gruppo principale, che può trasferire da una Inc. all'altra i propri utili continuamente, sottraendoli al controllo dell'Autorità finanziaria dello Stato dove risiede (preferibilmente in Svizzera e nei paradisi fiscali); ma la numerosità è utile anche ai fini della discrezione, per sottrarsi alla curiosità del pubblico (la democrazia) e influenzare i governi dissimulando la propria identità dentro altre società, banche con cui il Gruppo ha operato una fusione. Non è un caso che i Rothschilds si siano specializzati proprio in M&A (Mergers and Acquisitions) **(1)**. Dunque i Rothschilds potrebbero essere presenti in molte imprese, senza risultare nei listini degli azionariati.

Tutto ciò non esclude che essi oggi non siano più i protagonisti assoluti della scena Finanziaria, ma che debbano dividere la loro posizione con nuovi Gruppi come il Fondo d'Investimento BlackRock, e con gli stessi vecchi amici Rockefeller, i quali mantengono ostinatamente il loro podio di tedofori del NWO, esibendo la propria militanza nella causa ordinovista tramite la Rockefeller Foundation. D'altra parte i Rothschilds si sono per tradizione riparati sempre dietro agenti e prestanome. Dunque, tutto è possibile e niente è da scartare. Ad esempio c'è chi sostiene che essi controllino la Federal Reserve di New York (il ramo principale della Banca Centrale USA). Ma da un articolo di Institutional Investor (24 feb. 2020) risultato di una richiesta formale alla FED (è noto che la FED mantiene segreti i nomi dei suoi azionisti) ecco la situazione:

al 2018, la Citibank (Rothschilds?) è la principale azionista, con il 42.8% della proprietà; al secondo posto la JP Morgan Chase (Rockefellers) col 29.5 dell'azionariato. Queste due banche controllano i tre quarti della proprietà della Federal Reserve di New York. Le altre banche sono nell'ordine decrescente di azioni: Morgan Stanley, Goldman Sachs Bank USA e la Banca di New York Mellon. Ed altre, per un totale di 70 azionisti.

---

(1) il Potere, sin dai primordi della civiltà, si sempre nascosto, occultando la propria identità ai sudditi. Nell'antico Egitto gli dèi (e i Faraoni che li incarnavano) avevano almeno due nomi segreti; e il dio di Israele nega il proprio nome a Mosè, ed al popolo eletto, qualificandosi come Yhwh, "io sono");

CONCLUSIONI SUI ROTHSCHILDS

Attualmente, 2021/22, circolano informazioni sul Web che attribuiscono ai Rothschilds una preponderanza immutata nell'Establishment Finanziario/Industriale che guida le sorti macroeconomiche del pianeta, in particolare nella Borsa di Londra, nella Banca d'Inghilterra e nella FED; una presenza che, nelle nostre ricerche, non trova riscontro, se si prendono a riferimento i Gruppi Rothschilds di cui si trova pubblicità nei loro siti: RIT Capital Partners, Rothschild &Co, e le sue inquadrate, Rothschild & Co Continuation Holdings e NM Rothschild &Sons. Nessuno di tali gruppi appare come azionista delle istituzioni sopra elencate, né delle grandi multinazionali petrolifere BP British Petroleum, né della Royal Dutch Shell, come vuole la vulgata. Tuttavia, sul sito specializzato Moneyhouse del 18.11.2020 è riportata una scheda tecnica della Rothschild & Co presso il registro del Commercio della Svizzera, in cui risulta che "Oltre all'azienda Rothschild & Co Continuation Holdings AG sono iscritte altre 123 aziende attive allo stesso indirizzo. Queste includono: Ace Networking GmbH, Aiger Group AG, Alconfida Consulting GmbH…" Se ne potrebbe allora desumere che queste 3 e le rimanenti 120 società controllate del Gruppo Rothschild, di cui non figurano i nomi, potrebbero essere virtualmente partecipanti nell'azionariato di Grandi Multinazionali e Banche, comprese quelle sopra citate.

Riteniamo che la nostra analisi possa essere accettata se si aggiungono altri elementi e si introduce un soggetto terzo, per così dire, rispetto alla

Grande Finanza; la SEC, Securities and Exchange Commission (il registro delle grandi società di tutto il mondo, costituita nel 1933, voluta da FD Roosvelt per controllare la speculazione finanziaria, nell'ambito del New Deal). La SEC è basata a Washington DC. Citiamo un articolo di Dean Henderson, riportato sul sito *Criticamente*, in data 27 ottobre 2013; titolo "Il cartello della FED, le otto famiglie."

«I quattro cavalieri bancari (Bank of America, JP Morgan Chase, Citigroup e Wells Fargo) possiedono i quattro cavalieri del petrolio (Exxon Mobil, Royal Dutch/Shell, BPAmoco e Chevron Texaco), in tandem con Deutsche Bank, BNP, Barclays e altri vecchi colossi monetari europei. Ma il loro monopolio sull'economia globale non si ferma sull'orlo del pozzo petrolifero. Secondo i 10mila documenti societari depositati alla SEC, i quattro cavalieri bancari sono tra i primi dieci titolari di azioni di praticamente ogni societa' di Fortune 500. ". (La Bank of America, prima della lista dei "cavalieri" è legata da operazioni ai Rothschilds.)

NUOVI PROTAGONISTI   Ovvero LA NAZIONALITA' PERDUTA DELLE NOSTRE FINANZE

Il Gigante BlackRock

Il 9 ottobre 2020 Euronext affiancata da Cdp (Cassa Depositi e Prestiti) e Intesa Sanpaolo, (il cui maggiore azionista è JP Morgan Chase (i Rockefellers) hanno acquistato Borsa Italiana da London Stock Exchange per 4,325 miliardi $. (ricordiamo che già la Banca d'Italia è controllata da JP Morgan Chase-Rockefellers, tramite Intesa San Paolo; l'altro azionista di maggioranza di Bankitalia è Unicredit, controllata da BlackRock, la maggiore società d'investimento al mondo). Euronext N.V. è il principale mercato finanziario e borsa valori pan-europeo nell'Eurozona, con sede nei Paesi Bassi. La società è ad azionariato diffuso; tra i suoi azionisti figura BlackRock, la quale ha un rilievo anche nell'azionariato della Borsa di Londra (LSE) con il 6,9%, al secondo posto dopo il Fondo Sovrano del Qatar, 10,3%.

Vale la pena soffermarsi su questo colosso americano, perché figura in quasi tutte le grandi Multinazionali che intersecano le nostre vite a vario titolo. Dice la scheda:

BlackRock è uno dei principali azionisti di migliaia di aziende in tutto il mondo, aziende rilevanti nei settori dell'energia, chimica, farmaceutica, trasporti, agroalimentari, aeronautica, immobiliare. È (o è stato) il principale azionista singolo delle società finanziarie JPMorgan Chase, Bank of America e Citibank, Apple, McDonald's, Nestlé (sino ad agosto 2015) e delle società energetiche Exxon Mobil e Shell. È anche azionista di peso di Deutsche Bank, Intesa Sanpaolo, Bnp, ING. (stiamo parlando di banche azioniste della BCE).

Nel giugno 2009 Blackrock ha rilevato per 13,5 miliardi di dollari da Barclays (che ha una partecipazione del 20% in BlackRock), Barclays Global Investors con sede a San Francisco: porta in dote iShares, uno dei principali fornitori di ETF al mondo, diventando così il più grande gestore di risparmio al mondo con oltre 3,350 miliardi $. Blackrock è nell'insieme il maggior fondo d'investimento sul pianeta.

In Italia, in seguito alla fusione con Barclays Global Investors, ha

ereditato dalla società inglese numerose partecipazioni in società italiane, per un totale di circa 8,9 miliardi €.
Nell'aprile 2014 lo stock di investimenti di BlackRock in Italia ammontava invece a circa 58 miliardi €. In particolare, esso detiene azioni di Banca Intesa, Banca Popolare Milano e Unicredit, Rai Way. Detiene inoltre quote in Atlantia, Fiat, Assicurazioni Generali.
Dunque l'Italia è sotto l'influenza di Blackrock e dei Rockefellers scopertamente, in modo più coperto, dei Rothschilds, probabilmente, tramite Roschild Continuation Holdings (RCH), come si può inferire dalle sue 123 controllate anonime.

Il Sistema Aladdin e l'Influenza BlackRock sui Mercati Finanziari

Aladdin (acronimo di Asset, Liability, Debt and Derivative Investment Network) è un sistema di analisi di dati finanziari. Senza inoltrarci in dettagli tecnici, diciamo che Aladdin è in grado di calcolare ogni secondo il valore di azioni, obbligazioni, valute estere o titoli di credito in miliardi di portafogli di investimento. Nello stesso tempo, Aladdin fa luce su come questo valore cambierà quando il mercato muta per una serie di fattori: ad esempio, l'economia rallenta, i dati di vendita crescono quando i tassi di cambio scendono, i prezzi del petrolio aumentano. BlackRock valuta ogni singolo investimento utilizzando Aladdin. Oltre ai 5,12 miliardi $ di prodotti finanziari in-group di BlackRock, Aladdin supervisiona anche lo sviluppo di circa 30.000 portafogli di investimento, per un valore di circa 15 trilioni di euro. Questa attività rappresenta dal 7% al 10% circa di tutte le attività in tutto il mondo da oltre 170 fondi pensione, banche, compagnie assicurative, fondazioni e altri investitori istituzionali.
Dozzine di banche centrali come la Federal Reserve americana e la Banca Centrale Europea (BCE), i ministeri delle finanze e i fondi sovrani ricevono consigli dagli esperti di BlackRock che hanno progettato il programma di cartolarizzazione dei prestiti della BCE quando la Banca

Centrale aveva bisogno di competenze esterne. In Grecia e a Cipro BlackRock ha analizzato a fondo i bilanci delle banche, consigliando poi i governi. È intervenuta in Irlanda e Spagna. C'è chi ha criticato il fatto che BlackRock abbia avuto colloqui personali con il presidente della Banca Centrale Europea, Mario Draghi. Uno scambio di vedute, è stata la risposta di Francoforte, per comprendere meglio le dinamiche nei mercati. E comunque per due volte la BCE ha chiamato BlackRock come Advisor, l'ultima nel 2016 per preparare gli stress test a 39 banche europee.

Il nostro commento potrebbe essere: perché i popoli europei, che non hanno eletto la BCE, più di quanto il popolo americano non abbia eletto la FED, dovrebbero affidare le proprie economie, le proprie politiche e il proprio destino a una Società privata, la BlackRock, che basa la propria attività sul profitto e sulla speculazione finanziaria?

La risposta ce la fornisce la giornalista Heike Buchter, autrice di un libro su BlackRock pubblicato nel 2015, che conclude così una sua ricerca su Handelsblatt: "Nessun governo, nessuna autorità ha una visione così completa e profonda del mondo finanziario e aziendale globale come BlackRock". Una risposta per nulla rassicurante.

I Mercati Finanziari, Questi Sconosciuti

Ogni giorno sentiamo dai media parlare dei Mercati Finanziari, i quali ci chiedono questo, o aspettano quest'altro da noi popoli e nazioni, per concederci, alle loro condizioni, prestiti, di cui potremmo fare a meno se avessimo governanti competenti e fedeli alla Costituzione, in grado di decidersi a emettere valuta di Stato, libera da Debito. I Mercati Finanziari non sono astrazioni, ma luoghi fisici o virtuali, dove quotidianamente avvengono scambi di valute, di titoli, di obbligazioni, di azioni per valori smisurati, questi si fino all'astrazione. Sono questi luoghi e questi scambi che determinano i corsi di quei titoli e di quelle valute, che ne definiscono, ogni minuto, il valore. E' in questi luoghi fisici e virtuali che si giocano partite decisive per le economie ed anche per la politica nazionale e globale. Questi luoghi sono le piazze finanziarie e le piattaforme di trading: sono le Borse. Negli ultimi decenni, anzi potremmo dire negli ultimi due secoli, il mondo anglosassone è stato il protagonista assoluto di questi luoghi, delle piazze finanziarie dove si giocano sorti ed avvenire di economie, monete, stati: prima Londra (LSE, London Stock of Exchange) e la Gran Bretagna, poi New York (NYSE) e gli Stati Uniti, oggi, Londra e New York insieme. Ma l'evoluzione sempre più tumultuosa del capitalismo globale, lo spostamento degli equilibri economici capitalistici e del potere mondiale verso Oriente, verso l'Asia, il ritorno della Cina sul palcoscenico della storia che conta, quella economica, le enormi capacità di risparmio e di accumulazione delle economie orientali, Giappone, Cina, Corea, Singapore, cominciano ad influire anche sulla Geopolitica delle piazze finanziarie. Ne parleremo più avanti.

Vogliamo prima soffermarci su questo Sistema, che definiamo la Macchina Totalitaria del Denaro Fiat, creato dal nulla, citando Jos Lujendijc e Michael Sorkin, autori rispettivamente di due libri inchiesta, "Nuotare con gli squali", e "Too big to fail". I due giornalisti pongono l'accento sul fatto che la strategia delle banche di fondersi tra loro le ha rese troppo grandi per fallire e troppo complesse da controllare; ciò che dà loro una sorta di extraterritorialità giurisdizionale, che li fa sentire così inattaccabili da potersi permettere i comportamenti più arrischiati (truffaldini) e rovinosi per milioni di persone nel globo. Ne abbiamo avuto un saggio nella crisi finanziaria del 2007-2008, all'esito della quale le Banche responsabili del crac non solo non sono state sanzionate dall'Autorità dello Stato US, i loro vertici rimasti impuniti, ma anzi esse sono state aiutate a non fallire, coi denari dei contribuenti americani e, di riflesso, europei. Comportamenti che continuano a tutt'oggi, salvo deboli misure legislative di tutela dei risparmiatori assunte dai governi Usa e UK. Parlare dei Mercati equivale a dire City di Londra, il Ponte di Comando della Finanza Globale.

La City di Londra ovvero come gli Hedge Fund Controllano le Banche   e Rovesciano i Governi

La City

La città-Stato, poco più di un miglio quadrato, è regolata solo dal Codice di Navigazione Britannico, mentre sfugge alla giurisdizione dello Stato inglese. La City come descritta dal su citato Luyendijk, giornalista del Guardian, nel libro *"Nuotare con gli squali"*, 2000 interviste ad operatori della City, è un conglomerato di 250.000 persone (in poco più di un miglio quadrato) in cui fanno la parte dei leoni, o delle tigri, i Bankers ossia i trader delle investment banks, le banche d'affari che hanno rifilato derivati al Tesoro italiano dal 1992 (in poi). Esse sono 21 come reso noto anche dal MEF (il nostro Ministero di Economia e Finanze): Goldman Sachs, Morgan Stanley, Dexia-Crediop ed altre. Le Banche d'Investimento operano per conto di hedge funds, utilizzando il denaro depositato dagli stessi funds nei conti correnti presso le banche d'affari.

Gli hedge fund sono fondi speculativi. In quanto trust, essi non possono operare direttamente in borsa (questioni di trasparenza imposta dalle borse mondiali.

Di conseguenza gli hedge fund operano per il tramite di banche d'investimento (di cui sopra). Per inquadrare subito la situazione diciamo che gli hedge fund riconoscono ingenti commissioni (dal 2 al 20%) ai traders delle banche d'affari per ogni operazione conclusa in loro nome. I quali traders agiscono, scrive Luyendijk, al di fuori di ogni etica e contatto con la realtà, puntando solamente al guadagno; un guadagno a somma zero, cioè costituito dalla perdita inflitta a terze parti, che possono essere fondi pensionistici, amministrazioni locali, banche quotate di Stati terzi, salvo divieto, per legge, di operare con vendite allo scoperto su società quotate del Regno Unito e degli Usa.

Lo schema operativo (definito in gergo *killer*) delle banche trader degli hedge funds specula vendendo derivati sul tasso d'inflazione regolato da una Banca Centrale, ad esempio la Banca d'Italia, che per molti anni (dal 1992) ha dovuto, per legge, tenere basso il tasso d'inflazione; più è stato basso il tasso d'inflazione, più alto è risultato il rendimento del trader. Senza addentrarci in tecnicismi, riferiamo solo che si tratta di vere operazioni truffaldine sovente in danno degli Stati e delle amministrazioni pubbliche, colpevolmente ignare. Truffe che recano guadagni di miliardi di dollari annui alle banche traders, ai loro vertici. Alla base dei comportamenti illeciti, ma permessi dal Sistema finanziario (e dalla politica) vi è, come si è detto, il fatto che il controllo di tale sistema è sfuggito di mano alle autorità degli Stati, sia su scala nazionale che sopranazionale, rendendo i popoli vittime impotenti, sempre più schiacciati da tali moderni strumenti di schiavitù economica. Scrive Luyendijk nel libro "Colonia Italia": Dal 1992 gli eventi sono pre-ordinati per giustificare crolli azionari di società italiane quotate, in realtà provocati da vendite allo scoperto effettuate dagli hedge funds (entità invisibili ai cui nomi è difficile risalire). Gli eventi pertanto dal 1992 sono in realtà notizie- pretesto. "

Anche la magistratura è impotente. Non si è mai sentito di un gestore di hedge fund denunciato da qualche associazione dei Consumatori e condannato ad esempio per l'ordine che egli ha impartito a qualche trader di Goldman Sachs e di Barclays di vendere allo scoperto 33 miliardi di euro di BTP italiani tra Giugno e Settembre 2011, decretando il crollo della quotazione e pertanto determinando un maggior tasso di interesse che lo Stato italiano ha dovuto pagare sui BTP, con conseguente aumento dello spread tra BTP e BUND e come evento finale la caduta del governo italiano (Berlusconi). Il quadro tracciato dai due autori è inquietante, perché evoca un Potere Finanziario di fatto occulto e transnazionale, capace di mandare all'aria l'economia di questo o quel paese con pochi click sulla piattaforma on line di una Borsa. Si tratta di azioni politiche oltre che finanziarie, veri attacchi di guerra, paragonabili alle discese di eserciti nemici dal Nord Europa nel Medioevo.

Ancora dall'indagine dei due giornalisti in esame, nel 2016 si è scoperto che circa il 98% del capitale flottante delle banche italiane quotate è detenuto da una decina di hedge fund anglo-caucasici (Vanguard, State Street, Fidelity, BlackRock/BlakStone, Northern Trust (questi primi cinque azionisti sono ricorrenti in Barclays, Royal Dutch Shell, BP, CityGroup, LSE (quasi tutti riconducibili al Gruppo Rothschild) e Jp Morgan Trust, Bnp Paribas Trust, T-Rowe Price, Franklyn Templeton,…). Il flottante costituice circa l'85% del capitale totale delle banche italiane. Poichè BlackRock detiene anche il 5% del capitale stabile di ogni banca italiana quotata, emerge che diriga decine di hedge fund, controlli circa il 90% del totale capitale delle banche italiane quotate (e dunque della Banca d'Italia). Sono essi, gli hedge fund i veri amministratori delle banche italiane quotate, e incidono totalmente sugli atti di ordinaria e straordinaria amministrazione di tali banche. E, dato significativo, questi hedge fund risulterebbero essere gli azionisti di tre banche dei Rotschilds, evidentemente, stando alla ricerca, l'assetto proprietario e di comando.
Comando che ha il suo quartier generale nella City, naturalmente, in quel Triangolo simbolico (massonicamente) formato da Cannon Street, Victoria Street e King William Street. Quanto la massoneria sia correlata alla Grande Finanza pertiene all'aspetto esoterico che tratteremo nella Terza parte.
Il dollaro americano è stampato dalla Federal Reserve, che non è degli Americani, ma di banche private, i cui azionisti sono, come abbiamo già detto, le cinque banche commerciali USA (Jp Morgan Chase, Citigroup, Bank of America, Merryl Linch, Bank of NY Mellon, Well Fargo) che sono di proprietà di hedge fund (gli hedge fund Vanguard, State Street, Fidelity, Black Rock/Blakstone, Northern Trust, Jp Morgan Trust, Bnp Paribas Trust, T-Rowe Price, Franklyn Templeton,…) a loro volta proprietà delle banche Rothschild ed in misura minore delle banche Rockefeller. Detto per inciso, le banche di cui sopra sono azioniste di pressoché tutte le principali multinazionali in ogni campo di attività su scala globale, inclusi naturalmente i media, con relativo controllo dell'informazione. L'ombra ominosa dei Rothschilds si stende inevitabilmente sulla Banca d'Inghilterra.

LA BANK OF ENGLAND E I SUOI VERI PROPRIETARI

Banca d'Inghilterra

La BoE (Bank of England) fu nazionalizzata nel 1946. E' di proprietà per il 100% del Tesoro britannico. Ma nel 1977 venne creata la BOEN Ltd, Bank of England Nominatives Ltd, una società di capitali controllata al 100% dalla BoE. Trattandosi di una Ltd "Nominativa" la legge vieta che siano resi noti i suoi azionisti. Tuttavia non sfugge agli esperti che la Bank of England Nominatives abbia riprodotto la struttura della Federal Reserve US, una società i cui azionisti sono le principali banche della City. Se ne evince che tali banche *segrete* debbano essere la Barclays, la Royal Bank of Scotland, Lloyds e HSBC (Banca di Hong Kong e Shangai). I Rothschild, per il tramite di Vanguard, State Street, Fidelity, Black Rock/BlackStone e di interposte persone fisiche in realtà studi legali delegati, scrive Ludjevjic, acquisiscono, a partire dal 15 Agosto 1971, il capitale flottante di Jp Morgan Chase e Citigroup, le due banche maggiori azioniste della FED ed il capitale flottante di Barclays e di The Royal Bank of Scotland, le due maggiori azioniste della Bank of England.

IL TRUCCO C'E' MA NON SI VEDE….
(I ROTHSCHILD SI)

La tattica adottata è quella di entrare nel loro flottante, a fasi alterne, ogniqualvolta   negli Stati Uniti e nel Regno Unito i governi (accondiscendenti) operino delle liberalizzazioni, abolendo la separazione tra banche di prestito e banche speculative. Allora, in automatico le banche commerciali e le banche d'affari creano i mutui ipotecari con un clic, con moltiplicatore massimo di 12 volte il capitale versato, 8% dei prestiti stessi, nel caso delle banche commerciali, senza alcun limite nel caso delle banche d'affari, dando vita al sotto-sistema finanziario dei famigerati hedge fund; sistema controllato dai Rothschild (scrive Ludjevjic) i quali incassano le quote capitali delle rate dei mutui. (**1**)

Si tratta della liberalizzazione, operata dal *democratico* Bill Clinton (l'abolizione del Glass-Steagall Act, che separava le banche commerciali dalle banche d' Affari) nel 1998, che causerà la bolla dei mutui subprime del 2008, e la grave crisi finanziaria/economica, rovinosa per imprese e famiglie, di cui stiamo ancora pagando le conseguenze. In seguito allo scandalo portato alla luce dal Guardian nel 2014, i governi di Usa e Regno Unito sono stati costretti a dare un segnale all'opinione pubblica, obbligando, per statuto, le loro banche a preservare l'occupazione nei rispettivi territori. Stranamente invece, né Bankitalia Spa né la BCE hanno tale obbligo in Italia e nella zona euro.

----

*(**1**) BlackRock e BlackStone sono le società patrimoniali / immobiliari dei Rothschild, operative nell'acquisto di pacchetti azionari e di immobili, la prima soprattutto in Europa, la seconda nel resto del mondo);*

...E LA RAPINA DEL TASSO D'INFLAZIONE

L'obbligo statutario di Bankitalia e BCE è invece quello inderogabile di tenere il tasso di inflazione sotto il 2%. Perché? Lo desumiamo ancora da Ludjevjic. La BCE, il governo effettivo dell'Europa, sembrerebbe un organismo intermedio, necessario ai Rotschilds per usufruire di un unico tasso ufficiale di sconto in tutta l'area euro, il TUR (Tasso Unico Rothschild) condizione indispensabile per poter collocare derivati sul tasso più adatto ad indebitare famiglie, imprese, enti locali e Ministeri del Tesoro degli Stati dell'euro-market. Una realtà questa, che (occultata dalla politica e dalla stampa *indipendente* all'opinione pubblica) rimanda al peccato originale, il Signoraggio, il cui monopolio, con l'emissione della moneta euro, deve essere riconosciuto ai Rothschilds, al di là di una mitologia cospirazionista, che scopriamo fondata su elementi di verità, come documentano anche le analisi di Jos Ludjevjic e Michael Sorkin.

In questo panorama di illegalità sostanziale, e di attentato sistematizzato alla Democrazia delle nazioni, la Magistratura Usa e quelle UK, hanno emesso diverse sentenze risarcitorie in favore dei cittadini danneggiati dagli hedge fund, i quali sono stati colpiti da responsabilità anche penali pesantissime, e può confortare l'apprendere che le cause erano mosse direttamente dai governi Usa e Britannico (forse gli unici Stati ancora sovrani d'Occidente) non come da noi, dalle spesso soccombenti associazioni dei Consumatori. Tuttavia non si può ignorare che i servizi segreti di Stati Uniti dedicati al Commercio Estero, hanno come missione di difendere gli interessi, non delle rispettive nazioni fuori patria, ma piuttosto, sembrerebbe, delle aziende di Stati Uniti e Regno Unito all'estero. Il che si tradurrebbe nella difesa degli interessi dei grandi Banchieri di cui abbiamo riferito.

(Nota - E' utile e importante sapere che i libri ("Nuotare con gli squali", "Too big to fail" e "Colonia Italia") dei due giornalisti citati, Luyendijk e Sorkin, si basano su documenti declassificati degli archivi di Stato di Regno Unito e Stati Uniti);

MA C'E' ANCHE LA RAPINA DELL'IVA

Il tema della camicia di forza TUR (il Tasso d'inflazione imposto dai Rothschilds) ci dà modo di recuperare un altro tema tralasciato nei cap. II e IV del vol. 1. L'Imposta sul Valore aggiunto fu introdotta (per volere dei Banchieri) allo scopo di contrarre la circolazione del denaro e rendere una volta di più i cittadini dipendenti dalle banche. La misura fu spacciata dalla politica come strumento necessario a frenare l'nflazione, in realtà lo scopo era quello di privare la gente della disponibilità del loro denaro; nello stesso modo in cui oggi si tenta di persuaderla a privarsi del denaro contante, in cambio delle carte di credito. Scrive il giurista Giacinto Auriti: "l'imposta di valore aggiunto (I.V.A.) realizza un prelievo di denaro senza corrispettivo, proprio nel momento in cui sarebbe invece giustificato un incremento di emissione monetaria. Come è noto, infatti, il prelievo qui avviene nel momento in cui il prodotto è immesso sul mercato, sicché si verifica contestualmente l'incremento dei beni reali ed il prosciugamento della liquidità monetaria. Mentre il tributo tradizionale era il corrispettivo delle funzioni e dei servizi resi dallo Stato, ora lo scopo del prelievo fiscale è diventato il prosciugamento monetario del mercato senza altro corrispettivo che quello di "prosciugarlo", col pretesto di combattere spinte inflazionistiche. Sicché ogni aumento di produzione accelera il contestuale prelievo di moneta, realizzando una dinamica deflazionistica che predispone al fallimento le aziende produttrici di beni reali e rende sempre più florida quella dell'usura."

Auriti spiega bene come a monte dell'Iva vi sia la strumentalizzazione operata dal Potere Finanziario, il cui fine è sempre il controllo del mercato monetario. Senza arrivare (non ancora) a privare del tutto i cittadini del loro denaro, è sufficiente ai Banchieri sottrarglielo temporaneamente, in cicli annuali, onde ottenere i seguenti risultati: a) aumento del valore della residua moneta rimasta in circolazione (e dunque dei prezzi dei beni che con essa si possono acquistare); b) il Sistema Bancario può stampare altrettanta moneta in luogo di quella prelevata con l'imposta, conseguendo (col Signoraggio) un profitto equivalente a quello della moneta tolta dal circuito, al quale profitto si aggiunge quello dei relativi interessi bancari. Lo scopo vero dell'Imposta di Valore Aggiunto è dunque quello di consentire al Sistema Bancario di dare in prestito agli operatori economici il loro denaro *ad usura* dopo averlo prelevato (o sottratto) gratuitamente.

Quando il fisco preleva, senza corrispettivo, quel denaro frutto del lavoro del cittadino, lo Stato realizza. un *indebito impoverimento* del contribuente. Se poi si considera che l'imposta di valore aggiunto varia non solo da prodotto a prodotto, ma anche fra i vari mercati delle diverse nazioni, si comprende come il Sistema dei Gruppi di Potere Finanziario sia in grado, a proprio insindacabile arbitrio, di determinare sviluppo o recessione economica in questo o quel paese, perché è in grado di alterare i margini di profitto consentiti. **(1)**

Non è superfluo rimarcare a questo punto come alla base delle dinamiche politiche del mondo, la storia sia sempre stata guidata da ragioni economiche e da interessi privati di poche famiglie in Europa, interessi poi trasferiti in America, da lì in modo tentacolare nel pianeta. Pianeta che sembra dominato dal Leviatano del Sistema Hedge Fund, più forte delle Banche Centrali, del FMI, della Banca Mondiale e degli Stati Nazionali, legislativamente impotenti, perché la politica è sottomessa da sempre al Grande Capitale.

---

(1) *Cfr. Giacinto Auriti "L'Ordinamento Monetario Internazionale", 1985);*

LA CINA E' VICINA, ANZI E' GIA' QUI

In questo quadro emerge la Cina, il cui mercato finanziario-economico riceve sempre più l'attenzione della Finanza Occidentale, in un rapporto d'influenza reciproca. Parlando di Fondi Sovrani, secondo le stime del Sovereign Wealth Fund Institute-SWFI (febbraio 2018) la Cina si impone tra i primi 10 del mondo con due Fondi, il China Investment Corporation (CiC) valore di asset gestiti circa 813,8 miliardi, sono le riserve valutarie della Cina; esso detiene la partecipazione al 49% del Rockefeller Center di New York. Il secondo Fondo degno di nota è l' Hong Kong Monetary Authority Investment Portfolio, che gestisce asset per circa 460 miliardi di dollari con investimenti in bond e azioni nei Paesi dell'area Ocse. Non basta, poiché due posizioni sotto la top five, l'Istituto SWFI di cui sopra annovera ancora una volta un fondo cinese, il Safe.
Il SWFI stima il suo patrimonio in gestione circa 441 miliardi di dollari con investimenti in numerose società in tutto il mondo. Questi tre Fondi Sovrani sono sicuri indicatori di come l'asse d'influenza della Finanza Internazionale si stia spostando (o si sia già spostato) verso l'Estremo Oriente. Non solo.

LA CINA ALL' ASSALTO DELL'EUROPA...

Le Manovre della Borsa di Hong Kong per acquisire la Borsa di Londra:
Nuovi Equilibri di Potere Finanziario/Economico/ Politico

La Borsa di Londra, LSE

La Cina punterebbe a stabilire un ponte tra la Finanza dell'Estremo
Oriente -anche tramite il recente RCEP (l'accordo di libero scambio
commerciale tra Cina, Giappone, Australia e altri paesi del Pacifico) e la
Finanza Occidentale, rappresentata dalla City di Londra. Ora, se si mette
insieme questa manovra e le manovre dei Rothschild di Londra per
entrare nel business di investimenti tecnologici della Cina, che cosa
arguirne?

Che la fusione tra l'impero capitalistico autoritario Cina e il cuore
finanziario dell'Europa (tolta Francoforte) potrebbe essere un passo
verso quella conversione post-democratica dell'Europa che darebbe il
via al NWO. Non più dunque esportazione della democrazia, ma
esportazione della *democrattura* (crasi tra democrazia e dittatura). A
proposito di Francoforte, interessa sapere che c'era stato un tentativo
della Borsa di Londra di fondersi con la Borsa di Francoforte, ma la
Commissione europea (evidentemente la Francia) l'ha bloccata, per

evitare che si stabilisse un monopolio. Quanto alla Borsa di Londra, essa ha respinto la proposta di Hong Kong (siamo alla fine del 2019) perché intenzionata ad acquisire Refinitiv, la più importante piattaforma di trading, controllata al 55% dall'americana BlackRock, e al 45% da Thompson Reuters, importante multinazionale canadese nel mercato delle informazioni finanziarie. BlackRock (Rothschilds) controlla la Borsa di Londra (LSE, London Stock Exchange) con le sue azioni per il quasi 7%. Va detto però che vi sono altri azionisti; una per tutti la Hong Kong Shanghai Banking Corporation, HSBC, una delle maggiori banche del mondo, il primo istituto di credito europeo, con una capitalizzazione di borsa di ben 157 miliardi di euro. Il nome della HSBC ovviamente viene dal nome del luogo dove è stata fondata, Hong Kong.

Proprio questa caratteristica, il controllo diffuso di LSE, evidentemente sta spingendo verso un' intesa, quella Refinitiv, che blinderebbe la Borsa londinese in mani *amiche* a livello nazionale (angloamericano, e a livello politico (partito democratico). Giacchè è una questione di Potere, quello gestito sempre dal partito Democratico dei Clinton, anche se non sono più alla Casa Bianca, insieme al Moloch delle Grandi Banche/ e Multinazionali loro amiche.

...E i ROTHSCHILDS ALL'ASSALTO DELLA CINA

L'amministrazione Trump ha cercato per quattro anni di disincagliare l'America dall'ipoteca dei potentati finanziari (questo il significato profondo del motto *America first*) e di impedire che gli Usa vengano usati come un convoglio sul quale portare in giro per il mondo i loro (dei potentati) interessi sporchi, facendoli attribuire poi al governo americano. L'esperienza trumpiana, per quanto finita (almeno temporaneamente) ha però prodotto una presa di coscienza in una buona parte dell'opinione pubblica interna, cosicché i Manovratori hanno capito che niente è più come prima, malgrado l'avvento alla Casa

Bianca del loro uomo, Joe Biden. Perciò hanno concepito, ma già da quualche anno, un nuovo obiettivo, la Cina, da usare come nuovo convoglio sostituto degli Stati Uniti.

   I Grandi Finanzieri hanno promesso al Grande Chin di restituirgli quella   potenza imperiale che l'epoca coloniale gli sottrasse. In che modo? Cominciando dalla moneta; il Renmimbi potrebbe diventare la moneta di riserva mondiale, al posto del dollaro, indebolito dalla crisi del 2008. E' solo un caso se il governatore uscente della Banca d'Inghilterra, **Mark Carney**, nell'agosto 2019, al simposio dei banchieri centrali del Wyoming, ha proposto la creazione di una "moneta sintetica egemonica" (Synthetic Hegemonic Currency, SHC), destinata a ridurre il peso del dollaro, ormai "non più in grado" di favorire il mercato globale e, anzi, causa della sua "paralisi"? Una nuova moneta mondiale – ha precisato Carney – in cui il Renminbi di Pechino dovrà giocare un ruolo centrale. È ancora una coincidenza che Carney sia vicino ai Rothschilds in qualità di sponsor della "Coalizione per un capitalismo inclusivo", di cui è presidente e co-fondatrice **Lady Lynn Forester de Rothschild**, (moglie di **Evelyn, della NM Rothschilds & Sons**) amica e sodale di **Bill** e **Hillary Clinton** e dei reali d'Inghilterra.

La sua prima conferenza alla City di Londra (2015), e ad oggi i suoi tour promozionali della nobile causa (il *capitalismo inclusivo,* un ossimoro vivente) hanno avuto l'adesione di Christine Lagarde (ex FMI, ora presidente BCE) e dei CEO delle principali corporations mondiali (Unilever, Dow Chemical, McKinsey, UBS, GlaxoSmithKline, Alcatel-Lucent, Google, Gic Global Investment, Honeywell etc). Sul sito della Coalition for Inclusive Capitalism basta scorrere la rassegna stampa per rendersi conto che si tratta di una vera crociata, i cui slogans umanitaristi o neo-adamsmithiani non devono trarre in inganno.

Che cosa è il "Capitalismo inclusivo"

Lynn e marito E. Rothschild al convegno della Scuola di Business di Pechino

----

I Signori del mondo gettano dunque sulla bilancia il loro enorme peso strategico, mediatico e finanziario e si lasciano guidare dalla loro eroina (la Rosa Luxenburg del Jockey Club Internazionalista). L'occasione si presentò già nel 2013, al convegno della Cheung Kong Graduate School of Business di Pechino. Ai futuri dirigenti della Cina, Lynn ed Evelyn de Rothschild esposero il loro progetto di fare della Cina la superpotenza del XXI secolo.

"Abbiamo vissuto il sogno Americano…". Ma ora? Il nemico del sogno? L'interferenza dei governi, dei parlamenti elettivi, insomma della democrazia, nelle attività dell'imprenditoria privata (come i Rothschild) perorava ancora Lady Lynn davanti ai giovani futuri leader economici cinesi. "Inevitabilmente, i governi faranno cose che prosciugheranno la nostra strategia del dinamismo economico… Noi del settore privato possiamo trasformare tutto questo (che cosa?) in un circolo virtuoso. Questo è il motivo per cui spendo così tanto tempo per promuovere il Capitalismo Inclusivo con leaders economici come voi. E' imperativo per noi ricreare la fede nel Capitalismo e nel libero mercato…".

Lynn Rothschild attaccava con furia il capitalismo "cattivo", quello che deve sottostare alle regole dei governi e degli stati sovrani. Ma, dall'altra parte, assicurava ai futuri leader cinesi, anche negli Stati Uniti esistono grandi esempi positivi che devono essere seguiti dalla Cina…. Massima figura di riferimento, Bill Gates. "Sono ottimista che il settore privato ci indicherà la strada… Abbiamo persone straordinarie in America, come Bill Gates, che ha dato via miliardi, decine di miliardi di dollari e li ha messi a buon uso…" Ma non ha detto come, non si è spinta nei dettagli. Noi lo faremo nel prossimo capitolo. Quanto alla Cina, madame de Rotschild e i suoi accoliti sottovalutano un fatto: i Cinesi sono 1,5 miliardi, di lavoratori strenui, altamente specializzati nelle nuove tecnologie e in particolare biotecnologie, che producono in proprio. Hanno dimostrato questa loro autonomia e indipendenza nel recente accordo di libero scambio commerciale, il RCEP, sottoscritto con altri 14 paesi dell'area del Pacifico, tra cui il Giappone e l'Australia, un accordo che apre un grande mercato interno all'Asia, lasciando all'Europa le rimanenze (speriamo non gli scarti). C'è poi il guanto della sfida lanciato agli Usa, il 5G. I Cinesi non hanno bisogno dell'Occidente, forse è vero il contrario.

Ancora la City, Base Segreta di Traffici Internazionali

La City di Londra è innanzitutto la Bank (Banca d'Inghilterra) e il LSE, London Stock of Exchange, la più importante Borsa europea, o mondiale. Ma la City è anche uno stato nello stato, abbiamo detto, ovvero una corporation, forse l'anticipazione di quel che diverranno gli Stati, quando non saranno più nazionali, ma delle società commerciali, fra un secolo o meno.

La City of London Corporation elegge un suo sindaco (mayor), diverso dal sindaco di Londra, ed ha un suo Consiglio (100 membri), suoi magistrati, una sua polizia. La regina Elisabetta che intenda recarsi in visita nella City (varcando il Temple Bar, la linea di confine fra Londra e la City finanziaria) deve domandare il permesso al lord Mayor (di solito affiliato alla Massoneria).

La City

A parte gli 8 mila residenti nel miglio quadrato, sono le 500 compagnie finanziarie ivi installate a dirigere la città-stato, disegnando norme volte ad ottenere una fiscalità di vantaggio, strumento indispensabile per attirare gli investimenti nelle banche della City. Questo sistema risale all'epoca dei Templari **(1)**.

----

(1) *I Templari, i primi banchieri, edificarono i loro templi in quel quartiere, di cui il Temple Bar, il distretto delle attività Forensi, è un reperto e un memento) ed è immutabile. Cfr. "I Protocolli di Sion e il Nuovo Ordine Mondiale", vol.1, dell'Autrice);*

Con 254 banche straniere, la City è il più grande paradiso fiscale del pianeta, con diramazioni nelle Cayman Islands (Cuba) piuttosto che a Jersey, nelle Bermuda, a Singapore o a Hong Kong, afferma John Christensen, del Tax Justice Network.
(Fonte, Il Fatto quotidiano, 12 dic.2011).

Eludere il Fisco non è tutto. Ci sono i traffici illegali. Scrive James Casbolt (un ex agente segreto, nel suo libro testimonianza) "Potrà essere una rivelazione per molte persone il fatto che il commercio globale della droga sia controllato e gestito dalle agenzie di spionaggio. In questo traffico mondiale di droga, l'intelligence britannica regna sovrana. Come sanno bene le persone informate su questo argomento, MI5 e MI6 controllano molte delle altre agenzie di spionaggio al mondo, Cia e Mossad, in un'ampia rete di intrighi e corruzione che ha la sua base di potere globale nel miglio quadrato della City of London ."
E ancora:

« CIA, IRA, MOSSAD, Mafia e Traffico mondiale della cocaina. Il mio nome è James Casbolt ed ho lavorato per il MI6 in operazioni occulte di traffico di cocaina con l'Ira ed il Mossad a Londra e Brighton fra il 1995 e il 1999. Anche mio padre Peter Casbolt era nel MI6 e lavorò con la Cia e la Mafia a Roma, trafficando cocaina in Gran Bretagna. Dalla mia esperienza ho ricavato la consapevolezza che le distinzioni di tutti questi gruppi sono sfumate a tal punto che alla fine eravamo un unico gruppo internazionale che lavorava assieme per gli stessi obiettivi, obbedienza a Scotland Yard e importazione di droga verso gli Usa da parte della Cia. È dimostrato oltre ogni dubbio che la Cia ha importato la maggior parte della droga in America negli ultimi cinquanta anni. La Cia opera agli ordini dello spionaggio britannico ed è stata creata proprio da questo nel 1947. La Cia ancor oggi è leale ai banchieri internazionali con base nella City di Londra ed alle famiglie aristocratiche dell'Elite globale come Rothschild e Windsor ».

Scrive inoltre Casbolt che i proventi del traffico di stupefacenti viene riciclato nel business dei diamanti in Gran Bretagna. "i soldi della droga del MI6 sono riciclati attraverso la Banca d'Inghilterra, la Banca Barclays e altre aziende di note famiglie. I soldi della droga passano da conto a conto fino a disperdere le loro origini in un'enorme rete di transazioni. I soldi della droga escono più puliti ma non totalmente puliti. A questo punto, le famiglie che gestiscono il business corrotto dei diamanti, come gli Oppenheimer, usano questi soldi per acquistare diamanti. Questi sono poi venduti, ed i soldi della droga diventano puliti. Business della droga e Nuovo Ordine Mondiale marciano insieme. Le agenzie di spionaggio hanno sempre usato droghe che causano assuefazione come armi contro le masse, per portare avanti il loro programma di lunga durata per un unico governo mondiale, un'unica forza di polizia mondiale per la quale è stata designata la NATO ed una popolazione con micro-chip impiantato, un progetto conosciuto come il Nuovo Ordine Mondiale. Mentre la popolazione guarda *"Coronation Street"* in una trance indotta da droga o alcool, il Nuovo Ordine Mondiale si sta insinuando alle loro spalle." **(2)**

---

(2) *cfr. James Casbolt, "James Casbolt MI6 – Buried Alive". Coronation Street è il titolo di una seguitissima soap opera inglese, iniziata nel 1960 e tuttora in corso alla Tv del Regno Unito);*

La testimonianza romanzesca dell'agente Casbolt trova riscontro in recenti inchieste e reportage di noti quotidiani. Citiamo da Il Sole24ore, 2018 circa: "Nella capitale britannica i soldi illeciti si mescolano con quelli puliti. E il cuore di questo sistema è la City, il miglio quadrato, l'area di Londra dove si concentrano i servizi finanziari e dove lavorano ogni giorno oltre 400mila persone. "Viaggio multimediale tra i misteri finanziari della Brexit Connection. "
Nell'articolo si riporta di come la National Crime Agency (Nca) l'agenzia anticrimine del Regno Unito abbia documentato che in Gran Bretagna ogni anno vengono riciclati tra 36 e 90 miliardi di sterline (da 42 a 105 miliardi di euro), circa il 5% del Prodotto interno lordo britannico pari a 1.800 miliardi di pound, e la gran parte di questi soldi approdano nella

City di Londra. Qui vengono investiti nell'industria finanziaria o nel mercato immobiliare delle abitazioni di lusso, sempre più fiorente. L'ultima conferma del ruolo di Londra come porto sicuro del riciclaggio internazionale è il caso rivelato pochi giorni fa dall'organizzazione non governativa Occrp (Organized crime and corruption reporting project) e dal giornale russo Novaya Gazeta, secondo cui tra il 2010 e il 2014 almeno 20 miliardi di dollari sono stati riciclati nella City tramite una dozzina di grandi banche internazionali, una cifra che secondo gli investigatori britannici potrebbe arrivare a 80 miliardi di dollari. I soldi, frutto di tangenti e corruzione, confluivano nelle banche londinesi provenienti dalla Russia dopo essere transitati per la Moldova e la Lettonia.

C'è poi la Borsa. Quasi 400 società quotate al London Stock Exchange (LSE) sono domiciliate in paradisi fiscali legati alla Gran Bretagna:
di queste, 129 sono nell'isola di Guernsey e 42 nelle Isole vergini britanniche. Perché Londra è un grande hub delle giurisdizioni offshore, al centro di una ragnatela di paradisi fiscali composta da tre Dipendenze della Corona (Jersey, Guernsey e l'Isola di Man) e da 14 Territori d'oltremare, sei dei quali sono riconosciuti paradisi fiscali (Anguilla, Bermuda, Isole Vergini britanniche, Cayman, Gibilterra e le isole Turks e Caicos). Un network che assicura alla City di Londra massicci afflussi di capitali. Da questo punto di vista, potremmo dire che la Brexit non indebolirà le finanze britanniche.

Borsa di Londra interno

A garantire l'espansione della City è stata certamente una regolamentazione molto blanda ma anche un sistema fiscale che ha favorito i grandi capitali e i tycoon stranieri. Nel 1914 fu introdotta la norma che consentiva agli stranieri residenti ma non domiciliati nel Regno Unito di non pagare le imposte sui redditi percepiti all'estero e di essere tassati solo sui redditi guadagnati in Gran Bretagna.
Così oggi il proprietario di un fondo d'investimento o di un hedge fund non domiciliato può fare in modo che il suo reddito venga registrato contabilmente al di fuori della Gran Bretagna e non versare neppure una sterlina di tasse. Ecco perché Londra è diventata il rifugio (fiscale) di uomini d'affari, banchieri, finanzieri e milionari di mezzo mondo, tutti a caccia dello status di "residente non domiciliato". Uno status interdetto ai comuni contribuenti inglesi e di tutto il mondo, a proposito di "capitalismo inclusivo"…
Il serbatoio finanziario che permette di accumulare risorse gigantesche e di reinvestirle in attività commerciali e proprietà immobiliari è certo il traffico di droga, hanno documentato gli investigatori anticrimine, nel quale il Regno Unito gioca un ruolo fondamentale. Il coinvolgimento di camorra e ndrangheta in questo business a doppio binario è oggetto d'inchiesta da parte delle procure sulle due sponde della Manica, in testa la procura italiana, ovviamente.

I PANAMA PAPERS

Il Consorzio internazionale di giornalisti investigativi (Icij) qualche anno fa è entrato in possesso di 2.500 pagine di segnalazioni di attività sospette riguardanti le banche. Sono documenti resi pubblici dal Financial Crimes Enforcement Network (FinCEN) del Dipartimento del Tesoro Usa e assurti alle cronache come I Panama Papers (2016). L'interesse di questa carte risiede nel fatto che esse riguardano grandi evasioni fiscali, riciclaggio di denaro sporco (dal 2009 al 2016) nel quale sono coinvolte personalità della Finanza Internazionale e alcune tra le più note e accreditate banche. Quel che emerge dai dossier sono movimenti di denaro *lavato* del traffico di droga, armi, finanziamento al terrorismo internazionale. Ma ecco le grandi banche coinvolte: la JP Morgan Chase (dei Rockefeller) prima banca Usa, e la Bank of New York Mellon (le principali azioniste della Federal Reserve) due inglesi, la Hong Kong Shangai Bank Corporation (HSBC), la maggiore banca europea, la Standard Chartered Bank e la tedesca Deutsche Bank (azionista della BCE).

Le transazioni sospette di riciclaggio e per altre attività illegali ammonterebbero a oltre 2mila miliardi di dollari, ma sarebbero solo una minima parte dell'intero bottino. Quel che risulta anche più sconcertante è che tutte le banche menzionate, compresa la Deutsche Bank (antica banca rappresentativa della Germania) hanno continuato nelle loro condotte illecite, malgrado le sentenze di condanna: pagando soltanto multe irrisorie per bloccare le sanzioni penali.

Il vero scandalo, in ultima analisi, è la fiacchezza delle agenzie preposte, cioè i governi, le legislazioni, nel combattere un fenomeno di portata globale, il riciclaggio di denaro sporco, che è riconosciuto dalle procure mondiali e dagli stessi analisti istituzionali come esiziale per le economie degli stati nazionali, perché aliena risorse dalla collettività a una ristretta cerchia di persone, che non esitiamo ad identificare con l'Elite padrona del pianeta. (cfr. https:// Notizie Geopolitiche).

Cap. XV – Quella Strana Pandemia Che Ridusse la Libertà dei Popoli

" Quando la menzogna diventa la verità, non c'è possibilità di tornare indietro "

*

*L'affair del Corona virus ha messo in luce come i politici,
distinti artificiosamente fra opposte fazioni,
siano soltanto delle pedine, pronte a vendere
la pelle dei loro popoli
per salvare la propria.*

*

Il Covid, ovvero la pandemia globale lanciata nel febbraio 2020 non ha bisogno di presentazioni. In questo capitolo cercheremo di risalire alle sue origini vere, diverse da quelle addotte nella versione ufficiale dai governi e dai media.

Covid-19 è l'etichetta (o acronimo) di *Corona virus disease 19* (anno della sua manifestazione). Non intendiamo addentrarci nella complicata epopea del suo dilagare dalla Cina, e dei bollettini di guerra che i governi e i media ci hanno inflitto, e continuano a infliggerci, ormai da oltre un anno. Altro ci interessa mettere a fuoco. Ma cominciamo con i dati clinici degli anni passati, prendendo ad esempio l'Italia, per suggerire un principio statistico che riteniamo valido –per induzione– riferito al resto d'Europa e dell'Occidente, con le debite differenze e proporzioni.

Dal Ministero della Sanità abbiamo appreso che ogni anno in Italia si sono registrati 8 milioni (alcune fonti dicono di più) di malati d'influenza (il corona virus ordinario) 10mila ne muoiono. Ciò significa che un record di 100 mila malati, o contagiati da questo nuovo Corona virus possono essere considerati *normali*, e non un'epidemia.

A ciò si aggiunga che in Italia muoiono 60mila persone l'anno a causa di tumori causati dalle polveri sottili. Ci sono poi le morti dovute ad altre patologie (cardiovascolari, diabete, etc.). Alcuni esperti parlano di 150mila morti l'anno, o più, in Italia. Fonti attendibili (un epidemiologo dell'establishment intervistato in una trasmissione di RadioUno Rai) attestano che la mortalità in Italia, per le cause più varie, registra 650 mila decessi l'anno, circa 1800 al giorno. Dunque non si comprende l'allarmismo per i 300, 400 morti, addebitati comunque di Covid-19, e la conseguente proclamazione di emergenza inflitta per oltre un anno al popolo italiano, e ai popoli d'Occidente, dai loro governi, certo con gli stessi criteri (e finalità, come vedremo).

Secondo l'International Committee on Taxonomy of Viruses (ICTV) il nuovo Coronavirus è parente di quello che provocò (negli anni '80) la Sars (SARS-CoVs), da qui il nome scelto di SARSCoV-2. Si tratta di un virus della famiglia Coronavirus, noti per causare malattie che vanno dal comune raffreddore a malattie più gravi come la Sindrome respiratoria mediorientale (MERS) e la Sindrome respiratoria acuta grave (SARS). Tuttavia, pur facendo parte della stessa tipologia, il SARS-CoV-2 non è il virus della SARS, ma un virus diverso, la cui origine certa non è ancora nota. Un virus, va rimarcato, che nel giudizio di numerosi virologi, anche dell'establishment, non è pericoloso, anzi è un morbo dal quale si guarisce nella maggioranza dei casi, ma che può rivelarsi fatale solo per soggetti immuno-deficitari e persone anziane già malate.

Di fatto i decessi hanno riguardato e riguardano, perlopiù, persone sopra gli 80 anni con patologie gravi. Senza tacere che diversi ultracentenari, colpiti da Covid, ne sono guariti senza difficoltà. Tutte queste caratteristiche non giustificano in ogni modo il regime di sospensione delle libertà personali instaurato in ogni parte del mondo, a partire dal mese di marzo 2019, quando l'OMS diramò notizia di pandemia globale. E per questa ragione non c'interessa, in chiusura di preambolo, riportare i dati ufficiali ad oggi, cioè i contagiati, i morti e i degenti in terapia intensiva, poiché li reputiamo manipolati, ovvero dati che arbitrariamente attribuiscono corona virus-sars anche a malati di semplice influenza e a deceduti per altre cause; tutto ciò al fine di mantenere i popoli in situazione d'emergenza sine die. E' proprio la sostanziale uniformità dei bollettini da una nazione all'altra dell'Europa, in parte dagli Stati Uniti, a dare l'impressione di un unico copione, una comune regia dietro la *pandemia* e che il martellamento mediatico sia inteso principalmente a diffondere un timore che dissuada ogni conato di protesta o rivolta nei popoli presi in ostaggio.

Ci interessa invece, e può interessare il lettore, riportare che ben cento virologi italiani, detti *negazionisti* dai media, insieme ad altre centinaia di medici in Europa, riuniti in associazioni, negano l'esistenza di una pandemia mondiale e quella dello stesso virus. (cfr. Avvenire 4-09-2020, Fanpage 18-12 2020, Agi 28-12-2020).

Molti di questi medici *dissidenti,* come accadeva nei regimi totalitari del passato, sono stati sanzionati ed alcuni radiati dall'Ordine Medico, per le loro opinioni rese pubbliche sui social e nei giornali; tutto ciò dopo aver chiesto, con un referendum su Internet, di poter accedere ai dati del Ministero della Sanità sulla pandemia. La risposta che hanno ricevuto è un primo segnale della china autoritaria, sulla quale si sono immesse le democrazie occidentali. Ma cominciamo dall'inizio.

L' Origine del Covid da Wuhan e il Coinvolgimento dell'OMS

Secondo gli organi d'informazione occidentali, il virus si sarebbe sviluppato, sul finire del 2019, nel mercato ittico di Wuhan, città cinese fiorente non lontana da Nanchino, nella regione di Hubei. Per quanto la rivista *Lancet* abbia dimostrato poi che molti dei primi casi del nuovo coronavirus, incluso il paziente zero, non avevano alcun legame con il mercato di Wuhan. La reazione cinese alle attribuzioni occidentali si può misurare dalla dichiarazione di un epidemiologo (cinese): «Quel virus è entrato nel mercato dei frutti di mare prima che uscisse dal mercato dei frutti di mare» cioè, il virus è stato "introdotto" di proposito nel mercato dei frutti di mare. Come abbiamo premesso, non intendiamo ripercorrere la cronistoria, nota a tutti, del Covid, da febbraio 2020, mese della sua diffusione in Italia (attribuita ai due coniugi cinesi ricoverati presso lo Spallanzani di Civitavecchia). Ricordiamo soltanto la diatriba fra Usa e Cina sui dazi e le accuse reciproche sulla diffusione dolosa del virus, in una *guerra fredda mediatico-biologica,* durata fino a dopo l'estate 2020.

Per comprendere l'evento che ha mutato traumaticamente le vite degli abitanti della Terra, dai paesi dell'Occidente all'Oriente degli sceicchi, anch'essi ritratti con la mascherina sulla bocca, a corredo del kefiah sul capo, è necessario spostarsi dal mercato ittico di Wuhan e andare alla sua periferia, nel distretto di Jiangxia dove sorge il laboratorio di ricerche e sperimentazione virologica (WIV) gestito dall'Accademia Cinese delle Scienze. Un laboratorio che la rivista *le Scienze* descrive, nel 2017, un anno prima dell'inizio delle sperimentazioni, come un laboratorio che si accinge alla sperimentazione sui *più pericolosi agenti patogeni conosciuti*. Crediamo di non sbagliare se affermiamo che questo laboratorio, del quale soltanto il giornalismo investigativo ha parlato, mentre i governi e la politica (e le associazioni dei consumatori) lo hanno ignorato, sia la chiave per risalire a quel che è accaduto; non la sola, come documenta l'intervista che riportiamo, pubblicata da diversi organi di stampa (Free Press, Geopolitics and Empire) tra cui Tgcom24 il 16 febbraio 2020. L'intervistato è il prof. Francis Boyle, esperto di armi biologiche, docente di diritto all'università dell'Illinois, già consulente del Congresso americano, per il quale redasse il Biological Weapons Act.

Le dichiarazioni cardine di questa intervista sono: che la WHO (OMS) Organizzazione Mondiale della Sanità, ha progettato il laboratorio di Wuhan, un BSL-4, di massima sicurezza, per condurvi esperimenti sui virus, da modificare in modo da farne armi biologiche di guerra; e che nel progetto sono coinvolte anche altre agenzie. A dispetto delle leggi, che lo vietano, la sperimentazione sulle armi biologiche da guerra è attiva, e coinvolge la Big Pharma **(1)** la CDC americana e la WHO. Boyle rivela che anche la Sars (anni '80) fu un virus-arma biologica, modificato nelle sue funzioni, come è stato modificato oggi il Sars-CoV-2, in modo da renderlo più veloce e capace di infettare a distanze superiori alla media (6, 7 piedi = circa due metri o poco più); aggiunge che le agenzie su citate conducono esperimenti di ingegneria genetica sul Dna, per la fabbricazione di virus specifici, da usare come armi biologiche tarate per colpire certe etnie. L'esperto asserisce che, a suo parere, questo Covid-19, e in passato la Sars, sono pandemie progettate per costringere i governi ad adottare misure restrittive delle libertà personali dei cittadini. E, affermazione densa di gravi implicazioni, nello sperimentare agenti patogeni per potenziarli in armi biologiche (il caso del Sars-CoV-2) i ricercatori di questi gabinetti di massima sicurezza BSL-4 si premurano di ricavare subito il vaccino onde proteggersi da rischi di incidenti di laboratorio.

---

(1) *Col nome Big Pharma si intende tra i giornalisti e gli studiosi il cartello delle case farmaceutiche);*

Il prof. Boyle non lo rileva, ma è questa un'informazione di enorme interesse, perché sottende che se il Covid-19 è stato preparato nel laboratorio di Wuhan (dell'Oms) esso *deve* essere stato necessariamente accompagnato da un vaccino o antidoto; (per quanto, abbiamo appreso in questi giorni di martellanti campagne vaccinatorie, il vaccino -questo tipo di vaccino mRNA, che i governi stanno di fatto imponendo alle popolazioni, con un forte condizionamento psicologico- non neutralizza affatto il virus).

Ora, venendo all'OMS, il silenzio assordante mantenuto da tale organizzazione a fronte dei rumors che circolano in diversi quotidiani di ogni nazione sull'origine fabbricata del nuovo corona virus, si offre a diverse spiegazioni, la più sensazionale delle quali è che l'OMS potrebbe (dovrebbe) avere avuto il vaccino, ma ammetterlo avrebbe significato rivelare altresì che essa conduce esperimenti (proibiti) sulle armi biologiche in laboratori quali quelli di Wuhan, e non solo lì, ma anche in America e Canada. **(2)** Se le informazioni del prof. Boyle sono già meritevoli di credito, esse trovano riscontro nella scheda del laboratorio di Wuhan riportata su Wilkipedia, la quale (tradotta dall'inglese) recita, " nel 2015 una squadra internazionale comprendente due scienziati dell'istituto, pubblicò una ricerca sulla possibilità che un coronavirus di pipistrello potesse essere *fabbricato* per infettare un essere umano. La squadra ingegnerizzò un virus ibrido combinante il coronavirus di un pipistrello col virus della Sars, che era stato adattato per crescere nelle patologie dei topi e imitare una patologia umana. Fu riscontrato che il virus ibrido era in grado di infettare cellule umane...".
Che l'OMS conduca esperimenti pericolosi e non ne faccia menzione al pubblico è in sé grave, e che non abbia mai smentito (da quanto ci consta) le affermazioni del prof. Boyle, in particolare sull'esistenza di un vaccino, già nel febbraio 2020 e per molti mesi, mentre migliaia di persone continuavano a morire asseritamente di covid19, getta una luce a dir poco inquietante su questa organizzazione sovranazionale (che gode dell'immunità dinanzi alle giurisdizioni democratiche degli stati nazionali). Una luce che si estende equivocamente sulle sue note liaisons con la Big Pharma, il cartello dell' Industria Farmaceutica e dei vaccini. Altrettanto inquietante è che l'ISS (Istituto Superiore di Sanità italiano, posto sotto l'ala direttrice dell'OMS) abbia più volte negato che il Covid-19 (Sars-CoV-2) sia stato fabbricato in laboratorio, contro l'evidenza dei fatti sopra riportati, e di altri emersi nel corso del 2020.

---

(2) – Ad oggi, mentre scriviamo, l'OMS tenendo in non cale le richieste avanzate da diversi stati, non ha mai inviato i suoi ispettori nel laboratorio di Wuhan, onde accertare se il virus sia di là fuggito. Anzi, con palese intento diversivo, ha tentato di caricare di responsabilità politiche il governo cinese, lasciando intendere una cospirazione in danno dell'Occidente (fonte, i media);

L'ALLEANZA PER L'ID-VACCINO UNIVERSALE

Come nei sogni, o negli incubi premonitori, in questo affair Covid certi personaggi, che qualifichiamo come i *fabbricanti di pandemie*, erano già sullo sfondo assai prima del 2019, a tessere la trama, che avrebbe configurato la pandemia globale.

Nel 2015 nasceva a New York l'Alleanza ID2020, una partnership globale che riunisce organizzazioni pubbliche e private con lo scopo asserito di migliorare le condizioni di vita dell'umanità per mezzo della "identità digitale". A dirigere tale Alleanza è preposta l'Identity2020 Systems Inc., una corporation che collabora con varie agenzie delle Nazioni Unite, ONG, governi e imprese di tutto il mondo. Durante il meeting del 2019 ancora a New York, intitolato suggestivamente "Rising to the Good ID Challenge", l'Alleanza ID2020 decideva di attivare il programma dell'Agenda nel 2020, per l'appunto. Il programma veniva presentato nell'assemblea del World Economic Forum (WEF) del 21-24 gennaio 2020 a Davos, e quivi ratificato. **(1)**

---

(1) sul WEF va detto che è un'organizzazione inquadrabile idealmente nell'ONU; come questa proclama finalità altamente umanitarie e volte a salvaguardare il pianeta coi suoi abitanti. In realtà, le implicazioni di tali propositi sono una mutazione radicale della condizioni sociali sulla

Terra, l'instaurazione di un Feudalesimo tecnologico, dove un' oligarchia di esperti governerà una massa indistinta di schiavi uguali e fratelli, controllati tramite un microchip innestato, l'Identità digitale attualmente in cantiere. Merita notare che, per rendere credibili i loro falsi propositi, i dirigenti del WEF sono soliti coinvolgere nella loro iniziative molti attivisti di colore, preferibilmente africani (in nome dell' uguaglianza delle razze) i quali collaborano, senza comprendere di essere solo uno specchietto per le allodole, gli strumenti (o i kapò) di un Progetto ampio, diretto da Suprematisti bianchi, associati ai Sionisti, i quali lavorano ad un'invasione di popoli neri dell'Europa, più adatti da dominare.)

Ecco ora i personaggi e gli interpreti: i fondatori dell'Identity2020 Systems Inc. (ID2020) sono il miliardario informatico Bill Gates, il Gavi (riconducibile allo stesso Gates **(2)** associazione il cui scopo è la vaccinazione (obbligatoria) globale, e la Rockefeller Foundation, che promuove la stessa causa meritoria, apparentemente. Ma il diavolo è nei dettagli, come accade.   Il dettaglio è qui un software d'identificazione elettronica che utilizza l'inoculazione del vaccino come piattaforma per l'identità digitale. In premessa è importante sapere che i vaccini di cui Big Pharma in questi giorni e mesi sta inondando il mondo, non sono quelli *artigianali* ai quali ci hanno abituati, ma di un nuovo tipo *elettronicamente* evoluto. Un'altra cosa da sapere è che la ricerca farmacologica e clinica sono ormai indirizzate verso la *digitalizzazione* terapeutica, il che significa tecniche insensibilmente ma profondamente intrusive del corpo umano, che dovrà essere predisposto a recepire tali tecniche mediante *installazioni* digitali da collegare a computers esterni.

----

(2) *Bill Gates, attraverso la Fondazione Bill e Melinda Gates, è il maggior finanziatore privato dell'OMS, alla quale detta l'agenda, come documentano diversi analisti. Ci torneremo);*

Ora il vaccino anti Covid come funziona. Ce lo spiega un'Ansa dell 11 /11/2020: " sviluppato dalle aziende Pfizer e BioNTech (esso) si basa su una delle tecnologie più innovative e avanzate, adottata anche da altre due grandi aziende, la tedesca Curevac e l'americana Moderna, che nella ricerca sul vaccino contro la pandemia collabora con l'Ente statunitense di ricerca sulle malattie infettive, il Niaid diretto da Anthony Fauci, **(3)** e con la Coalition for Epidemic Preparedness Innovation (Cepi).

Vaccini di questo tipo utilizzano la sequenza del materiale genetico del nuovo coronavirus, ossia l'acido ribonucleico (Rna), il messaggero molecolare che contiene le istruzioni per costruire le proteine del virus. L'obiettivo è somministrare direttamente l' mRna che controlla la produzione di una proteina contro la quale si vuole scatenare la reazione del sistema immunitario. Nel caso del virus responsabile della pandemia la proteina è la Spike, l'artiglio molecolare utilizzato per agganciare le cellule sane e invaderle. Per trasportare le istruzioni onde indurre le cellule a produrre la proteina Spike vengono utilizzate minuscole navette fatte di lipidi." Quando leggete mRNA, il "messaggero molecolare", dovete pensare a una piattaforma digitale.

Di qui il vaccino piattaforma per l'ID, come concepito dall'Alleanza *mistica* del Vaccino. E' un progetto futuribile, ma già realizzabile nei prossimi anni, o mesi. I neonati, i bambini (e gli adulti, convinti dalla propaganda) saranno dotati di una identità informatica attribuita tramite il vaccino digitale inoculato, che costituirà un chip di dati rilevabile da uno scanner esterno, come oggi, quando passate la carta del codice fiscale o la carta di credito nello slot della vostra banca. In un futuro non lontano sarete voi ad essere direttamente passati dal laser a infrarossi. Va da sé che, nel tempo, altre informazioni saranno *caricate* sulla piattaforma vaccinale dall'esterno, la vostra situazione patrimoniale, il vostro conto in banca, etc. Gli esseri umani diverranno dei data store viventi, totalmente e passivamente controllabili dal Computer Centralizzato del Governo, naturalmente *democratico*.

----

(3) su Anthony Fauci, consigliere dell'ex presidente Trump, bisogna sapere che nel febbraio/marzo 2020 fu, insieme alla CNN, al centro di uno scandalo: la diffusione sulla rivista Lancet di uno studio il quale pretendeva che l'idrossiclorichina, farmaco assai usato nella cura dei primi sintomi del Sars-CoV-2, fosse da abolire perché nocivo. Lo studio si rivelò un falso, e ritrattato dal Lancet; ma mise in luce che Fauci lo

aveva falsificato per favorire la Big Pharma, produttrice dei vaccini anti-Covid; era preferibile che i malati morissero con cure meno efficaci dell'idrossiclorichina, in attesa del vaccino di massa che avrebbe arricchito le case farmaceutiche);

 Ecco come giustificano gli Alleati per il Vaccino Universale il loro progetto:
"senza un'identità digitale le persone sono spesso invisibili, incapaci di votare, accedere all'assistenza sanitaria, aprire un conto bancario o ricevere un'istruzione. Senza dati precisi sulla popolazione, le organizzazioni pubbliche e private fanno fatica a fornire i servizi umani di base in modo ampio e accurato." Potremmo replicare che negli evoluti paesi occidentali milioni di persone, perfettamente note ai sistemi informatici dei governi, sono prive di servizi e di assistenza per mancanza di finanze nelle casse degli Stati, svuotate dall'avidità di profitto delle multinazionali/banche co-fondatrici o sponsor dell'Alleanza per l'ID Globale, **(4)** le stesse multinazionali che sfruttano i paesi sottosviluppati. Dunque l'Alleanza per l'ID-Vaccino sembra procedere senza intoppi nel proprio intento di vaccinare l'intero genere umano al fine di monitorarlo su scala globale. E i governi stanno assecondando, con sovvenzioni caricate sul Debito Pubblico dei contribuenti cittadini. A proposito di paesi sottosviluppati, è proprio il Terzo Mondo il primo campo della sperimentazione del vaccino-microchip. Non solo, anche i sobborghi poveri delle grandi città. Ad Austin in Texas, i senzatetto sono stati usati come gruppi di cavie per il programma di vaccinazione con microchip dell'ID2020. Naturalmente con la nobile, irrefutabile motivazione umanitaria.

----

(4) è importante sapere che le Case Farmaceutiche del cartello Big Pharma sono proprietà dei maggiori Fondi d'Investimento mondiali, da BlackRock a Vanguard, in Particolare la Pfizer e Moderna, le principali fornitrici di vaccino al mondo, mentre scriviamo);

Che le istituzioni sopranazionali siano coinvolte nel Progetto per la Vaccinazione Globale Identitaria lo indica il fatto che l'OMS la contempli da tempo nella sua agenda. Il 4 dicembre 2020 il massimo organismo medico mondiale si è spinto sino ad annunciare di stare valutando un sistema di certificati elettronici di avvenuta vaccinazione, "utilizzando la tecnologia nella risposta al Coronavirus e lavorando con tutti i Paesi membri", **(5)** ha spiegato un responsabile in conferenza stampa. Si tratterebbe di un sistema di controllo di massa mai esperito nelle moderne società liberaldemocratiche (dopo il Nazi-Fascismo e la Dittatura Sovietica) la cui resistenza ai conati autoritari di questi Enti sovranazionali è in capo, non ai governi e ai parlamenti, come ci si aspetterebbe, bensì alle autorità per la riservatezza dei dati personali, le quali hanno opposto la privacy. Senonché apprendiamo (mentre ancora scriviamo, maggio) che il Summit del Portogallo appena tenuto dai governi mondiali, ha ratificato il Passaporto Verde per gli Europei (e per gli Americani). Il che implica *l'obbligo*, di fatto, alla vaccinazione, per chiunque voglia oltrepassare il confine del proprio paese. Una misura poliziesca che viene contrabbandata all'opinione pubblica come un diritto; il diritto di essere rinchiusi e di dover chiedere il permesso per uscire.

---

(5) L'annuncio dell'OMS ha una strana consonanza con l'idea espressa qualche tempo prima da Bill Gates -finanziatore e consigliere dell'OMS- secondo il quale a chi non è vaccinato non può essere consentito di viaggiare);

L'Oms Perno di un'Architettata Pandemia

Che l'OMS sia l'organismo *istituzionale* deputato a fare da veicolo per una pandemia mondiale forgiata e pluri-strumentale è dimostrato dalla sua condotta. Nel dicembre del 2019 si sparse la notizia che le autorità sanitarie di Wuhan avevano riportato molti casi di polmonite associata con un corona virus sconosciuto. Il primo caso fuori dalla Cina si registrò in Italia in gennaio (i due coniugi cinesi ricoverati allo Spallanzani di Roma). Altri casi vennero registrati ancora in Italia (Lombardia) e in altri stati dentro e fuori l'Europa, per un totale di 150. Il 30 gennaio la OMS dichiarò un'Emergenza Sanitaria potenzialmente estesa a tutto il mondo. Ora va notato sin dall'inizio il ruolo fondamentale svolto dai mezzi d'informazione, i quali hanno appoggiato subito l'allarmismo dell'OMS, tacendo che i casi erano appena 150 (su 7 miliardi di abitanti della Terra). In seguito i numeri dell'asserita pandemia sarebbero stati sempre alterati, allo scopo di creare allarmismo, panico e giustificare le misure restrittive della libertà assunte dai governi. Intanto, già il 22 gennaio si era riunito il Comitato di Emergenza dell'OMS, con molte incertezze e divisioni sull'opportunità di dichiarare un'emergenza sanitaria. È qui che entra in scena il World Economic Forum tenutosi a Davos dal 21 al 24 gennaio.

Il programma trattava temi vari e canonici delle agende sovranazionali, dall'apocalisse climatica prossima ventura alla corsa agli armamenti. Il 22 era il turno del GAVI, con la conferenza intitolata "Lessons Learned from the World's Leading Vaccine Alliance". Interessante l'epigrafe di presentazione con cui il relatore si introduce: "sin dalla sua creazione nel 2000 a Davos, il Gavi, Alleanza per il Vaccino, ha immunizzato 760 milioni di bambini e salvato più di 13 milioni di vite, costituendo una delle più riuscite partnership pubblico-private ad oggi. Come può il Gavi continuare la sua impressionante corsa e quali lezioni dobbiamo imparare per risolvere altre diseguaglianze? " Peccato che lo spot auto-incensante non rispecchi la verità dei fatti, secondo la deputata del Parlamento italiano Sara Cunial, che così si esprimeva nel suo intervento alla Camera, il 14/5/2020: "Grazie ai suoi vaccini (il Gavi di Bill Gates, ndr) è riuscito a sterilizzare milioni di donne in Africa, ha provocato un'epidemia di poliomelite che ha paralizzato 500 mila bambini in India, e ancora oggi con il suo DTP causa più morti della stessa malattia, così come con i suoi OGM sterilizzanti, progettati da Monsanto e donati generosamente alle popolazioni bisognose. Il tutto mentre sta già pensando di distribuire il *tattoo* quantico per il riconoscimento vaccinale e i vaccini a mRNA come strumenti di riprogrammazione del nostro sistema immunitario; oltre a fare diversi affari anche con le multinazionali che possiedono le infrastrutture 5G negli Stati Uniti."(**1**)

Tornando al World Economic Forum, ecco chi c'era a decidere (come altre volte) del destino dei popoli: la Bill and Melinda Gates Foundation e vari esponenti del cartello Big Pharma. Le discussioni svolte al WEF furono fondamentali per la risoluzione che l'OMS prese il 30 gennaio seguente. Gli enti a consulto erano la su citata Fondazione Gates, la CEPI (Coalition for Epidemic Preparedness Innovations, una coalizione per le innovazioni sulla preparazione epidemica per lo sviluppo dei vaccini); la casa farmaceutica GlaxoSmithKline (**2**) l'FMI, la Banca Mondiale, il Dipartimento di Stato con l'Intelligence Usa. E' verosimile che l'Oms abbia assunto la decisione di proclamare Emergenza sanitaria pubblica, dopo che il suo direttore generale, l'etiope Tedros, era stato a Davos pochi giorni prima, poiché nella riunione del 30 gennaio il Comitato dell'Oms a Ginevra non discusse di nulla.

Un'Emergenza sanitaria internazionale dichiarata sulla base di un focolaio di soli 150 malati, che poteva far comodo a Potentati Industriali e Finanziari. (**3**)

(**1**) *la regolazione demografica nei paesi sovrapopolati e poveri del Terzo e Quarto mondo non sarebbe in sé un male, ma dovrebbe essere esercitata democraticamente col consenso informato di quelle popolazioni);*
(**2**) *la GlaxoSmithKline ha avuto e continua ad esercitare pesante influenza sui provvedimenti sanitari del nostro governo, assunti tramite il comitato tecnico-scientifico (Ranieri Guerra, Walter Ricciardi, ed altri emissari dell'OMS) preziosamente pagato dai contribuenti italiani, secondo la Cunial, che attribuisce alla Glaxo anche una sorta di indottrinamento degli studenti di medicina, in favore, desumiamo, degli interessi dell'industria farmaceutica. Cit. dalla seduta Camera del 14/5/2020);*
(**3**) *Cfr. il sito web* www.Global *Research;*

Non basta, giacché se nei quattro giorni del WEF si discusse di epidemie, si parlò altresì di vaccini, di un programma di vaccinazione di massa; il Gavi era lì per questo. Era necessario gettare le premesse, o trovarle. L'OMS serviva alla bisogna. Il 28 Febbraio, difatti il Dr. Tedros dell'OMS annuncia che una massiccia campagna di vaccinazione è stata approvata dall'Organizzazione Mondiale della Sanità. E chi c'era dietro quella campagna? La GlaxoSmithKline in collaborazione con la Coalition for Epidemic Preparedness Innovations, cioè una partnership Gates/World Economic Forum.

LA PROFETICA ESERCITAZIONE DI UNA PANDEMIA DI CORONAVIRUS DELL' OTTOBRE 2019

Era il 18 ottobre 2019, quando la Gates Foundation insieme al World Economic Forum e in collaborazione con la Johns Hopkins School of Public Health **(1)** organizzano la simulazione di una pandemia di coronavirus. Si chiamava Event 201. Quella simulazione (di cui esistono i filmati, il trailer *Contagion*) annovera la partecipazione di esponenti di istituzioni finanziarie, dirigenti aziendali, fondazioni, rappresentanti di Big Pharma, e della CIA. Più in dettaglio, Event 201 simula un'epidemia di un nuovo coronavirus zoonotico trasmesso dai pipistrelli ai maiali, e che alla fine diventa efficacemente trasmissibile da persona a persona, sfociando in una pandemia globale. **(2)** Lo scopo dichiarato dell'esercitazione di ottobre 2019 era quello di illustrare le aree in cui sarebbero state necessarie partnership pubblico/private per rendere efficiente la risposta a una grave pandemia e ridurre le conseguenze economiche e sociali su larga scala. Che soltanto due mesi dopo, il 31 dicembre, dalla Cina sia giunto l'allarme con cui si informava l'OMS circa il focolaio di di una polmonite sconosciuta, a Wuhan, è perlomeno inquietante.

----

(1) *la Johns Hopkins School of Public Health è finanziata dalla mondialista Rockefeller Foundation* ;

(2) quella dei maiali sembra   una diversione sul tema, perché si può presumere che il virus venisse, in modo concertato, intanto fabbricato nel laboratorio di Wuhan, dell'OMS, per essere propagato, dopo forse essere stato anche inoculato in un serpente del mercato della stessa Wuhan, guarda caso);

La simulazione Event 201 comprendeva diversi aspetti; la propagazione del virus, resa inarrestabile dal grado di impreparazione di molti paesi, in particolare i più poveri, compresa la popolosa Cina, e l'assenza di un vaccino in tempo breve; l'estensione del contagio a 65 milioni di persone; le ripercussioni economiche dovute alla necessità di chiudere le frontiere fra gli stati e sospendere i collegamenti via aerea ed altre; il crollo dei mercati azionari. Il dato più sorprendente è che le organizzazioni e gli enti coinvolti nella simulazione, cominciando dalle case farmaceutiche, le istituzioni finanziarie, e finendo coi media, sono stati poi realmente coinvolti quando la pandemia si è materializzata, o è stata messa in atto, tre mesi più tardi.

Fra questi enti coinvolti va incluso l'OMS, il quale dà l'impressione di aver *collaborato*, per così dire, con le potenti corporations che a Davos hanno deciso di predisporre e finanziare un'emergenza sanitaria globale, cioè la Bill e Melinda Gates Foundation, il World Economic Forum e la Bloomberg School of Public Health. **(3)**

----

(3) cfr. il sito web GlobalREsearch, diretto dal prof. Chossudovsky; è noto che l'OMS ha come principale finanziatore Bill Gates, oltre al governo Usa, che con Trump gli ha però sospeso le sovvenzioni);

STRANE COINCIDENZE...

Le facoltà divinatorie dei simulatori di Event 201, ovvero la Task Force del Baltimore Coronavirus Simulation and Emergency Preparedness, non temevano confronti (né sospetti) poiché hanno persino dato un nome al virus prossimo venturo, nCoV-2-19. Di modo che, quando il 7 gennaio 2020 i ricercatori dell'istituto specializzato di Wuhan hanno annunciato di avere isolato un nuovo tipo di corona virus, l'OMS gli ha dato il nome già pronto di nCoV-2019. Questo dettaglio *diabolico* è denso di altre implicazioni. Rimanda alle dichiarazioni del prof. Francis Boyle, secondo cui il Covid-19 fu preparato nel laboratorio di Wuhan gestito dall'OMS e che, contestualmente, era stato approntato, in via precauzionale, anche l'antidoto; e, aggiungiamo noi, anche il nome. Il che implica che la simulazione della Gates Foundation con il WEF e la Johns Hopkins School veniva svolta con cognizione di causa, sapendo, già il 18 ottobre 2019, che un nuovo virus era stato fabbricato nel laboratorio di Wuhan, per essere diffuso e causare la pandemia; pandemia che serviva a lor Signori.

Ora, che la simulazione abbia avuto luogo è un fatto innegabile, documentato da molti filmati. Se ci addentriamo in questa rappresentazione teatrale veritè, quasi uno psicodramma, restiamo colpiti dalla capacità drammatica, attoriale, del relatore, Dott. Rivers (sul video):" Nelle ultime tre settimane, i numeri dei casi hanno continuato a crescere esponenzialmente. Ora abbiamo circa 4,2 milioni di casi e 240.000 morti. Quasi tutti i paesi stanno ora segnalando casi, e quelli che non lo fanno possono semplicemente non avere le risorse per condurre la sorveglianza. Non vediamo alcun cambiamento nel tasso di diffusione rapida e i modelli stimano che potremmo avere più di 12 milioni di casi e quasi un milione di decessi entro metà gennaio (2020). Non siamo sicuri di quanto possa essere grande, ma non c'è fine in vista. I mercati finanziari sono in calo universalmente del 15% o più. Paura di una catastrofica pandemia e incertezza sulla capacità dei governi di rispondere ". I profeti di Event 201 hanno centrato con puntualità biblica anche questi numeri; giacché se si consulta il sito di Bloomberg di fine febbraio 2020, si può constatare che registrava il crollo di oltre il 15% dei mercati finanziari, usando le stesse parole del simulatore dott. Rivers.

Non è inutile anticipare qui che le case farmaceutiche di Big Pharma avevano in cantiere, già prima di Event 201, un programma di vaccinazione, per il quale erano stati sensibilizzati in particolare gli Stati Uniti e l'Unione Europea; ci torneremo.

Adesso è importante sottolineare il ruolo dei media, i quali in sintonia con l'OMS, **(1)** lungi dal tranquillizzare l'opinione pubblica, hanno scatenato una campagna di terrore, che serviva a predisporre psicologicamente i popoli ad accettare le misure restrittive che sarebbero state adottate dai governi, in Italia dall'8 marzo 2020. Non c'è bisogno di ricordare il potere di Big Pharma (proprietà della Grande Finanza) e del World Economic Forum per comprendere sotto quale pressione i mezzi d'informazione si sono trovati, e si trovano tuttora. Va anche chiarito che il Sars-CoV-2, se all'inizio fece pensare a una guerra biologica, questa ipotesi dovrebbe essere inquadrata non come una guerra fra nazioni (ad esempio fra Cina e Usa) ma piuttosto come una nuova strategia adottata dalle Elite di cui sopra, una sorta di accelerazione verso il loro Nuovo Ordine Globale. Che il virus in sé sia particolarmente pericoloso viene negato da quasi tutti gli epidemiologi, anche all'interno dell'establishment; rimane l'ambiguità sul rischio del contagio, attribuita anche a soggetti asintomatici, cioè non malati, tesi sulla quale i vari *comitati scientifici*, telepilotati dall'OMS, (e divenuti i governi-ombra delle nazioni, in Occidente) basano i loro consigli (o diktat, a governanti compiacenti) per la privazione della libertà dei popoli.

----

(1) non è la prima volta che l'OMS proclama una falsa pandemia. Nel 2009, l'Organizzazione di Ginevra dichiarò la pandemia di influenza suina H1N1. Fu diffusa la stessa atmosfera di paura e intimidazione, senza arrivare agli estremi antidemocratici odierni. Ma il Direttore Generale dell'OMS all'epoca Margaret Chan, si spinse a dichiarare con autorità che "ben due miliardi di persone potrebbero essere infettate nei prossimi due anni, quasi un terzo della popolazione mondiale". Alla fine tutta la propaganda catastrofista si rivelò basata su previsioni falsificate, ma intanto Big Pharma ricevette (grazie al battage dell'OMS) commissioni multimilionarie da USA ed Europa, per la produzione di vaccini, che risultarono largamente in soprannumero e furono buttati, perché non vi fu nessuna pandemia. Tracce di questo affair, con accuse di falsità a carico di OMS, si conservano negli atti del Parlamento Europeo. Cfr. sito web Global Research, Michel Chossudovsky);

Mentre gli epidemiologi indipendenti affermano che i non malati non sono contagiosi, e pertanto inutili e arbitrari sono le restrizioni adottate dai governi. Su questo scabroso, discrimine (eluso dai media e dai politici) si gioca la democrazia sospesa e si svela il piano occultato nella pandemia; una pandemia le cui equivoche premesse mostrano essere una messinscena crudele su vasta scala (se non un coup d'ètat globale) e la cui gestione (da Ginevra) asseconda il proposito (dei suoi architetti) di mantenere uno stato generale di paura e di incertezza, il più a lungo possibile, al fine di abituare la gente a rinunciare alla propria libertà. La contrazione dell'economia, con il conseguente impoverimento delle nazioni (eccetto le Elite, destinate ad arricchirsi sempre più) faranno poi il resto. **(2)**

La chiusura delle attività produttive e la perdita dei posti di lavoro non è tutto; c'è lo sciacallaggio della speculazione finanziaria, che tramite le vendite allo scoperto (over the counter) scommette sul fallimento di questa o quella nazione, o continente. La guerra economica inaugurata dal Covid-19 si sta combattendo anche intestinamente, con il fallimento di medie imprese (ad esempio nel turismo e nei trasporti privati) che vengono assorbite da società più grandi. Né deve ingannare, ad esempio in Europa, il programma di salvataggio dell'economia dell'eurozona, messo a punto dalla Bce e dalla Commissione. Non è il ripristinando benessere di famiglie e imprese il centro delle loro (delle Banche Internazionali) preoccupazioni, bensì salvare la gallina dalle uova d'oro, l'euro e il Signoraggio, la rendita eterna dei Banchieri. A ciò si aggiunga il ricatto del Debito Pubblico, accresciuto dalla crisi pandemica, che rialzerà le su pretese fra qualche anno.

---

(2) è documentato dalla rivista Fortune, giugno 2020, che il patrimonio dei principali miliardari è cresciuto di 565 miliardi di dollari, grazie alla pandemia e ai lockdown; parliamo di Bill Gates, Jeff Bezos (Amazon, commercio on line) Mark Zuckerberg (Facebook) e altri.

La Pandemia di CoronaVirus Pilotata dalla Commissione Europea

Il ruolo di *mezzana* svolto dall'Organizzazione Mondiale della Sanità nella creazione della pandemia non è nemmeno il lato più turpe del dramma chiamato Covid-19. Come in Shakespeare, il cuore oscuro del Potere va cercato nelle istituzioni che più ostentano irreprensibilità. Risulta da documenti della Commissione Europea che Bruxelles si preparava, sin dai primi mesi del 2019, ad una pandemia di Coronavirus e allo sviluppo di un vaccino. Si legge in un memo, a data marzo 2019, la proposta rivolta ad alcuni stati membri di sottoscrivere contratti quadro per i vaccini anti-influenzali. La proposta su base volontaria fu accettata da diversi stati, tra cui Francia, Germania, Spagna. L'Italia rifiutò.

"Le condizioni concordate – si legge ancora nel memo Ue – garantiranno l'accesso a una parte definita della capacità di produzione della società **Seqirus** (un colosso farmaceutico specializzato in vaccini anti influenzali con sedi in America, Germania e anche in Italia, ndr) per un massimo di 6 anni, la durata totale del contratto. È in preparazione la firma di un secondo contratto con un'altra società farmaceutica al fine di massimizzare la copertura vaccinale, in base alle esigenze specifiche degli Stati membri partecipanti, e migliorerà ulteriormente la preparazione dei membri alla prossima pandemia".

Sin qui tutto normale, a parte l'insistenza ominosa sulla pandemia prossima. Senonchè ecco il paragrafo sconcertante che tratta della reperibilità del patogeno su cui sperimentare il vaccino (da prepararsi a cura delle case farmaceutiche). Il patogeno, precisa il memo, "sarà fornito dall'OMS" !!...(**1**) "Si prevede che i produttori di vaccini disporranno di quantitativi aggiuntivi per i ritardatari (gli stati che non avevano aderito ndr), mentre la Commissione europea incoraggerà la Solidarietà degli Stati membri in caso di emergenza sanitaria".

(**1**) – *è questo un passaggio che conferma le affermazioni del prof. Francis Boyle circa il laboratorio di Wuhan (dell'OMS) dove fu fabbricato il nCovid-19, v. sottocapitolo precedente);*

Con l'ovvietà di un sito social, il memo UE usa il metodo delle Faq per esporre il suo strano progetto (parente della previsione/simulazione Event 201 dell'ottobre seguente): *Quanto tempo ci vuole per produrre il vaccino?*, si legge. "Per la produzione di un vaccino contro la pandemia – è la risposta - dipende dalla disponibilità di un ceppo virale da pandemia. Questo ceppo di virus sarà fornito dall'Organizzazione mondiale della sanità (OMS)", ossia dai "laboratori di riferimento". Quando "i produttori avranno ricevuto questo materiale, il virus dovrà essere reso adatto al processo di produzione e questo adattamento può richiedere 4-6 settimane a seconda del caratteristiche del ceppo virale. Se l'OMS dichiara una pandemia (effettivamente poi dichiarata in marzo 2020, un anno dopo la stesura del documento, ndr), si può presumere che i produttori *avranno già ricevuto il virus necessario"*.

Come in Edgar Allan Poe, **(2)** se vuoi nascondere un oggetto, l'evidenza di un progetto criminale, devi metterlo sotto gli occhi di tutti, cosicché nessuno lo noterà. Ancora dalle Faq: "Il tempo necessario per la produzione del vaccino contro la pandemia è di circa 12-14 settimane. Un elemento critico sarà come si comporta il virus nel processo di produzione e quale rendimento può essere ottenuto. La disponibilità del ceppo virale e la resa ottenuta nel processo di produzione sono i due fattori chiave che influenzano le tempistiche della produzione di vaccini pandemici". **(3)**

----

(2) rifer. al racconto "La lettera rubata" di E. A. Poe);
(3) si rifletta ancora sulle dichiarazioni del prof. Francis Boyle, secondo il quale il laboratorio di sperimentazione sui virus (di Wuhan) mentre fabbrica un patogeno, prepara anche il suo antidoto. Ma questo non interessa alla UE, né alle Case Farmaceutiche che devono produrre i vaccini, per ricavarne profitti miliardari);

Ma quella che appare come la prima fase di un *progetto*, ha anche altri attori. Il Consiglio Europeo (composto dai capi di governo degli stati membri) nel quadro del "rafforzamento della cooperazione contro le malattie prevenibili con i vaccini" ha consigliato, sin dal 2018, la road map poi stilata dalla Commissione.

Si tratta di un programma che prevede tra il 2018 e il 2022, la schedatura dei cittadini europei su base vaccinale. **(4)** Nella road map si legge che la vaccinazione "è compatibile con sistemi di informazione di immunizzazione elettronica e riconosciuta per l'uso transfrontaliero". In altre parole, i nostri governanti democratici stavano studiando la fattibilità di creare una Scheda di vaccinazione UE elettronica da includere nei documenti di riconoscimento (carta d'identità, passaporto elettronici). Questo spiega l'insistenza della Commissione sulla digitalizzazione, attualmente al centro dei finanziamenti del Recovery Plan e di New Generation EU; digitalizzazione che ha il suo perno nel 5G prossimo venturo (paragonabile alla corsa al nucleare dei decenni passati) un' *arma sociometrica* concepita per permettere ogni tipo di schedatura individuale, compreso il riconoscimento facciale, che segnerà il perfezionamento della Sorveglianza Globale, chiave del Nuovo Ordine Totalitario che le Elite preparano, *democraticamente*, cioè col consenso dei nostri governanti. **(5)**

---

(4) *come non desumere che l'avvento del Covid, tra la fine del 2019 e l'inizio del 2020, sia stato l'occasione creata ad hoc, per realizzare quel programma di Schedatura, certo concepita altrove, dalle Elite? schedatura che viene effettuata già in questi giorni, di giugno 2021, nel silenzio della stampa tutta, anche di quella sedicente antisistema);*
(5) *non si ripeterà mai abbastanza che il piano delle Elite di istaurare progressivamente e inavvertitamente un Nuovo Ordine Totalitario, sarà possibile solo grazie alla complicità dei governanti, e dei politici in generale, traditori dei loro popoli);*

E senza dimenticare i vaccini informatici. E' nell'agenda Onu, e perciò della UE, il piano (da realizzarsi entro il 2030) di una marchiatura della popolazione mondiale, tramite il vettore dei vaccini ID (di cui abbiamo già detto) dotati di un chip, che inserito nel corpo delle persone, consentirà di identificarle elettronicamente, e dunque di controllarle e manipolarle. Gli inventori, la ID 2020 Alliance, spacciano il progetto come un "diritto umano e universale alla cittadinanza digitale". Il peggio è che troveranno più di qualcuno che lo crederà.

(nota - Per il memo della Commission Europea cfr. il giornale on line *Secondo Piano* 14 maggio 2020).

Parte Terza

Cap. XVI - Origine Misteriosofica Del Potere

Come in antico lo sciamano gettava la sua rete magica
sulla tribù da soggiogare
così i massmedia odierni gettano la loro rete di menzogne
sui popoli, per trasformarli in sudditi

Che cosa è il Potere?

Il Potere è per sua definizione un concetto trascendente, ha cioè a che vedere con il *soprannaturale*. Potere significa potere quel che gli altri, gli uomini comuni non possono, il che implica che solo uno o pochi ne sono dotati, in quanto, nell'antichità, in contatto con Enti Superiori e invisibili, ai quali il terrore dell'uomo verso l'ignoto (i fenomeni tremendi della Natura, la morte) ha conferito status di divinità, di qui la superstizione.

La necessità di mantenere e far durare il Potere nel tempo, ha sempre spinto i suoi detentori (re-sacerdoti, o comunque capi di comunità) a riunirsi in sette segrete, onde condividere e preservare entro *cerchi magici* conoscenze speciali interdette ai più. Senza andare troppo lontano nella dimensione esoterica, o nell'archeologia, l'antropologia culturale tra '800 e '900 ha ravvisato questi aspetti studiando certe comunità primitive dell'Oceano Pacifico, Africa, Amazzonia; (v. W. Schmidt, H.L. Morgan, F.B. Taylor.)
Sul piano simbolico questa realtà primordiale, archetipica, del Potere personificazione del Numen (nell'accezione di C. G. Jung) è presente e si dispiega in tutta la sua complessità fino ai giorni nostri nella vita sociale e politica, cioè la vita dei popoli e dei singoli, in tutto il pianeta.

Comprendere la natura del Potere equivale a spiegare il suo esercizio da parte dei gruppi ristretti che abbiamo descritto nei precedenti capitoli, il Capitalismo Finanziario/Industriale (strettamente connesso al sistema industriale/militare); esercizio che si esprime, come abbiamo visto, nell'accaparramento delle ricchezze della Terra a spese dei popoli sfruttati e sottomessi. Questo è solo l'aspetto visibile, *essoterico* del Potere, i cui fondamenti, per le implicazioni sopra descritte, vanno ricercati in un livello più profondo, quello del mito religioso e della magia **(1)** che sostanziano la storia della civiltà; storia che è innanzitutto storia del Potere, come si è detto, e della sua segretezza organizzata e formalizzata in associazioni occulte. La più potente, ormai nota perché volgarizzata (con molte distorsioni) dai media, è quella degli *Illuminati*, il cui progetto è, da molti secoli, quello di instaurare un Governo Unico sulla Terra, come documentato da molte testimonianze storiche.

A introduzione delle pagine seguenti, è importante tenere presente che la magia e i misteri iniziatici di cui ci tramanda la storia antica, così come i racconti mitico/religiosi di ogni parte del mondo, non sono altro che il ricordo deformato di esperienze arcaiche dell'umanità, aventi come protagonisti esseri discesi da altre stelle (Sirio, Orione, Pleiadi) sulla Terra, a portarvi la civiltà. Si vedano i miti mesopotamici registrati sulle tavolette di epoca sumerica rinvenute presso Ninive, l'antica capitale del regno Assiro, le quali narrano di fatti avvenuti in un'età assai remota, rispetto agli stessi Sumeri. Racconti che denotano conoscenze scientifiche avanzatissime (l'antigravità, la manipolazione della materia e il trasferimento da una dimensione/frequenza all'altra dello spettro elettromagnetico) conoscenze ufficialmente perdute, ma in realtà conservate e tramandate nei millenni all'interno delle sette segrete sopra richiamate. Va compreso che le *sette segrete* in discorso non sono la massoneria di cui parlano i rotocalchi e la Tv, ma *associazioni profonde*, antichissime Logge Superiori, ignote persino alla massoneria ordinaria, le quali detengono il *vero* Potere su questo pianeta.

---

(1) – *qui con magia deve intendersi un complesso di conoscenze occulte e di pratiche accessibili solo per via iniziatica all'interno di società segrete);*

Di qui il progetto, in capo a quella che viene definita l'Elite mondiale (braccio esecutivo di Superiori Incogniti) di instaurare un Nuovo (Antico) Ordine Oligarchico Planetario. Per semplicità espositiva, identificheremo tali Superiori Incogniti con gli Illuminati (per quanto essi non costituiscano il cerchio più recondito del Potere, che va cercato altrove e più in alto, o più in profondità, come illustreremo).

In ultimo importa anticipare che, mentre i fini mondialisti dell'Elite sono materialistici (denaro, e il dominio che ne deriva) quelli delle Antiche Logge Superiori (facenti capo a un ristretto cerchio di persone *illuminate* in senso mistico) sono invece di grado spirituale (cfr. *Gli Illuminati all'Assalto dell'Europa*, vol. 2, dell'Autrice).

Alla Ricerca delle Origini degli Illuminati

Taluni autori situano l'origine degli Illuminati nel VI secolo a.C. in Babilonia, dall'eresia giudea della Cabbalah. Dire cabbalah equivale a dire rivisitazione della Gnosi. Cercheremo in breve di descrivere la prima e la seconda.

Qabbalah, termine ebraico che significa "ricezione" e parallelamente tradizione, designa il complesso delle dottrine esoteriche e mistiche dell'ebraismo. La Q. ha influenzato ed è stata influenzata da altre credenze mistiche e filosofiche persiane, neoplatoniche, gnostiche precristiane, islamistiche, cristiane, etc. Circa l'aderenza della qabbalah all'originaria tradizione dell'ebraismo vi sono molte discussioni e pareri discordanti. Spesso gli scritti cabalistici (che sono due o tremila) si pongono come esegesi della Torah (Pentateuco). Il problema (per l'ebraismo ortodosso) nasce dal fatto che per i cabalisti la Legge e tutte le Scritture vanno interpretate al di là del loro significato letterale; "vi è un senso intimo ed essenziale, l'anima dell'anima della Legge, che solo alla fine dei Tempi sarà svelato."

Per decifrare il sottotesto mistico delle Scritture la qabbalah adopera una tecnica consistente nell'attribuire un significato mistico e un valore numerico alle lettere dell'alfabeto. (il che ci porta a Pitagora e ai magi caldei).

Va subito detto che la cabbalah non è altro che la forma assunta dalla Gnosi per introdursi nel mondo cristiano, e che per farlo scelse l'Antico Testamento. Si comprenderà meglio questo punto, se si assume (come fanno molti studiosi cristiani antichi e contemporanei) che la Gnosi è la più grande nemica del Cristianesimo, che essa ha tentato di minare sin dalla sua comparsa. Gnosi o Gnosticismo è pertanto la tendenza religiosa sincretistica che ebbe vasta diffusione agli inizi del Cristianesimo, ma le cui origini, incerte, si possono far risalire ad epoche remote, ben anteriori al Cristianesimo. Possiamo definire la Gnosi un complesso dottrinario comprendente elementi derivati da varie religioni misteriche, dalle correnti magico-astrologiche dell'Oriente, dall'Ermetismo, dalla Qabbalah, e dal giudaismo alessandrino (Filone, neoplatonismo, neopitagorismo), dalle filosofie ellenistiche. Nel suo ambito studi recenti ricomprendono la Teosofia (conoscenza sapienziale del divino, che si può apprendere tramite dottrine inizatiche e pratiche occulte.) Oggi la Teosofia di H.P. Blavatski viene considerata la Gnosi moderna. **(1)**

Tornando agli Illuminati, la loro origine si dovrebbe forse far risalire, sia pure non nominalmente, alla setta dei Savi Anziani di Sion, fondata da re Salomone (929 a.C.) ed erede della Confraternita di Babilonia, o del Serpente (cfr. il mio *Gli Illuminati all'Assalto dell'Europa*, vol. 1). A conferma, si citi il racconto dei cabalisti, secondo i quali gli Illuminati sarebbero i superstiti di una classe sacerdotale dominante nella civiltà di Atlantide, di cui la Confraternita di Babilonia sarebbe stata un reperto. Del controverso mitico continente perduto, non diremo che la sua esistenza fu affermata dal filosofo greco Platone (vedi *Timeo* e *Crizia*) e documentata da molti altri studiosi in epoca recente (W. Scott-Elliot, Ignatius Donnelly, Charles Berlitz,). La tesi dell'esistenza di remote civiltà perdute, quali anche le precedenti Lemuria e Mu, trovano un qualche sostegno nella teoria della deriva dei continenti di Alfred Wegener **(2)**

----

(1) *Helena P. Blavatski fondatrice della Società Teosofica, autrice del celebre studio d'ispirazione induista, La Dottrina Segreta, (1888);*
(2) *Alfred Wegener, geologo tedesco, 1880-1930, autore di "Pangea");*

Sulla   base della teoria della pangea, ricercatori come James Churchward e W. Scott Elliot hanno disegnato mappe geografiche che situano Atlantide nello spazio attualmente occupato dall'Oceano Atlantico, longitudinalmente fino all'attuale Islanda, a sud sino all'estrema punta dell'America meridionale (Argentina); Lemuria estesa latitudinalmente dalle coste dell'Africa orientale fino all'attuale Indonesia, nello spazio ora occupato dall'Oceano Indiano; Mu al centro dell'Oceano Pacifico, tra le coste orientali dell'Australia e le coste occidentali delle Americhe.

Di grande interesse è anche la carta di Atlantide disegnata da Athanasius Kircher, nel 1665. Kircher era un prete gesuita tedesco (1602-1680) che pubblicò un libro di 800 pagine intitolato *Mundus Subterraneus*, illustrato da un gran numero di incisioni bizzarre e da teorie insolite in materia di geofisica, terremoti e vulcani. Fonte dell'opera del cartografo tedesco furono i documenti egiziani a cui egli ebbe accesso nelle biblioteche italiane, in particolare a Roma. Sembra che durante le sue ricerche archeologiche e di scienze occulte, Kircher si sia imbattuto nelle opere perdute di Ermete Trismegisto. Senza voler trascurare i due continenti più antichi, ci soffermeremo su Atlantide, perché le sue tracce culturali sono riconoscibili nelle culture dell'Oriente, centro d'irradiazione delle diverse civiltà manifestatesi sulla Terra nel corso di molte migliaia di anni; punto questo sul quale concordano molti storici.

Il Potere di Creare la Realtà

L'emergere del Potere è, come abbiamo premesso, un evento che ha a che vedere col mistero che ci circonda e con il timore che esso ha sempre suscitato nell'uomo. Il Potere, in definitiva, è la capacità di controllare il mistero e di manipolare la paura e la realtà. Se per Maeterlink la realtà è "ciò che si vede, ma non si dimostra, mentre il reale è ciò che non si vede, ma si dimostra", la Fisica quantistica è più netta nel dichiarare superato il concetto newtoniano di materia, e con il principio di complementarietà introduce l'onda di materia (*waveacle*) cioè uno stato fisico in cui la materia oscilla indecisa fra l'onda (*wave*) elettromagnetica e la particella (*particle*) corpuscolare; per cui ciò che noi chiamiamo ed esperiamo come realtà sarebbe un accidente probabilistico, influenzato (a livello subatomico) dall'osservatore. Il fisico John Wheeler fa un altro passo avanti nel mistero (ammesso dalla Meccanica Quantistica) con l'affermare che è la nostra coscienza a creare la realtà, "noi siamo partecipanti nel portare in essere non solo il qui e ora, ma anche ciò che è lontano nello spazio e nel tempo." (citato da un intervista riportata su Wilkipedia, in margine alla sua biografia).

Questo vale anche per altri ipotetici osservatori nell'Universo, i quali sarebbero come noi i creatori, o almeno le menti che rendono l'universo manifesto con la loro osservazione.
Non affermava qualcosa di simile anche Platone, con le sue idee innate, esistenti per se stesse e di cui la realtà che noi esperiamo sarebbe solo un'apparenza mutevole? Ovvero, vivere in un'illusione non sottende forse che ne siamo noi gli artefici? E che la particolare struttura del nostro cervello sia determinante nel tipo di realtà che noi creiamo, vediamo, o crediamo di vedere?
   Un filo segreto unisce Platone, la sua metafisica (ispirata da un Principio universale fondato sulle idee) alla filosofia gnostica/induista, i cui elementi egli acquisì probabilmente attraverso Pitagora, iniziato ai misteri dell' Antica Sapienza orientale. E' curioso che lo gnostico Platone si sia interessato della perduta Atlantide, verosimilmente culla di ogni civiltà e di quel Principio Unico fonte della sua ontologia. Nel Timeo egli cita Solone come fonte delle sue informazioni; Solone che le riceve a sua volta dai gran sacerdoti di Sais, in Egitto. Che cosa ha a che fare l'Egitto con un continente situato un tempo sull'altro lato del globo e spazzato via, pezzo a pezzo, da una serie di maremoti nell'arco di 200 mila anni? Riportiamo quel che ne riferisce un testimone medianico, il veggente Edgar Cayce. **(1)**

---

(1) – *Edgar Cayce, "il profeta dormiente" di Virginia Beach, 1877-1945).*

Atlantide, nelle *Visioni* del Veggente Edgar Cayce

Edgar Cayce

Cayce, divenuto famoso come "il profeta dormiente" era solito cadere in trance ipnotiche durante le quali si *connetteva* con entità vissute in Atlantide oltre centomila anni fa. Tali entità gli trasmettevano informazioni su quello che molti ricercatori (basandosi sul racconto di Platone) reputano essere stato un impero che dominò un terzo del globo; un dominio che si interruppe con l'ultima definitiva distruzione del continente, circa 10 mila anni fa, ma la cui influenza culturale perdurò nei territori dell'attuale Egitto e Medio Oriente, in particolare la Mesopotamia, attraverso i superstiti che vi trovarono rifugio, senza omettere il territorio dell'attuale India, dove la cultura atlantidea proseguì quella della più antica Lemuria. Le *letture* (narrazioni che Cayce rendeva in trance, annotate da una stenografa, negli anni Venti/Trenta del '900) suonano piuttosto confuse e la loro veridicità difficile da verificare; a noi interessa riferirne per due motivi, uno perché, se le *letture* fossero autentiche, getterebbero una luce straordinaria sulle origini extraterrestri della civiltà e della stessa specie umana; due perché i resoconti del veggente americano sembrano tradurre in "esperienza diretta" l'epopea mistica che troviamo in un testo fondamentale del complesso filosofico/religioso induista, il *Libro di Dzyan*, così come ce lo rende la mistica russa Helena P. Blavatski, nel suo celebre *La Dottrina Segreta* (1888). Cominciamo dalle letture cayciane.

Riecheggiando la *Dottrina*, anche le entità atlantidee riferiscono a Cayce della comparsa, in Atlantide, di Esseri eterici, (forse un milione di anni fa) i quali, con un puro atto di pensiero, decisero di assumere forma e sostanza corporea. Questo esperimento diede luogo a una prima razza semi-umana, i cui tratti, compresa la mente, si rafforzeranno e completeranno nelle razze seguenti, fino alla Quarta (la nostra attuale). La vicenda ha una coloritura morale e religiosa, dalla quale trapela un Principio Cosmico Etico, che potrebbe essere una Coscienza Intelligente universale, che gli abitanti di Atlantide chiamavano Legge dell'Uno. Va detto che, man mano che la specie eterica si consolidava in corpi umani, perdeva la propria spiritualità. Tralasciamo i dettagli del processo evolutivo -i giganti, gli ermafroditi, la separazione dei sessi, l'intercorso degradante con gli animali feroci di quelle ere tetre, che la storia ufficiale definisce preistoriche- e di cui rinveniamo epitomi nella Cabbala, nell'epica alchimistico-gnostica (e nell'Antico Testamento). Un dato interessante è che, per molto tempo (centinaia di migliaia di anni?) almeno sino alla Seconda Razza, gli Atlantidei erano suddivisi in gruppi misti, alcuni avendo scelto di rimanere eterici, altri invece pienamente ed elettivamente corporei. Soffermiamoci ora, per trasporre il linguaggio mitico di Cayce (e della *Dottrina Segreta*) in termini più vicini alla nostra cultura odierna.

Sembra di capire che una missione di Alieni fosse giunta sulla Terra, non su un'astronave, ma materializzandosi nella nostra dimensione 3D, un'operazione che sa di fantascienza, ma che trova corrispondenza in alcune teorie della fisica quantistica, a cominciare dal dato scientifico che la materia come la si percepisce comunemente, cioè solida, è un'illusione dei nostri sensi **(1)** perché gli atomi che la compongono sono in gran parte vuoti, essendo costituiti da un nucleo di protoni e neutroni, dotati di massa, mentre il più vasto spazio esterno è occupato dagli orbitanti elettroni, la cui massa è irrisoria. Ci sono poi il fotone e il gravitone, subparticelle completamente prive di massa. (in fisica classica si definisce materia tutto ciò che è dotato di massa e di inerzia).

----

(1) *cfr. Michael Talbot, "The Holographic Universe", la teoria di Karl Pibram e David Bohm, nonché le teorie di James Clerk Maxwell nel mio Gli Illuminati all'Assalto dell'Europa, vol. 2);*

Di qui la possibilità teorica (a quanto ne sappiamo) di disintegrare e riaggregare la materia. In generale, è ritenuto da alcuni studiosi che, concentrando intorno a un oggetto un forte campo elettromagnetico si può, in *teoria,* incidere sulla sua struttura atomica, fino a disaggregarla e poi ricostituirla, per teleportazione, in un luogo diverso da quello originario.

Ora, ricordato che materia, luce, tempo e spazio, ed elettromagnetismo sono (con Einstein) in funzione reciproca, e che in determinate condizioni la luce, lo spazio e il tempo possono essere piegati, è necessario citare il controverso Esperimento di Filadelfia.

Premettiamo che l'informazione ufficiale, cioè la Marina Militare statunitense, chiamata in causa, ha sempre negato che un siffatto esperimento abbia mai avuto luogo, attivando una campagna mediatica per screditare testimoni e protagonisti come malati di mente o ciarlatani. Proprio questa mai cessata attività di debunking da parte del governo Usa, induce a credere che qualcosa di insolito si sia verificato a Filadelfia e che si tratti di un segreto militare di altissima classificazione, da inquadrare forse in un progetto più ampio di esperimenti sulla materia e l'antigravità, tuttora in corso. Riportiamo l'episodio come ce lo narra Charles Berlitz nel suo *"Without a Trace"* (sul fenomeno delle strane sparizioni verificatesi per decenni nel Triangolo delle Bermuda). La citazione non è casuale, poiché Berlitz, fra le cause atte a spiegare le sparizioni di aeroplani e imbarcazioni nel famigerato Triangolo, annovera anche quella di una centrale energetica ad alto potenziale elettromagnetico, appartenuta alla civiltà di Atlantide, rimasta sepolta con essa in fondo all'Oceano, e tuttora funzionante.

L'Esperimento di Filadelfia: come dissolvere una nave in un'altra dimensione

Nel 1943, durante la seconda guerra mondiale, la Marina Americana (US Navy) stava cercando una tecnica per schermare le proprie navi da guerra affondate in gran numero dai sommergibili tedeschi. E' così che nell'ottobre di quell'anno furono condotti una serie di test nel bacino navale di Filadelfia (Pennsylvania), a Norfolk-Newport, Virginia, e in mare aperto. Scrive Berlitz, "la connessione tra l'Esperimento di Philadelphia e il Triangolo delle Bermude deriva dall'utilizzo, nel citato esperimento, di un campo elettromagnetico indotto artificialmente per provocare la temporanea sparizione di un cacciatorpediniere e del suo equipaggio." Al di là dello scopo bellico (rendere la nave invisibile al nemico), l'importanza dell'esperimento è di carattere scientifico: per la prima volta materiali e uomini venivano proiettati provvisoriamente in un'altra dimensione.

Berlitz continua citando la testimonianza di un astronomo, Morris Jessup. Gli scienziati si proponevano di testare gli effetti sulla materia e sull'uomo di un forte campo magnetico. Tecnicamente ciò veniva fatto per mezzo di generatori magnetici (degaussers) i quali creavano un potentissimo campo magnetico intorno e sopra un'imbarcazione all'àncora nel porto. "Quando tale procedura cominciò a produrre il suo effetto, gli scienziati e i tecnici che osservavano dal molo videro una nebbia verdolina sprigionarsi intorno allo scafo della nave"; qualcosa di simile alla luminescente foschia, scrive Berlitz, notata dai sopravvissuti delle sparizioni nel Triangolo. "ben presto il cacciatorpediniere fu pieno di quella nebbia verde, e l'imbarcazione insieme all'equipaggio cominciò a svanire alla vista degli astanti, finché dissolta la nebbia, solo la linea dell'acqua fu quel che rimase visibile. Il cacciatorpediniere, l' Eldridge, fu in seguito avvistato 300 miglia più a sud, nella baia di Norfolk, Virginia.

l'Esperimento visto dal molo

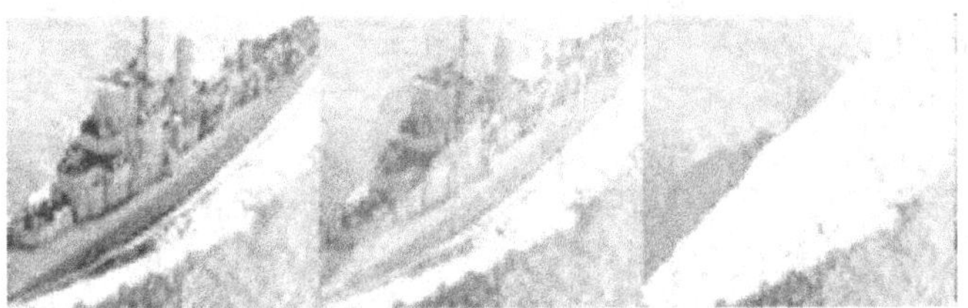

L'Elridge nelle fasi della smaterializzazione

Un dato da sottolineare è l'effetto sull'equipaggio: "mentre il campo di forza si intensificava alcuni membri dell'equipaggio cominciavano a scomparire e (al termine dell'esperimento) fu necessario ritrovarli per mezzo di contatto manuale, e restituirli alla visibilità mediante una sorta di tecnica di imposizione delle mani… Successivamente, si narrò, molti membri dell'equipaggio soffrirono di seri disturbi psichici e fisici, altri morirono." L'intero episodio di teleportazione di Filadelfia rimane ad oggi avvolto nel mistero (e nell'ombra ominosa della Cia) diversi testimoni rifiutarono di rivelarsi, per paura; il dottor Jessup (studioso di elettromagnetismo) che tentò di approfondire la vicenda fu trovato morto in circostanze sospette, dopo aver fissato un appuntamento con un amico, il noto oceanografo Manson Valentine (ricercatore nell'ambito del Triangolo delle Bermuda).

In ogni modo, che la disintegrazione della materia e la sua teleportazione non siano soltanto una possibilità teorica, trova conferma in un esperimento condotto nel 2006 presso la Duke University (Pennsylvania). In tale occasione, sia pure su scala assai ridotta, si riuscì ad ottenere un effetto simile a quello conseguito oltre mezzo secolo prima nel porto di Filadelfia.

Un accenno alla Teleportazione. Essa è ammessa o prevista sia dalla fisica quantistica che dalla teoria della relatività generale. Viene definito teletrasporto quantistico il fenomeno di apparente azione istantanea a distanza. L' evento riguarderebbe le particelle subatomiche, in particolare quelle dotate di massa zero, come il fotone (o il gravitone) capaci di muoversi a velocità uguale o superiore a quella della luce (il takione).

Con il teletrasporto quantistico non è il corpo ad attraversare lo spazio-tempo che separa il punto di partenza e di arrivo, ma un'onda che porta l'informazione contenuta nel corpo, per "ricomporre" la massa nel punto di arrivo. È importante rilevare che non si tratta di due entità separate, ma della stessa onda corpuscolare che, senza abbandonare la propria posizione di partenza proietta la propria informazione nel punto di arrivo (in una specie di copia-incolla). Giacché, la Meccanica Quantistica postula che una particella di energia possa essere presente qui e là nello stesso momento, senza per questo scindersi. Questa possibilità dipende da un altro postulato: che una particella possa viaggiare/proiettarsi a una velocità superiore a quella della luce. **(3)**

---

(3) si veda anche il paradosso di Einstein-Podolsky-Rosen. In questo caso, si avrebbe un punto materiale, il quale attraversando un ponte di Einstein-Rosen -una costruzione matematica- entrerebbe in una deformazione dello spazio-tempo, che avvicinerebbe di molto i punti di partenza e di arrivo).
La relatività generale afferma che lo spazio-tempo risulta deformato all'osservatore se la velocità è prossima a quella della luce o in presenza di campi gravitazionali: velocità o gravità si possono usare per "accorciare" i tempi di viaggio per enormi distanze nello spazio e nel tempo. Il teletrasporto quantistico agisce sulla velocità, i ponti di Einstein-Rosen sulla gravitazione.)

I FONDATORI EXTRADIMENSIONALI DI ATLANTIDE
E IL MODELLO NULLO DI STURROCK

Torniamo ora ai visitatori extraterrestri fondatori della civiltà di Atlantide. Alla luce delle possibilità teoriche di teletrasporto della materia sopra illustrate, possiamo pensare a una spedizione scientifica giunta, da un'altra stella o costellazione, nel mitico continente utilizzando la teleportazione quantistica. **(1)** Ciò che implica, oltre a un livello tecnologico avanzatissimo, anche l'esistenza di dimensioni superiori alla nostra 3D (si veda la teoria di J.C. Maxwell). In merito alla possibile dematerializzazione/rimaterializzazione citiamo il "modello di ordine nullo" del fisico P.A. Sturrock. Tale modello ipotizza un'estensione del nostro spazio-tempo quadridimensionale a un iperspazio a cinque e più dimensioni, del quale l'universo a noi conosciuto sarebbe una sezione quadridimensionale.

In questo modello, gli Ufo riuscirebbero a introdursi nel nostro spazio-tempo, o ad uscirne, utilizzando una finestra o piega dimensionale in grado di far passare solo una porzione prestabilita dell'intera gamma dello spettro elettromagnetico. In altre sezioni di questo iperspazio i nostri attuali concetti di spaziotempo, forza, energia, inerzia e causalità, materia, potrebbero non giocare alcun ruolo, dice Sturrock, o risultare assai modificati. Un universo fisico così esteso può ammettere velocità di movimento e di comunicazione superiori a quella della luce, considerata ancora il limite invalicabile dalla fisica odierna. **(2)**

---

(1) – *per immaginare visivamente l'evento si ricordi il film Matrix, dove il protagonistia Neo, restando nella base sotterranea reale, e concentrandosi col pensiero- si proiettava nel mondo virtuale esterno.)*
(2) *citato da Roberto Pinotti, "Ufo Top Secret" (1995);*

Dunque esseri extradimensionali, proiettati a velocità superluminali, potrebbero essersi introdotti nella nostra frequenza vibrazionale lenta e apparire nel territorio di Atlantide, con quale aspetto? Il veggente Cayce non lo dice, ma interpretando i suoi racconti possiamo immaginare che gli scienziati ET, partendo da una base materica (a loro somiglianza), procedettero a degli esperimenti di ingegneria genetica, i quali andarono avanti, forse millenni, sino ad ottenere una specie corporea, la specie umana, la quale, sotto la guida o governo ET, sviluppò (in circa 100mila anni) una civiltà progredita scientificamente. Cayce, dialogando in sonno con le entità atlantidee, riferisce di città, Poseidia la capitale, dotate di centrali energetiche alimentate da raggi cosmici, mediante una tecnologia di accumulazione in misteriosi cristalli sfaccettati. Tale energia (forse elettromagnetica) alimentava le attività della comunità atlantidea e forniva propulsione a mezzi di trasporto aerei e anfibi. Interpretiamo il linguaggio favolistico di Cayce. Nel frattempo, si erano stabilite classi sociali basate sul grado di spiritualità conservato, ovvero sulle caratteristiche originarie della razza extradimensionale fondatrice – la capacità di smaterializzarsi e rimaterializzarsi- e la fedeltà alla Legge dell'Uno, il cui principio cardine era (nel racconto di Cayce) la Coscienza Universale, tecnicamente, la connettività con l'Energia Creatrice del Cosmo. Vi era così una classe sacerdotale (sovente guidata da figure femminili) che fungeva da Autorità religiosa, organizzando la ritualità della Legge dell'Uno; ma con funzioni altresì politiche: una Sinarchia oligarchica che rispondeva al Governo Centrale situato fuori di Atlantide (e della Terra) col quale la Gran Sacerdotessa comunicava mediante misteriosi cristalli.

Al di sotto di tale oligarchia religioso/politica si situavano i lavoratori manuali. Vi era però una classe intermedia costituita da elementi ideologicamente misti, gruppi fedeli alla Legge dell'Uno e gruppi interamente votati alla materialità, ai piaceri che ne derivavano, i quali erano considerati un pericolo per la stabilità sociale. Si chiamavano i Figli di Belial.

Quel che avvenne: la civiltà di Atlantide, caratterizzata da una esistenza armonica e felice, perché connessa con l'energia cosmica, aveva raggiunto il suo apice e splendore (circa 500mila anni fa) quando i gruppi dissidenti materialisti, i Belial, cominciarono a imporre la loro ideologia mondana, contro la dottrina spiritualista, finché riuscirono gradualmente a prendere il potere politico/religioso; in ciò aiutati forse da una fazione eversiva del Governo Centrale Esterno (o da un gruppo straniero). Chi erano? Qui dobbiamo deviare dalla narrazione esoterica di Cayce e introdurre una testimonianza storica, la civiltà di Sumer, in Mesopotamia. Partiamo dall'emblema teocratico della civiltà tra i due fiumi, il serpente. (Senza riferirsi a Sumer, anche Cayce accenna a una prima apparizione degli Esseri etericI di Atlantide in forma di serpenti.) Il serpente in Sumer era il simbolo di An, il supremo dio del cielo, il capo degli dèi Sumeri, gli Anunna, i "Figli del Cielo", nella più tarda lingua semita detti gli AN-UNNAK-I, "Coloro che dal cielo scesero sulla Terra"; ed i "Din-Gir", "I Giusti sui razzi scintillanti".

Nelle tavolette di Ninive (la capitale del regno Assiro) la terra dei più antichi Sumeri è detta Klen.Gir, "la terra del Signore dei Razzi scintillanti" o "la terra dei Guardiani", indicativo dell'attitudine alla sorveglianza esercitata evidentemente da tali divinità, chiunque fossero. **(3)**
Come si constata, questi Anunnaki giunsero a Sumer (nel sud della Mesopotamia) su delle astronavi, probabilmente da Sirio, la stella venerata dai Sumeri (e dagli Egizi). Si tratta degli stessi Esseri eterici fondatori di Atlantide, ritornati fra i superstiti, i Sumeri, dopo la sua distruzione, o di stranieri nemici degli Eterici? Ci torneremo.

---

(3) Gli Anunnaki erano per i Sumeri il simbolo dell'energia cosmica e la griglia (il serpente primordiale) energetica che circonda la Terra. Vedi anche Gli Illuminati all'Assalto dell'Europa, vol. 2 pag. 156-57 L'Era dell'Acquario (Teosofia);

---

500 mila anni prima intanto in Atlantide, i Belial -che potremmo già individuare come i futuri Illuminati, cioè gli eletti alla Conoscenza- perpetrarono un colpo di stato, che ebbe il suo compimento in un atto tecnologico sovvertitore gravissimo: la disconnessione energetica di Atlantide dal Governo Centrale Extradimensionale, e di conseguenza dall'Energia Creatrice del Cosmo: si era infranta la Legge dell'Uno, la sua Armonia. Quel che seguì.

IL DISTACCO DALLA CONNESSIONE COSMICA
E
LA DISTRUZIONE DI ATLANTIDE

L'atto di guerra dei Belial fu una ùbris, una violazione etica e religiosa, (densa di conseguenze determinanti   per l'umanità, come vedremo) attuata manomettendo il gigantesco Cristallo della centrale energetica di Poseidia (dotata di una potenza paragonabile a molte bombe nucleari). Il primo effetto fu un terremoto di proporzioni tremende nel continente e poi a catena, una serie di maremoti che lo sommersero in parte e lo frammentarono in cinque isole (narra Cayce).   Cominciarono le migrazioni degli abitanti di Atlantide; nello Yucatan, in Egitto, nella Penisola Iberica, in Marocco. Questi trasferimenti di massa furono effettuati con grandi aerei (con motori ad energia particellare cosmica.) **(1)**

----

(1) *Cayce parla semplicemente di raggi cosmici la cui energia veniva accumulata in un grande Cristallo. La fisica astronomica attuale ci spiega che esistono raggi cosmici ad altissima energia, tali particelle sono emesse dai nuclei galattici attivi (AGN), ovvero da buchi neri superrmassicci ivi situati);*

Lo scopo della migrazione, oltre che di carattere esistenziale, era quello di portare la Legge dell'Uno, quel che ne rimaneva, in terre lontane. Se ne occupò la nuova classe politico/sacerdotale. Ma, quel che importa è qui rilevare come proprio tale Legge, per quello che abbiamo riferito prima, fosse stata tradita e snaturata. La nostra interpretazione è che la Legge, Parola creatrice dell'Armonia Cosmica -che non concepiva gli Opposti né il Male- era stata violata e in essa introdotta una nuova idea, la nozione che il Cosmo fosse governato dal principio della Contrapposizione, il Bene opposto al Male, il Femminile al Maschile, la vita alla morte, etc. Di qui l'avvento della sofferenza come necessità: questa l'inedita dottrina −e realtà- imposta dal Nuovo Gruppo di Potere

Belial. Perché? per rompere ogni rapporto con il Governo Centrale (la Madrepatria Extradimensionale) e impadronirsi della Terra. Una rottura–il distacco del Grande Cristallo dalla Connessione Cosmica– che concepita probabilmente come temporanea, diverrà irreversibile, decretando l'isolamento del Pianeta e la decadenza della progredita civiltà atlantidea. E' a partire da questo momento, proviamo a ipotizzare, che comincia la politica espansionistica di Atlantide verso le terre dell'Est del globo, conquistando e sottomettendo i radi popoli fino al Mediterraneo. Troviamo cenni di questo processo, che si svolge in centinaia di migliaia di anni, nei readings (conversazioni) di Cayce con diverse entità che ebbero ruoli dirigenziali in Atlantide nell'arco temporale delle altre distruzioni da essa subite in seguito, per cause naturali.

Ora, prima di proseguire nel nostro racconto, è utile sapere che l'esistenza di Atlantide, indagata da moltissimi scrittori e studiosi, venne in qualche modo dimostrata dal ritrovamento di un tempio sommerso nella sabbia, nel fondale oceanico al di sotto e a nord dell'isola di Bimini, nel 1968.

Questo ritrovamento era stato profetizzato da Edgar Cayce sin dal 1924, quando egli annunciò che i resti di Poseidia (la capitale atlantidea) sarebbero riemersi tra il 1968 e il 1969. **(2)**

----

(2) *cfr. Charles Berlitz, "The Mystery of Atlantis" (1976). Sembra che la spedizione archeologica oceanografica sia stata impedita dal disseppellire il tempio di Bimini con la motivazione, opposta dalle Autorità locali, della protezione flora/faunistica, cioè l'intangibilità della barriera corallina che ricopre il fondale. Un divieto che potremmo spiegare con la pressione di certe lobby accademiche, interessate a proteggere teorie sulla preistoria terrestre in contrasto con una mole ormai di evidenze archeologiche indicanti, se non comprovanti l'esistenza di remote civiltà sul nostro pianeta).*

Dalle narrazioni cayciane emerge che tra i diversi territori nei quali la popolazione atlantidea trovò rifugio, l'Egitto divenne la provincia più importante, quella nella quale i governatori (emissari dell'impero centrale) cercarono di ricostruire le tradizioni della madrepatria, diffondendo la riformata Legge dell'Uno e le relazioni con le Forze Superiori. Con questa locuzione deve intendersi il legame spirituale/energetico con i Creatori eterici della razza-radice atlantidea. E' possibile che i Creatori fossero esseri intelligenti costituiti di particelle forse fotoniche, esseri di luce (come tramandano certi racconti della mitologia induista e cinese) che possedevano la capacità di materializzarsi assumendo una forma prescelta; in alternativa, esseri corporei capaci di materializzarsi e smaterializzarsi, passando da una frequenza all'altra dello spettro elettromagnetico, come noi cambiamo frequenza alla radio girando la manopola. Per spiegare meglio questo concetto dobbiamo rivolgerci nuovamente alla scienza, cominciando da J. C. Maxwell. Nelle sue equazioni (del quaternione) il padre della Fisica moderna ipotizzava un iperspazio in una quarta dimensione e argomentava che il solo modo per risolvere certi problemi in fisica fosse spiegare alcuni fenomeni come riflessioni in 3D di oggetti esistenti in dimensioni spaziali più alte. Su questa base diversi scienziati, fra cui David Bohm e il neurofisiologo Karl Pribram, hanno avanzato la tesi che l'Universo sia una specie di gigantesco ologramma, un caleidoscopio dettagliato a tre dimensioni. Tutto ciò che in esso è contenuto, dalle stelle alle particelle subatomiche, a noi stessi, sarebbe una manifestazione di figure fantasmatiche proiettate da un'altra dimensione, o da più dimensioni, situate al di là dello spazio e del tempo come noi li conosciamo.

Viene alla mente la frase di Shakespeare "noi non siamo che ombre di un sogno"; ed anche il mito della caverna, di Platone. **(3)**   -In questa prospettiva i visitatori eterici di Atlantide appaiono meno incredibili e risultano come un'informazione scientifica fornita, in chiave mitica, al veggente (negromante) Cayce, dalle entità un tempo vissute in Atlantide. **(4)**

----

(3) Come i Presocratici, Platone riteneva che "gli uomini vivono in un mondo di false apparenze e false credenze. La vera realtà è nascosta" e quella che gli uomini vedono è paragonabile ad ombre proiettate sulla parete di una caverna);
(4) Va detto che gli studi classici su Atlantide (I. Donnelly, Lewis Spence, W.

Scott-Elliot) cercano di raccontare l'ultimo periodo della remota civiltà, un'Atlantide quasi postuma, che mantiene come principale punto di riferimento la narrazione di Platone. L'Atlantide che a noi interessa è quella degli inizi e della sua fase più evoluta spiritualmente e tecnologicamente (come ce ne riferisce Cayce).

Gli Anunnaki arrivano dal Pianeta Nibiru

Abbiamo detto che gli Atlantidei, dopo la frammentazione del loro continente, avvenuta in più fasi, ripararono soprattutto ad Est. La migrazione più significativa fu quella occorsa dopo l'ultima catastrofe, circa 80 mila anni fa, **(1)** associata al mito del diluvio universale, comune a pressoché tutte le civiltà, a cominciare da quella stabilitasi nella regione di Sumer, Mesopotamia del sud.

La civiltà sumera "vi apparve 6000 anni fa, come dal nulla ", ritiene il sumerologo Zecharia Sitchin ("*Genesis Revisited*" (1990). Noi invece avanziamo l'ipotesi che essa fosse molto più antica, e che solo la sua fase di maggiore evoluzione risalga a 6000 anni. **(2)** Per parlare della civiltà di Sumer, dobbiamo tornare indietro ancora ad Atlantide; sono i testi sumeri, le famose tavolette di argilla (un migliaio di rettangoli di pezzi, scoperti nel secolo XIX) a ricondurci nel continente perduto, narrandoci di come i Sumeri siano i discendenti di quella civiltà sommersa nell'Atlantico e che gli dèi Anunnaki, fondatori della civiltà sumera, erano stati i dominatori di Atlantide, dove "portarono la vita"; ne desumiamo che praticarono esperimenti di genetica sulla razza atlantidea. Si trattava (tornando a Cayce) della Prima Razza radice.

----

(1) cfr. W. Scott-Elliot, "Story of Atlantis" 1896);

(2) – tuttavia, Sumer non è la più antica civiltà storica. Mohenio Dharo, in India, viene dagli archeologi fatta risalire a 8000 anni fa);

Siamo a circa 445000 anni fa, spiega il sumerologo Sitchin, decifrando i testi sumeri, quando Nibiru, il pianeta di provenienza degli Anunnaki, si avvicinò alla Terra, così da permettere agli ET di scendervi. Nibiru, (la cui esistenza è stata ammessa dalla Nasa, che dai primi anni '80 vi punta i propri telescopi a infrarossi) si trova ben oltre il nostro sistema, dopo Plutone. Le sue dimensioni sono quelle di Giove; la sua posizione, nella direzione di Orione, **(3)** lo rende generalmente invisibile, ma percepibile dal telescopio a infrarossi orbitale Iras (Infrared Astronomical Satellite) nell'emisfero meridionale.

Per i Sumeri era "il pianeta dell'attraversamento", perché riappare intorno (e dentro) il nostro sistema solare ogni 3600 anni terrestri. Questa ciclicità, certo da dimostrare, sarebbe una caratteristica davvero singolare per un pianeta, che per i Sumeri era il 12°, annoverando essi fra i corpi celesti anche la Luna e il Sole. Che cosa pensare di un bolide 11 volte le dimensioni della Terra, che ritorna periodicamente nel nostro sistema solare (attualmente è a 80 miliardi di chilometri, notizie Nasa) se non che forse è pilotato dai suoi progrediti abitanti? E come spiegare l'interesse di questi per il nostro piccolo pianeta? I testi sumeri rispondono l'oro, alludendo agli scavi compiuti dagli Anunnaki in sud Africa, che ne è ricco. Sitchin spiega l'interesse per quel metallo con la necessità di sospenderlo nell'atmosfera di Nibiru, per schermarla dalle radiazioni cosmiche. In verità gli Anunnaki viaggiavano anche in altri pianeti e complessi stellari (Sirio, Orione) e Alpha Draconis, costellazione dalla quale prendono il nome di Draconiani; tutti luoghi dove avrebbero potuto rifornirsi di oro e d'acqua. Ma questo non sarebbe comunque bastato, essendo Nibiru un pianeta destinato a diventare inabitabile, da una specie antropomorfa, sembra di capire, in via di estinzione, gli Anunnaki, la più antica razza nella nostra galassia (cfr. Alex Collier, *"Defending sacred ground" (1990).*

Ecco allora la loro prima visita sulla Terra, 445,000 anni fa, nella paradisiaca Atlantide, dove trovano quella razza così giovane, la Razza radice originaria, metà eterica, metà corporea, secondo i dettami della Legge dell'Uno e secondo il progetto dei Creatori Eterici. I vecchi Anunnaki di Nibiru vedono la soluzione ai loro problemi. Dovevano ibridarsi con i terrestri atlantidei e impadronirsi della Terra.

---

(3) dunque Nibiru potrebbe far parte della costellazione di Orione);

Gruppo invasore rispetto al Governo Centrale Esterno (Le Forze Superiori) gli Anunnaki, dopo aver stabilito la loro base nel continente, si infiltrano nella popolazionr come scienziati e introducono una filosofia materialistica, volta ad esaltare la fisicità.

L'idea diventa ideologia, che fa proseliti e porta alla costituzione di un movimento o partito dei Belial, una classe sacerdotale maschile, che si pone come alternativa alla classe sacerdotale ortodossa spiritualista femminile. **(4)** Avvengono cambiamenti che richiederanno almeno un millennio. In questo tempo, grazie all'ideologia corporalista anunnake, gran parte della popolazione atlantidea si è convertita alla fisicità, consolidando tratti umani e abbandonando via via la dimensione spirituale/eterica. Già 400 mila anni fa questa specie aliena (che alcuni studiosi reputano di origine genetica serpentina) **(5)** esercitò l'astuzia del serpente persuadendo un popolo a sottomettersi, con la menzogna, proprio come avviene con i governanti attuali.

---

(4) - Disegni rupestri di età preistorica rinvenuti nelle montagne del Caucaso e nel Turkestan, indicano, secondo il mistico Gurdjeff, l'esistenza di scuole misteriche già circa 40 mila anni fa. Che tali scuole avessero origine in Atlantide lo sostiene il noto storico frammassone Manly P. Hall, il quale riferisce come in Egitto i maghi neri di Atlantide esercitassero i loro poteri iperumani fino a minare e corrompere la morale dei misteri originari. Questi maghi usurparono le posizioni del potere religioso e presero le redini spirituali dello Stato. In tal modo la magia nera si sostituì alla religione. Una nuova casta sacerdotale prese il sopravvento, ‹e il faraone divenne un burattino nelle mani del Concilio Scarlatto›;

(5) i testi sumeri si riferiscono a volte ai loro dèi Anunnaki come a dei serpenti. Ma è da ritenere che si tratti di un equivoco generato dall'equipaggiamento di quei lontani astronauti, che quando atterrarono in Mesopotamia, circa 50 mila anni fa, indossavano probabilmente tute aderenti anfibie (si pensi ai nostri sommozzatori) e che, avvedendosi del timore che questo loro aspetto suscitava tra i primiviti umani Sumeri, ne approfittarono per soggiogarli senza usare violenza);

Il potere degli Anunnaki si consolida fino a prendere il sopravvento per il tramite del partito Belial (i futuri Illuminati) i quali assumono il comando in Atlantide, (senza incontrare opposizione nell'Autorità sacerdotale femminile). **(6)**

Manovrati dal gruppo anunnake, i Belial instaurano un regime politico/religioso oligarchico (sinarchia). Forti del loro prestigio, e del potere scientifico›tecnologico superiore, gli Anunnaki riescono a imporre poi alla popolazione (con un pretesto convincente) degli esperimenti di genetica. Rifondare la Razza Radice umana esigeva privarla dei suoi poteri legati all'origine eterica -cioè la capacità naturale di passare da una frequenza elettromagnetica lenta 3D, alle altre veloci. Gli Anunnaki intervennero innanzitutto sulla capacità di commutazione elettromagnetica della Prima Razza, disattivandola e isolando la struttura e la funzionalità fisico/biologica, quindi operarono sul Dna atrofizzandone la maggior parte, riducendo a due le 10 eliche originarie **(7)** e, fattore chiave, inserirono nel nuovo programma un codice: la capacità percettiva sensoriale, in sostituzione della percezione extra-sensoriale atrofizzata, che permetteva alla Prima Razza di conoscere la realtà vera, quella invisibile.

I cinque sensi avrebbero avuto un terminale nel cervello, che avrebbe decodificato invece una realtà apparente e illusoria –quella in cui viviamo tuttora. (v. D. Bohm e K. Pribram, in *"The Holographic Universe"*, di M. Talbot).

---

(6) siamo in una fase vergine in cui non esiste il concetto di male, di opposizione o di guerra, l'essere umano vive in un Eden, come tramanderanno miti e religioni);

(7) il genoma umano è costituito per il 95% di parti che i biogenetisti chiamano frattaglie, intendendo che non servano a nulla. Data la quantità di materiale, più ragionevole sarebbe invece ipotizzare che si tratti di funzioni atrofizzate, che un tempo avevano un uso importante, ad esempio riparare le cellule danneggiate o invecchiate, prolungando la nostra vita giovane; connetterci con altre frequenze vibrazionali veloci, per viaggiare nel tempo, etc.);

La futura specie terrestre, così depotenziata, sarebbe stata sotto il completo controllo anunnake, come un gregge di pecore in un recinto. Da ora in poi la trasmissione dei nuovi caratteri ereditari produrrà una seconda razza atlantidea definendone i tratti umani, coi loro limiti, che passeranno nei millenni alla quarta e alla quinta razza, la nostra attuale. **(8)** Gli esperimenti degli Anunnaki faranno nascere anche delle sottorazze adibite a mansioni subalterne (come ad esempio scavare miniere in cerca di metalli preziosi, oro, ma anche acqua) sono le razze scure o rosse, che si spargeranno nelle Americhe e in Asia, future colonie atlantidee.

Troviamo accenni a questa creazione di uomini da parte degli Anunnaki-draghi nelle leggende zulu del sud Africa; la descrizione induce il sospetto di una fabbricazione in vitro di questi esseri, poi messi in incubatrici e sfornati dopo poche settimane, già adulti!
Se i Sumeri descrivono gli dèi Anunnaki come serpenti e le fiabe degli Zulu sudafricani come draghi volanti dagli occhi rossi paralizzanti, questo si deve verosimilmente ad un equivoco generato dai loro equipaggiamenti: tute aderenti di astronauti, probabilmente anfibie, e capo coperto da scafandri provvisti di proiettori laser, coi quali illuminare l'ambiente sconosciuto dove atterravano e con una funzione offensiva, se necessario.
E' opportuno qui fare un inciso e dire che gli Anunnaki di Nibiru e le altre specie aliene che nel corso del tempo hanno visitato la Terra (dalle Pleiadi, da Sirio, da Venere, da Marte) possedevano carnagione chiara, capelli biondi e occhi azzurri (come riportano molte leggende in ogni parte del globo) La statuaria egizia e i bassorilievi sumeri ritraggono divinità e re dalla fisionomia che noi troviamo oggi in nord Europa; sono le prime due razze atlantidi, la casta nobile e regale, ibridate con quella annunnake; razze che colonizzeranno l'Egitto, la Mesopotamia e l'India, incrociando la civiltà di Lemuria, alla quale mescoleranno la cultura di Atlantide, come vedremo.

---

(8) *per la creazione delle razze umane cfr. "La Dottrina Segreta", di H. P. Blavatsky);*

La creazione (in vitro) della razza zulu in sud Africa è documentata dal capo Zulu Credo Mutwa, che riporta in un libro le leggende del suo popolo, confermando i testi sumeri. (cfr. Z. Sitchin, op. cit.) Mentre i tratti nordici dei dominatori Anunnaki di Atlantide, sarebbero confermati dalle leggende degli indiani del nord America, nonché dei popoli amerindi del centro-sud America,　i quali ricordano i loro creatori come divinità bionde provenienti da est, Atlantide. (cfr. Charles Berlitz, *The Mystery of Atlantis*).

LA DISCONNESSIONE DEL CRISTALLO ENERGETICO E LA SVOLTA NELLA REALTA' ILLUSORIA

Sin dalle sue prime *letture* (comunicazioni in trance) con le entità un tempo abitanti in Atlantide, Edgar Cayce riferisce di un grande Cristallo che forniva l'energia (raggi cosmici) al continente e che era collegato alle Forze Superiori (i Fondatori di Atlantide). Abbiamo narrato del colpo di mano dei Belial, la casta sacerdotale/politica manovrata dagli Anunnaki per impadronirsi della Terra. La presa del potere avrà il suo coronamento proprio con la manomissione del Cristallo. Al di là di quanto racconta Cayce, a proposito del suo uso nel fornire energia alle attività del popolo di Atlantide, si può intuire che la sua importanza riguardasse la geofisica del continente.

Sono i Sumeri, gli eredi dei profughi atlantidei a suggerircelo, identificando gli Anunnaki di Nibiru con la griglia energetica che avvolgeva (e avvolge) la Terra, dicono i loro antichi testi. Una relazione che essi esprimono rappresentando un serpente (simbolo degli dèi Anunnaki) avvolto intorno al globo terrestre. Cosa significa questo, se non attribuire agli Anunnaki, incredibilmente, un potere *fisico* sulla Terra? il potere di influire su questo campo di forze (terminologia della fisica moderna) che in effetti avviluppa il nostro, come tutti i corpi celesti.

E' questa una relazione che i Sumeri hanno appreso dagli stessi Anunnaki, le cui gesta riportate nelle note tavolette si riferiscono in gran parte alla loro dominazione in Atlantide, non come erroneamente si crede, alla loro assai tarda dominazione in Mesopotamia **(1)** dove ritroveranno, e soggiogheranno, le genti del continente perduto, riparate in Sumer. **(2)**

Cosa narrarono gli *dèi* Anunnaki ai discendenti della razza da essi manipolata fra 400mila e 50mila anni prima?   Possiamo solo presumerlo, poiché di questo non sembra esservi traccia nei testi sumeri. Narrarono gli Anunnaki di un Cristallo in Atlantide, **(3)** la cui carica energetica era tale da comunicarsi all'intero pianeta Terra, simile a un'aura invisibile.

Sull'origine di questo Cristallo (andando oltre quel che ne riferisce Cayce) possiamo ipotizzare che esso fosse uno stabilizzatore gravitazionale ed elettromagnetico **(4)** installato dai fondatori Eterici di Atlantide (c.a un milione di anni prima) per sopperire alle anomalie dell'orbita lunare, causa di maremoti e inondazioni sulla Terra, specialmente in quell'area. Circa 500mila anni dopo, gli Anunnaki, avendo preso il potere   in Atlantide (coi Belial) comprendono che se vogliono avere il controllo del continente e del pianeta, devono interrompere la connessione del Cristallo con la griglia esterna al pianeta, connessa a sua volta con le Forze Superiori (i Fondatori luminali di Atlantide). **(5)**

---

(1) - *si veda la lunga   lista dei re sumeri, che sono in gran parte i re dell'impero atlantideo, cfr. Boulay, "Flying Serpents and Dragons");*
(2) *20 mila tavolette furono scoperte negli scavi di Ninive e di altre città della Mesopotamia dal XIX secolo in poi);*
(3) *sull'esistenza e l'uso strategico dei cristalli creatori di forti campi elettromagnetici in antico, si veda il mito di Zu-en, nelle tavolette sumere, cfr. Z. Sitchin, op. cit.);*
(4) *La teoria della relatività generale descrive il campo gravitazionale in termini geometrici usando la nozione di curvatura dello spaziotempo; La teoria classica newtoniana venne superata nel XX secolo dalla relatività generale di Einstein, in cui la gravità non è più vista come una forza, ma è il risultato della geometria dello spaziotempo.);*
(5) *- Nell'iconografia sumera futura questa energia universale è rappresentata da un serpente o drago le cui spire costituiscono innumerevoli linee energetiche. Tali linee (corrispondenti forse ai meridiani terrestri) incontrandosi in punti vorticali, sarebbero, secondo gli occultisti, porte di accesso ad altre dimensioni; cfr. David Icke, The Children of Matrix);*

la Griglia energetica che avvolge la Terra

Gli Anunnaki manomettono perciò l'accumulatore energetico, forse ignorando, o sottovalutando le conseguenze del loro atto, che sulle prime non sembrano esserci. Trascorrono infatti diversi millenni, in cui la vita continua in Atlantide e gli Anunnaki vedono i frutti dei loro esperimenti genetici; una terza razza umana si è sviluppata, con a capo una casta regale e nobile, prodotto dell'ibridazione con la specie anunnake; mentre sottorazze (di pelle forse scura) sono adibite a lavori subalterni (va compreso che gli Anunnaki avevano (ed hanno) una spiccata concezione gerarchica della società). Ma un giorno ecco un'inondazione spazzare via le coste della regione di fronte all'attuale Brasile.

La Luna, posta sotto osservazione, rivela delle anomalie. Maremoti ed uragani si ripetono in misura sempre più grave, inabissando pezzi del continente atlantideo, con perdita di migliaia di vite umane. Posto che venga esclusa la possibilità di riconnettere il Cristallo con la griglia esterna al pianeta (Cristallo la cui funzione è rimasta quella di fornire energia al continente) il governo, cioè la casta regale, decide di evacuare se stessa, la casta sacerdotale, la nobiltà e i loro servi. Un editto viene emesso per informare la popolazione che è necessario trasferire parte di essa in altri continenti onde preservare l'antica Legge dell'Uno e le origini di Atlantide. (cfr. Edgar Cayce, le *Letture*).

Contestualmente, proprio tale Legge, basata sull'Armonia dell'Universo (risalente agli antichi Fondatori Luminali) viene riformata introducendo l'idea di una *ùbris*, una colpa di cui si sarebbe macchiata l'umanità (atlantidea) con la manomissione del Cristallo, interrompendo così l'unità e armonia originarie con le Forze Superiori (il Cosmo). Ciò comporta, dimostrato dagli uragani e maremoti portatori di morte, che il Male è entrato nell'esistenza umana e che per ritrovare l'Unità originaria con lo Spirito Creatore (il Cosmo) l'umanità dovrà accettare di espiare la colpa attraverso la sofferenza in una serie di reincarnazioni volte a *purificarla* e a liberarla dal male. Questa idea della *Caduta* dell'uomo, è la base delle dottrine religiose che si diffonderanno in ogni parte del mondo, a cominciare, in Asia, dalla più antica, quella induista. (**6**)

Ed è anche la strategia –menzognera- su cui si sosterrà il Potere (manovrato dagli Anunnaki) sulla Terra, cioè la dottrina degli Opposti, originariamente sconosciuta nell'Eden, qui chiamato Atlantide. Per difficile che sia da credere, il Male introdotto sulla Terra dagli Anunnaki, con il distacco del Cristallo, comincia assai prima con la manipolazione del Dna della prima razza umana. Come abbiamo già descritto, la realtà che noi esperiamo è *un'illusione* dovuta ai nostri cinque sensi, alla struttura e fisiologia del nostro cervello, prodotto di quella manipolazione compiuta dagli Anunnaki. Ne consegue che anche il male e la sofferenza, cominciati in Atlantide, sono un'illusione a cui ci costringono gli Anunnaki, tuttora tra noi, dominatori di questo pianeta. Quale sia il loro fine lo vedremo più avanti. (nota – cfr. David Icke, *"Figli di Matrix"*, e Alex Collier, *"Defending Sacred Ground"*).

----

(6)– *la dottrina induista, in modo più preciso, fa derivare la Caduta dell'uomo dal venire in esistenza; un atto, la nascita, col quale l'essere di pura energia, divenne (e diventa) materia, staccandosi dal Brahman, il Creatore Cosmico. Si tratta di una concezione formidabile, che esprime con un linguaggio mitico un fatto, l'origine e la realtà della materia (intelligente), che la fisica quantistica ha intuito, ma non ancora dimostrato sperimentalmente);*

Gli Anunnaki Instaurano il loro Dominio sulla Terra

Dominatori di Atlantide, Poi della Mesopotamia

Cominciano i trasferimenti degli atlantidei su grandi aerei che li portano a gruppi nello Yucatan (estrema punta del Messico) nei futuri Marocco, Spagna, Egitto. In quest'ultimo territorio, con la parte scelta della società atlantidea, viene stabilito un governatorato di alti sacerdoti, che fonderà una proto-dinastia, la quale poi divinizzata dal popolo, darà origine al culto del dio Ra (il sole) e di Iside. (cfr. Edgar Cayce, le *Letture*). La catastrofe colpirà Atlantide e farà migliaia di vittime -quelli che non si è potuto o ritenuto di porre in salvo- considerando che 400‹350 mila anni fa la popolazione mondiale doveva contare uno o due milioni di anime nell'evoluta Atlantide e poche centinaia di altri umani, sparsi qui e là nel continente europeo e in quello asiatico, in orde dotate di forme rudimentali di civiltà. Ma quale fu l'entità del cataclisma che spezzò il continente di Atlantide in cinque isole?

Ce ne riferisce Peter Kolosimo, il quale in più di un suo saggio (*"Pianeta sconosciuto"*, *"Terra senza tempo"*) rievoca leggende maya che narrano della caduta della Luna nell'oceano Atlantico. Un evento che sembra trovare conferma da parte dei geologi, i quali hanno ravvisato l'impronta di tale impatto nel fondale oceanico corrispondente all'area del mitico continente. La Luna, attratta dalla gravitazione terrestre finì per precipitarle addosso, cogliendola forse solo di striscio, ma provocando comunque l'inabissamento di gran parte di Atlantide. Ancora Kolosimo ci ricorda che la Luna, l'attuale, sembra avvicinarsi a noi, (forse a causa del rallentamento della rotazione terrestre di 1 secondo per secolo) e che essa sarebbe in teoria destinata −con le sue note anomalie- a ripercorrere il destino delle precedenti 3 lune. Difatti, quella che vediamo in cielo all' incipit di questo terzo millennio sarebbe la quarta Luna. Che ne fu delle altre due? Gli Anunnaki, Signori della Terra, potrebbero dircene qualcosa.

Ma riprendiamo il nostro racconto delle vicende di Atlantide. La prima catastrofe, circa 350 mila anni fa **(1)** segnò una battuta di arresto nella progredita civiltà atlantidea. Sarebbero occorsi 100 mila anni perché la classe dirigente atlantidea, i discendenti ibridati degli Anunnaki, riprendessero le fila del loro stadio scientifico- tecnologico. Essi erano riusciti a preservarlo in parte, trasferendosi su altre stelle e pianeti; Sirio (la stella più vicina alla Terra, 9 anni luce) e Marte. Della prima importa ricordare che sarà, insieme a Orione, la stella oggetto di culto dei Sumeri e degli Egizi, in quanto origine delle loro divinità, sempre gli Anunnaki, che gli Egizi chiamavano i Neturu, gli dèi primigeni.

Di Marte è interessante ricordare che El Cairo, denominazione araba ricavata certo da un geroglifico egizio, significa *Marte*. La Nasa ha a lungo negato e infine ammesso la possibilità che le foto scattate negli anni settanta, prima dal Mars orbiter e poi dalle sonde Viking e trasmesse ai suoi laboratori, ritraessero manufatti, i quali avevano una rassomiglianza inquietante con le piramidi egiziane;
inclusa, una faccia gigantesca avvistata nella zona del pianeta detta *Mare di Cydonia*, evocante il volto della Sfinge di Giza. Nel suo libro *"Dark Mission"* (2007) Richard Hoagland illustra la corrispondenza matematico-geometrica rilevata fra la posizione e la struttura delle *piramidi*, della *Faccia* di Sfinge su Marte, nella nota zona di Cydonia, con la posizione delle piramidi e della Sfinge egiziane sulla Terra.
Sono queste informazioni utili a sostegno della nostra tesi che gli Anunnaki e la loro stirpe umana, profughi da Atlantide, abbiano fondato una civiltà su Marte. **(2)**

----

(1) – *W. Scott-Elliot, nel suo "Story of Atlantis" (1896) propone quattro datazioni per quattro distinte catastrofi subite da Atlantide: la prima e più grave 800mila anni fa; la seconda 200mila anni fa; la terza 80mila anni fa; la quarta circa 11mila anni fa, riportata da Platone nel Timeo e nel Crizia);*
(2) – *Al di là di come potessero essere le condizioni di vita su Marte 200 mila anni fa, sembra che il pianeta rosso non sia affatto un pianeta morto, ma che sia circondato attualmente da un'atmosfera rigogliosamente azzurra, sotto la quale brune colline chiazzate di verde e rigate da corsi d'acqua si stagliano. La famosa Faccia è una specie di cittadella che ospita strutture abitabili e forse abitate da una colonia scientifica terrestre; inoltre vi si trovano torri di altezza vertiginosa, un chilometro almeno, sormontate da cupole di vetro; sono manufatti di civiltà passate; cfr. Richard Hoagland, "Dark mission" (2007) e Alex Collier, "Defending Sacred Ground");*

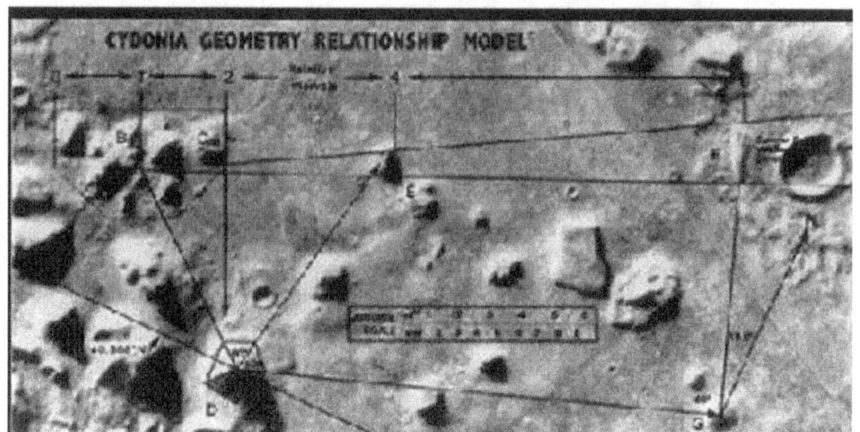

L'area di Cydonia: immagine ripresa dalla Sonda Viking 1 Orbiter, 1976

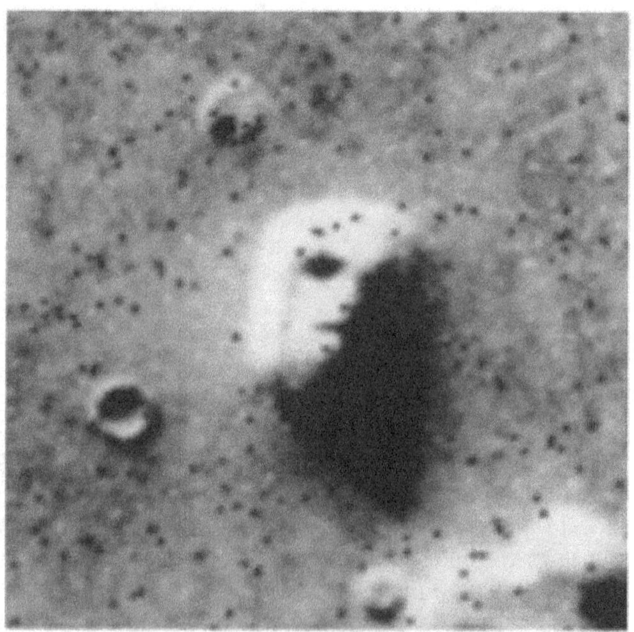

In dettaglio: la Faccia di Sfinge
Immagine ripresa dalla Sonda Viking 1 Orbiter, 1976

Torri aliene su Marte (immagine Nasa)

Ma il tempo trascorreva sulla Terra (tempo terrestre). Centocinquantamila anni più tardi, le conseguenze della caduta della Luna sul continente atlantideo (esplosione di vulcani e quello che dovette essere un primo Diluvio universale) si sono attenuate. Gli Anunnaki marziani mandano una spedizione su un'astronave a sorvolare l'area atlantica: il continente dei loro ancestori si è frantumato in cinque isole e un mare è emerso a separarle. (v. antiche Mappe in Appendice 3, in fondo al libro)
Ravvisate le condizioni adatte, una colonia anunnako-marziana viene trasferita nelle cinque isole, dove si riavvia una nuova civiltà atlantidea basata sulla Legge dell'Uno riformata (come abbiamo sopra descritto) e su una tecnologia meno evoluta di quella originale. Ha inizio poi, da parte della dinastia Illuminata dei Belial (o dei loro successori) una politica colonialista verso est: Caucaso, Mesopotamia, Egitto, Valle dell'Indo; territori nei quali sopravviveva la più antica civiltà di Lemuria-Mu, con la quale la cultura atlantidea si mescolerà.

Quanto alle condizioni della Terra, l'assenza di una Luna che controbilanci la trazione gravitazionale del Sole, espone i suoi abitanti a turbolenze climatiche. Tanto che tre ulteriori cataclismi si abbatterano su Atlantide, 200 mila, 80 mila e 11 mila anni fa, causandone l'inabissamento definitvo. Nel frattempo un pianetino, staccatosi forse dalla fascia degli Asteroidi, vagando nello spazio fu catturato nell'orbita terrestre, diventando la nostra Luna attuale (cfr. Peter Kolosimo, "Pianeta sconosciuto"). **(3)**

----

(3) – *Che la Terra sia stata in passato priva della Luna, lo affermavano gli Eleatici , "era il tempo dei pre-seleniti, di coloro che vivevano prima della Luna e abitavano in case di vetro. Era il tempo di Atlantide e di Mu, quando i dominatori vivevano in palazzi di cristallo, migliaia e migliaia di anni fa...", cfr. Peter Kolosimo, "Pianeta sconosciuto". D'altra parte, Cristhopher Knight, in "Who built the Moon?" sostiene che senza la Luna la vita sulla Terra sarebbe stata impossibile e avanza l'ipotesi che la Luna attuale sia un manufatto costruito da esseri extraterrestri evolutissimi, per consentire la vita sul nostro pianeta appena formatosi.);*

Gli Anunnaki, padroni della Terra, si posero come guardiani della nostra civiltà. Cancellata ogni traccia del passato splendore scientifico-tecnoologico, Atlantide trovò smemorato seguito in Mesopotamia, dove profughi dell'ultima catastrofe (9564 a.C.) con Diluvio, ricominciarono da capo la civilizzazione. Li *soccorsero* gli Anunnaki, "Coloro che dal cielo scendono", i quali ridiscesi sulla Terra, per molte migliaia di anni furono i dominatori della Mesopotamia e dei territori vicini. Da questi territori (Sumer, Valle dell'Indo) genti civilizzate emigrarono a nord-ovest, nell'attuale Europa.

Le tavolette sumere sono popolate delle gesta "divine" degli Anunnaki, delle loro rivalità intrafamiliari. Una menzione particolare merita la Lista dei re, che si impone per la durata plurimillenaria di ciascun sovrano, assommando i regni a complessivi 241000 anni. (cfr. R.A. Boulay, op. cit.) Una riflessione è necessaria su questo punto. Per quanto i nomi delle città-stato siano quelli della Mesopotamia, è da ritenere che la prima parte di questa lista, che inzierebbe 240mila anni fa, con delle interruzioni, si riferisca ai re di Atlantide: si tratta infatti dei re detti *antidiluviani*, e sono le stesse tavolette ad informarci che i Sumeri sono i discendenti dei profughi del Gran Mare Occidentale venuti in Sumer dopo il Diluvio; un indizio forte è dato dalle interruzioni nella lista, corrispondenti ai cataclismi subiti da Atlantide.

Dunque possiamo pensare che i redattori delle tavolette abbiano riprodotto in Mesopotamia nomi di città situate in Atlantide. **(4)**

---
(4) – città come Laraka e Badtibira menzionati nei testi sumeri non trovano riscontro nelle scoperte archeologiche);

In questo cilindro mesopotamico è riconoscibile un'astronave sopra la falce della Luna

In effetti, le narrazioni dei testi sumeri mescolano tratti *primitivi* della civiltà mesopotamica con lo stadio avanzatissimo degli Anunnaki che li sorvegliavano dall'astronave madre in epoca *recente* (50/40mila anni fa). Si confonde inoltre l'ultima fase remotissima di Atlantide (fra i 300 e i 100 mila anni) tramandata certo oralmente, con il tempo –più recente, ma pur lontano- del ritorno degli Anunnaki sulla Terra, in Mesopotamia, in due fasi, 50mila e forse 10mila anni prima.

E' scritto nei testi che gli Anunnaki atterrano in Sumer in 300 (da uno shuttle, sembra dalla descrizione dei testi) guidati da un capo-spedizione, Enki, mentre altri 300 uomini rimangono a sorvegliare dal cielo (nell'astronave madre orbitante) (cfr. Zecharia Sitchin, *Genesis Revisited.*)

Secondo le tavolette sumere, gli dèi di Nibiru e di Sirio (Enlil, Enki, Inanna) procedettero ad esperimenti di genetica, consistenti nella creazione di sottorazze in Africa, da adibire al duro lavoro nelle miniere d'oro; nonché a nuove ibridazioni del genoma di ominidi con il proprio, creando (dopo molti passaggi in provetta) l'Homo sapiens (interpretazione di Zecharia Sitchin). Va posto l'accento sul fatto che la riuscita dell'esperimento, l'ottenimento di un essere umano e non di una scimmia, fu affidata al passaggio finale, l'impianto dell'embrione ottenuto in vitro nell'utero di una giovane dell'equipaggio anunnake. **(5)**

Siamo qui a 300 mila anni fa, dunque in epoca atlantidea e nell'area atlantica del remoto continente, nonostante gli adattamenti e le interpolazioni evidenti nei testi sumeri, che interpretano la memoria collettiva di fatti reali, remotissimi, avvenuti in Atlantide, con il linguaggio della loro cultura *primitiva*. Mentre Enki è lo scienziato operativo, suo fratello Enlil sembra il teorico istruttore di diverse discipline (agricoltura, matematica, astronomia, urbanistica); i cui manuali Enlil tiene archiviati in *file* che consulta su un dispositivo computerizzato (dalla descrizione) che ricorda le nostre moderne tablet!

Se i rudimenti della civiltà -fare di calcolo, elaborare un alfabeto e una scrittura- vengono insegnati nel tempio della ziqqurrat (Centrale amministrativa anunnake) ad alcuni individui autoctoni selezionati, c'è una Conoscenza segreta che sarà riservata a una ristretta cerchia di iniziati, discendenti dei Belial, o di una nuova razza super-ibridata, in ogni modo i futuri *Illuminati*. In che cosa consiste questa Conoscenza segreta? Lo vedremo più avanti.

Intanto, tornando alla lista dei re sumeri, introduciamo lo studio che ne fa L.A. Waddell nel suo *"Egyptian Civilization, its Sumerian Origin…"*.

---

(5) – *l'ibridazione in vitro venne fatta fecondando l'ovocito di una femmina ominide con lo spermatozoo di un giovane dell'equipaggio anunnake; cfr. Zecharia Sitchin, op. cit.);*

Scrive Waddell, "confrontando la lista dei re dei primi Ariani nei Puranas con quella dei re sumeri nelle iscrizioni dei loro monumenti, **(6)** ho osservato che le due liste, Ariana e Sumera, corrispondono, nel periodo di duemila anni, fino all'incipit dell'epoca greca classica. E che l'identità è completa non solamente nei nomi, titoli e ordine di successione dei re, ma si estende nei minimi dettagli ai nomi delle consorti e dei figli, nonché alla cultura, al linguaggio, alla scrittura, alla religione, al simbolismo, alle arti ed industrie dei popoli sui quali essi regnarono. Le liste ufficiali dei re Indiani e Mesopotamici mostrano Menes e i suoi predecessori e successori, della prima dinastia, nello stesso ordine cronologico, con i nomi e i titoli che essi portano nelle registrazioni egiziane. La scrittura Sumera e della Valle dell'Indo di quei re è la stessa usata dai faraoni predinastici e della prima dinastia nelle loro iscrizioni monumentali. "

E aggiunge Waddell che gli scavi recenti (1930 circa) nella Valle dell'Indo servono a spiegare e datare in modo definitvo la civiltà egizia a partire dalla conquista del paese da parte dei faraoni pre-dinastici, che erano imperatori sumeri, intorno al 2780 a.C. La cultura sumerica da essi introdotta assunse poi una fisionomia locale, che mascherò in parte la sua origine ed identità esotica. I reperti della Valle dell'Indo, dimostrano, secondo Waddell, come i conquistatori sumeri dell'Egitto furono chiamati faraoni pre-dinastici, come Menes, principe ereditario sumero e governatore della colonia della Valle dell'Indo, fece dell'Egitto un regno indipendente e preservò la sua indipendenza nell'ambito dell'impero mesopotamico, quando egli salì al trono dopo la morte del padre. Interessante inoltre la correlazione fra Menes e il Minosse della mitologia greca, fondatore della civiltà di Creta, il quale estese il suo dominio ad ovest verso le Colonne d'Ercole e la Gran Bretagna.

---

(6)– si tratta della lista dei re sumeri degli ultimi 2500 anni a.C.;
i Puranas sono la parte epica dei Veda);

*Re Narmar, 2° sovrano della 1^ Dinastia Egizia (2780 a.C.)
ritratto nel suo bassorilievo mesopotamico.
Si notino i tratti nordici-europei; gli stessi, con delle varianti,
riconoscibili in altri re, ad esempio Ramses II (XIX dinastia)
ritratto nel complesso monumentale di Abu Simbel*

L'Incontro di due Grandi Civiltà, Atlantide e Mu (nella Legge dell'Uno)

Sembra dunque documentato che la civiltà egizia e quella della Valle dell'Indo, sede stanziale dei popoli Ariani, fossero declinazioni della civiltà sumera. **(1)**

Quanto agli Ariani, essi provenivano da nord ovest, dal Caucaso/nord Europa) ed erano biondi con gli occhi azzurri (niente a che vedere con le genti che si stabiliranno in seguito in Asia). Ma qual era la cultura dell'area centro/nord asiatica, prima della conquista sumera? Ce ne informa James Churchward, nel suo « The Lost Continent of Mu » (pubblicato postumo nel 1931). In esso si sostiene che l'area compresa fra l'Oceano Indiano, le coste orientali dell'Africa e le coste occidentali dell'Australia, fosse in un tempo remotissimo occupata da un vasto continente chiamato Mu (Lemuria, secondo altri studiosi); e che la penisola indiana, centro di tale civiltà, sia stata in origine una grande isola del Pacifico andata alla deriva (nei sommovimenti geologici di milioni di anni) e incastratasi nel continente asiatico (v. A. Wegener, *Pangea*). Le prove dell'esistenza del continente lemuriano, portate da Churchward, sono due gruppi di tavolette di argilla; un primo gruppo di 2000 tavolette da lui rinvenute ed esaminate in un tempio indiano; un secondo gruppo, di 2500 tavolette, scoperto in Messico dall'archeologo William Niven.

Le tavolette indiane (fitte di iscrizioni) proverebbero l'esistenza della civiltà dei Nacaal; il gruppo messicano (composto di leggende) sarebbe la testimonianza della civiltà dei Naga messicani. Il dato interessante è che i simboli e i caratteri delle due scritture sarebbero gli stessi, tanto da autorizzare la tesi che si tratti di una sola civiltà sviluppatasi agli estremi del continente Mu.

----

(1)– *anche la storiografia accademica ammette che i Sumeri, la cui origine è definita oscura, fossero imparentati coi fondatori della cultura dell'Indo);*

Ora, se si considera che il Messico appartiene alla zona d'influenza di Atlantide, si comprende come la sua civiltà ascendente e quella di LeMUria al tramonto, possano essersi incontrate già centinaia di migliaia di anni fa.

Il vaso bronzeo, mostrato nel frontespizio del libro di Churchward, viene definito il più antico reperto archeologico mai recuperato (da una delle citta sommerse di Mu). La sua datazione a 12500 anni fa lo assegna, evidentemente, a una fase quasi postuma, quando i Nacaal indiani o i Naga del Messico, non erano che i superstiti di una civiltà che altre fonti ci dicono avanzatissima, e per numerosi millenni coeva della civiltà di Atlantide.

(2) Anche le tavolette messicane sono databili a 12000 anni fa e parlano, un migliaio di esse, di Mu, della Creazione del mondo, con molti dettagli (compresa la creazione della donna) e delle Quattro Forze Cosmiche. Quest'ultimo soggetto ci rimanda alle origini di Atlantide, alla creazione della prima razza umana da parte delle Forze Superiori, i Creatori Luminali.

---

(2) *Peter Kolosimo ("Pianeta sconosciuto") ci narra di reperti (lo stemma dell'impero di Mu) risalenti a 50 mila anni fa, e di un impero sorto 18 milioni di anni fa);*

La Fratellanza Bianca

Fonti esoteriche e mitologiche (*La Dottrina Segreta, La Fratellanza Bianca Universale*) vantano l'azione di Entità cosmiche, ovvero extradimensionali, incaricate da Direttori Stellari della *missione* di creare sulla Terra una razza umana, curandone poi l'evoluzione spirituale, per inserirla in un più ampio Progetto Cosmico in capo a un Assoluto. A tale scopo, si sarebbero costituite nel corso del tempo gerarchie di Personalità Spirituali (esseri eterici o anime evolute di defunti) con sottordini di esseri umani iniziati ai Misteri dell'Evoluzione Cosmica, i Maestri dell'Antica Sapienza, le cui sedi sarebbero di ordine eterico (Shamballa) e fisico (Agarthi) naturalmente occulte.

La raccolta di risposte a lettere inviate dalla Società Teosofica (fondata dalla Blavatsky) documentano gli insegnamenti forniti (alla fine del 1800) da parte di maestri (mahatma) risiedenti segretamente in Tibet, i più noti dei quali si facevano chiamare Morya e Koot Humi. Entrambi affermavano di essere dei «maestri ascesi» di origine terrestre che pur avendo oltrepassato la condizione umana continuano regolarmente a incarnarnarsi per assistere l'evoluzione dell'umanità sulla Terra, svolgendo così un ruolo da bodhisattva secondo la terminologia buddista. Maestri di questo tipo comprenderebbero personaggi famosi della storia, quali lo stesso Buddha, Gesù, Giovanni Battista, Pitagora, San Francesco d'Assisi, Meister Eckhart, Socrate, Maometto, Lao Tzu, Abramo, Mosè, Krishna, Ermete Trismegisto... i quali sarebbero tuttora presenti con un corpo fisico sulla Terra, continuando a svolgere la loro missione da varie località come Luxor, lo Yucatán, i Carpazi ungheresi e appunto il Tibet. ...

Ma ora bisogna tornare indietro, alle origini della civiltà di Lemuria-Mu. La Grande Fratellanza Bianca Universale o Consiglio di Luce, alias Ordine di Melchisedek, tramanda che i membri più elevati della Fratellanza Bianca proverrebbero da altri luoghi del Cosmo come Sirio, le Pleiadi, e il pianeta Venere. Da quest'ultimo in particolare, per volere di supremi *Direttori stellari*, sarebbe giunta sulla Terra in un tempo remoto, circa 18 milioni di anni fa, una missione di spiriti venusiani guidati da Sanat Kumara, denominato l'«Antico dei Giorni», verso la metà dell'epoca lemuriana, corrispondente alla terza era terrestre secondo la cronologia teosofica, nella quale i progenitori degli umani vivevano in un periodo di turbolenza e di terrore...

La nostra interpretazione è che fu proprio un gruppo venusiano, (144 mila entità) guidato dal predetto Sanat Kumara a fondare la civiltà di Lemuria, nello stesso modo in cui 17 milioni più tardi, un'altra spedizione di Esseri Luminali (probabilmente dalle Pleiadi) fonderà Atlantide e la prima razza radice. Anche la leggenda di Sanat Kumara, un Essere interdimensionale, attribuisce ai Signori della Fiamma venusiani la creazione della prima razza umana. Essi si stabilirono nel Mar di Gobi, nella zona della Mongolia oggi occupata dal deserto, che a quel tempo era invece un'isola rigogliosa di vegetazione, circondata da un grande lago, chiamata isola Bianca, come la stella bianca (Venere) loro madrepatria (v. Peter Kolosimo, *Terra senza tempo*).

I Venusiani diedero origine a una civiltà regolata dalla Legge dell'Uno (come in Atlantide) espressione dell'Armonia Cosmica. Lemuria-MU si estese, come abbiamo detto in precedenza, nel continente centroasiatico, dove divenne un potente impero.

Interpretiamo dalla leggenda, che gli Eterici Kumariani, manifestatisi nella frequenza 3D, cioè in forma fisica, tentarono la creazione di una razza *pregiata* (Kumara e i suoi vengono rappresentati con sembianze vichinghe) così da *abilitarla* all'autocoscienza. In ogni modo, sembra di poter arguire che la Consapevolezza Cosmica, cioè il far parte di un Progetto armonico divino, fosse riservata a un circolo segreto di iniziati, diretti da maestri spirituali, rispecchiante una concezione gerarchica del Cosmo e dunque della società. Non è da escludere, a questo punto, che la civiltà di Atlantide possa essere stata, sin dal suo apparire (un milione di anni fa) una sorta di esperimento gemello di Lemuria, operato da Entità correlate ai Kumariani, entrambi Esseri Luminali, cioè esseri intelligenti ed evolutissimi, composti di energia pura. Per quanto fantastica possa apparire questa descrizione, va ricordato che la Fisica quantistica ammette la possibilità di una *intelligenza* insita nell' energia che governa l'Universo, intelligenza che rimane tuttora un mistero, come l'origine della Luce.

La Legge dell'Uno e il Libro di Dzyan

Abbiamo narrato di come la Legge dell'Uno, fonte delle religioni, delle dottrine escatologiche, e del Potere, sia stata adulterata dagli Anunnaki in Atlantide, per instaurare il loro dominio sulla Terra; un pianeta nel quale la razza umana, sia di origine lemuriaca, che atlantidea, fu ridotta in schiavitù tramite ripetute manipolazioni del Dna. La domanda che vogliamo porci è: che cosa ne è stato delle Entità Luminali creatrici del genere umano, ovvero, come mai esse non difesero e non rimediarono alla violazione della Legge dell'Uno, dell'Armonia Cosmica e lasciarono che la legge degli Opposti, del Male e della espiazione, fosse introdotta, con un inganno, nella nostra dimensione, condannando l'umanità alla fisicità, a una realtà illusoria e carica di sofferenza? Proporremo una risposta; per pervenire alla quale utilizziamo il libro di Dzyan.

Il libro di Dzyan, un testo di ambito induista, è ritenuto essere il più antico libro dell'Umanità. Secondo i monaci tibetani, che ne custodiscono copie nei loro eremi, l'originale sarebbe anteriore alla Terra e conterrebbe la storia dell'umanità dalle origini alla sua estinzione. Tramanda ancora la tradizione tibetana che il libro originale era così fortemente magnetizzato che gli iniziati potevano, tenendolo in mano, vedere gli eventi in esso descritti scorrere come un film davanti ai loro occhi e nel contempo comprendere i testi misteriosi tramite impulsi trasmessi ritmicamente. Per migliaia di anni la dottrina del libro di Dzyan fu tramandata oralmente, custodita nelle cripte dei templi tibetani come il massimo segreto. (cfr. Erich von Daniken, *"Gods from outer space"* (1974).

Le Stanze iniziali di questo testo narrano la prima Cosmogonia concepita dall'Umanità, che costituirà la fonte e il modello delle cosmogonie poi diffuse in ogni parte del mondo, in tono assai meno mistico e affascinante, cominciando dalla cosmogonia sumera.

Stanza 1: *Descrive la condizione del Tutto durante la Pralaya (la fase della Non-Esistenza) anteriore alla prima Manifestazione di Risveglio.*
1. La Genitrice Eterna avviluppata nelle sue Vesti Invisibili, aveva dormito di nuovo profondamente per Sette Eternità.
2. Il Tempo non era, giacché esso giaceva addormentato nel grembo

infinito della Durata.

3. La Mente Universale non era, poiché non vi erano Draghi di Saggezza per contenerla.

5. Solamente l'Oscurità riempiva il Tutto sconfinato, poiché il Padre, la Madre e il Figlio erano, una volta di più, Uno; e il Figlio non si era ancora destato per la nuova Ruota (*del Manvantara, periodo di Manifestazione dell'esistenza*) e per il suo pellegrinaggio.

7. Le cause dell'Esistenza erano state annientate; il Visibile che era, e l'Invisibile che è, riposavano nell'eterno Non-Essere, l'Essere Uno.

8. Sola, la Forma Una dell'Esistenza si estendeva sconfinata, infinita, priva di causa, in un sonno senza sogni; e la vita pulsava inconscia nello Spazio Universale, attraverso quella Presenza Totale, che è percepita dall'occhio aperto dell'anima purificata.

Stanza 2: *Ancora lo stadio di non-Esistenza, ma con altri aspetti.*
1. Dov'erano i Costruttori, i luminosi Figli dell'Alba Manvantarica?… Nell'Oscurità sconosciuta, nell'Assoluto Non-Essere dei loro Saggi Draghi. I Produttori della forma dalla non-forma. La Radice del mondo…La Madre degli Dèi e dello spirito della materia, riposava nella beatitudine della Non-Esistenza.

Stanza 3: *Descrive il Risveglio dell'Universo alla vita dopo la Pralaya.*
1. L'ultima vibrazione della Settima Eternità freme attraverso l'Infinità. La Madre (*lo Spazio Cosmico*) si dilata, espandendosi dall'interno all'esterno, simile al bocciolo del Loto.
(cfr. *La Dottrina Segreta*, di H.P. Blavatsky)

Due cose ci preme sottolineare: l'Essere/Non-Essere è Femminile; così lo Spazio Cosmico che Tutto contiene, la Madre degli eventi che dovranno compiersi; la condizione originaria della Non-esistenza è descritta come uno stadio di pace e tranquillità assoluta, nella quale non si sono espressi gli opposti, la madre col padre, i genitori del mondo che dovrà venire. Tutto riposa nel grembo sognante della Nullità che è Unità indistinta.

Il Libro di Dzyan sembra dunque la testimonianza di una fase della civiltà ancora fedele alla Legge dell'Uno dei Creatori Luminali, cioè anteriore all'avvento degli Anunnaki in Atlantide e poi in Lemuria. E' questo un dato di grande importanza per stabilire il ruolo degli Anunnaki nel passato, e nel presente, e il loro rapporto con i Creatori

Luminali della razza umana.

Ma prima è necessario spiegare che cosa sono il *Manvantara* e la *Pralaya* menzionati nel più antico testo sacro induista.

Cercheremo di esporre in termini semplici e sommari.

La premessa della dottrina base indù è che l'Universo è identificabile con il Brahman, un Ente Supremo, al di là dell'Universo e del Tempo, che contiene in sé la Non-Esistenza e l'Esistenza, il positivo e il negativo, i bene e il male, etc. i quali sono indistinti nel suo grembo. In questo magma ogni cosa che sia concepibile, il macrocosmo e il microcosmo, l'umanità, l'inorganico e l'organico, il mondo animale e vegetale, è dotata di anima, perché partecipa della animità del Brahman.

In questo assioma, il Brahman rappresenta la *vera* Esistenza, la Realtà, quella invisibile e occulta, mentre l'esistenza visibile, la vita (la dimensione 3D) è pura illusione, **(1)** è l'atto con il quale l'essere si è staccato dal Brahman precipitando in una caduta spirituale, che solo la morte e la rinascita, ripetute per conseguire la purificazione, possono riscattare.

Per il brahmanesimo insomma, la vita è qualcosa di negativo, lo dimostra il suo carico di inutili sofferenze, e l'ideale sarebbe non nascere, interrompere la catena delle reincarnazioni (*Samsara*).

Il *Manvantara* (*sanscrito*) è un ciclo di attività universale, implicante la vita, che sulla Terra si esplica in sette cicli o raggi (la cui durata è misurabile in molti milioni di anni). Il suo contrario è la *Pralaya*, (*sancr.*) la Grande Dissoluzione o dissoluzione perpetua, il periodo di riposo dei pianeti e dell'Universo. Possiamo desumerne che è anche, perciò, una fase di purificazione dall'attività dell'esistenza che l'ha preceduta.

----

(1)- MAHĀ MĀYĀ (Sanscrito.) - La grande illusione della manifestazione. Questo universo e tutto ciò che al suo interno è in reciproca relazione, viene chiamato la Grande Illusione o Mahamāyā.);

Quei Regni Occulti in Shamballa e Agarthi

Ci eravamo domandati, che cosa né è stato degli Esseri Luminali creatori della razza umana. Ricordiamo soltanto che il progetto dei Luminali era creare un essere fisico, che conservasse però le sue prerogative e poteri originari (cfr. Edgar Cayce, *Letture*) cioè la spiritualità (o interdimensonalità) e che l'intervento (ingannevole) degli Anunnaki condannò la specie umana alla prigione della fisicità. Durante centinaia di migliaia di anni, questi antichissimi, avanzatissimi, *escursionisti delle stelle,* hanno sorvegliato lo sviluppo del genere umano nelle sue molteplici fasi, impedendogli di riacquistare lo stadio di evoluzione scientifico/tecnologica raggiunto in Atlantide e in Lemuria, e mantenendolo in una condizione di sostanziale asservimento (cfr. Alex Collier, *Defending Sacred Ground,* David Icke, *The Children of Matrix).*

Secondo il sumerologo Zecharia Sitchin, (*Genesis Revisited)* gli scienziati Anunnaki crearono l'homo sapiens ibridando in provetta il proprio Dna con quello dell'ominide presente sulla Terra da milioni di anni, al solo scopo di schiavizzarlo, per mezzo dei più vari sistemi di governo, il cui cardine è sempre stato la sottomissione di una moltitudine da parte di un capo o di un gruppo oligarchico (capi e gruppi designati in circoli iniziatici o massonici) con la giustificazione di leggi (e di religioni) assolutistiche o *liberali,* intese comunque ad occultare la vera natura e i veri fini del Potere. Quanto ai circoli iniziatici, essi servirono sin dai primordi a consolidare interessi intrafamiliari, divenuti dinastici e poi di casta. Secondo lo studioso David Icke, tali interessi si sono tramandati e perpetuati, lungo i millenni, nelle famiglie reali europee e nelle dinastie capitalistiche (sovente di segno sionista) eredi, secondo noi, dei primi Illuminati atlantidei, cioè i Belial.

Prima di esporre il fine ultimo perseguito dal Potere, cioè dagli Anunnaki, i padroni di questo pianeta, è utile soffermarsi sul concetto di Illuminato. Senza andare a cercare troppo indietro la definizione moderna di *Illuminato,* suggerita dalla vicenda classica degli Illuminati di Baviera, diremo che essi sono debitori dei Rosacroce e di Jan Amos Comenius, padre del Mondialismo moderno. (Jan Amos Komensky (1592-1670).

Ma l' *Illuminato* è una figura che pertiene innanzitutto alla Gnosi.

Riassumiamo che, in ambito esoterico, essa è la conoscenza diretta, intima, intuitiva, posseduta dall'anima, delle leggi dell'universo, una sorta di pre-coscienza, o memoria collettiva, che si riverbera sulla psiche individuale, ponendola in contatto con la divinità. Questo ci riporta alla concezione originale di divinità, quella dell'Induismo (nato almeno 3500 anni fa) cioè il Brahman-Tutto. Il contatto con la divinità è un' *illuminazione*, risultato di una iniziazione ricevuta presso Centri mistico/religiosi, dove personalità speciali, sedicenti pluri-*reincarnati* che hanno raggiunto un alto grado di evoluzione cosmica, *aiutano* gli umani nella loro esperienza terrena, verso l'evoluzione dell'anima. Sono i Maestri della Gerarchia spirituale, i quali collaborerebbero con entità Extradimensionali. Dove? lo diremo tra poco. Non senza prima anticipare che l'Illuminatismo è una filigrana che attraversa i millenni e investe massonerie di ogni rango. Esso si emana dal Tibet/Gobi, passando nei secoli per la Confraternita di Babilonia, le sub-religioni emanatiste indo-iraniche (mazdeismo/mandeismo) la setta dei Savi di Sion di re Salomone, gli Esseni di Qumran, i Templari, i Rosacroce, gli Illuminati di Baviera. **(1)** da Oriente ad Occidente, come si vede, assumendo di volta in volta la fisionomia del momento storico in atto, confondendosi con le culture che ne ereditavano la dottrina e la declinanavano con svariate sfumature e contaminazioni, anche materialistiche, in specie negli ultimi due secoli.

Ma ora vediamo chi c'è in Tibet e in quella che milioni di anni fa, nell'odierno deserto di Gobi, era l'isola Bianca dei Kumariani, gli Esseri Luminali creatori della razza fisica originaria, che sviluppò la civiltà di Lemuria. Si tratta, nella nostra analisi, del regno *eterico* (qui il termine *eterico* deve intendersi scientificamente come energia pura) di Shamballa, Centrale Luminale Primaria, dalla quale si effonde quella che possiamo definire la *Direzione* del pianeta Terra.

---

(1) cfr. Gli Illuminati all'Assalto dell'Europa, vol. 1, dell'Autrice);

Tale direzione si concretizza in una *programmazione degli eventi* nel Centro Mistico (operativo) di Agarthi, la città sotterranea segreta situata, secondo gli esoteristi, in corrispondenza della città di Lhasa, in Tibet **(2)**.

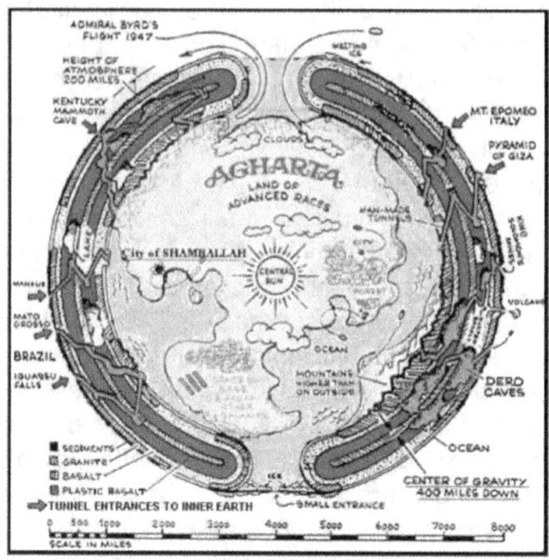

Mappa di Agarthi ispirata a un'antica illustrazione di
Athanasius Kircher in Mundus Subterraneus (1664)

Shamballa sembrerebbe essere il dominio del Re del Mondo, quel Sanat Kumara, emissario dei *Direttori Stellari,* disceso dalla *Stella Bianca* (Venere) 18 milioni di anni fa, per creare la razza umana. Una sperimentazione replicata poi, come si è detto, in Atlantide. Sanat Kumara è identificabile con il Manu, considerato, nella Teosofia, il Signore delle razze-madri, o razze-radici, in quanto capostipite del popolo dominatore in ognuna delle rispettive ere attraversate fino a oggi, ed anche in futuro, dalla Terra. E' questo un punto assai importante per comprendere quel che accade tra Shamballa e Agarthi, dove René Guenon (citando due autori, Saint-Yves d'Alveydre, e Ferdinand Ossendowski **(3)** riferisce che in Agarthi un Re del Mondo, però descritto come una Gran Maestro di Saggezza, sarebbe in contatto *con Dio in persona,* dal quale prenderebbe ordini per regolare le cose del mondo. Si tratterebbe, secondo noi, di una entità luminale probabilmente il su citato Sanat Kumara.

----

(2) *cfr. René Guenon, Il Re del Mondo, (1927);*
(3) *cfr. Saint-Yves d'Alveydre Mission de l'Inde (1910) e Ferdinand Ossendovski, Beasts, Men and Gods, (1924);*

Se le due leggende, quella di Sanat Kumara in Shamballa e quella del Re del Mondo in Agarthi sono sovrapponibili, su una realtà la Teosofia sembra univoca: da questi due Centri mistici collegati si dipartono le direttive ai governi, in particolare le superpotenze della Terra, per determinarvi gli eventi: da quel che i popoli devono pensare – l'informazione mediatica- all'educazione, alla cultura, alla politica interna, alle guerre. Queste *risoluzioni* sarebbero comunicate attraverso una vasta rete di cinghie di trasmissione, che da Logge Superiori (di tipo eminentemente mistico) si propagherebbero alle logge massoniche ordinarie, giù fino alle più potenti organizzazioni para-massoniche materialistiche (CFR, Bilderberg), che fungerebbero da braccio secolare e operativo, e che possiamo identificare nella Elite Finanziaria Globale.

Due punti è qui importante sottolineare: i livelli più bassi della Gerarchia Mondiale, massonerie ordinarie e le Elite, ignorano l'origine delle direttive e la finalità *spirituale* dell'azione diretta dal Tibet/Gobi. Su questa finalità diremo che essa esprime ed attua la *missione cosmica* dei sette Raggi divini, le 7 emanazioni per il cui tramite l'Assoluto (il Brahman) esplicherebbe la propria volontà sulla Terra; volontà che sembra quella di riassorbire in sé l'anima del mondo, **(4)** cioè l'umanità.

----

(4) *– Anima del mondo è una nozione che dalle cosmologie mitiche di origine orientale è passata nel pensiero greco, attraverso il Timeo di Platone: il mondo è da considerare come un grande animale, al quale è stata congiunta un'anima dal Demiurgo;*

Al di là delle pretese salvifiche dei Gran Maestri di evoluzione spirituale romiti in Agarthi (Tibet) con la loro corte angelica di eterici e reincarnati, quel che conta è *irraggiare* l'azione dei 7 raggi nelle varie epoche, passate e future, della Terra.

Passato e Futuro, ecco l'altro punto, che per i Kumariani Luminali sono espressioni prive di significato, poiché essi sono Entità extratemporali; mentre il tempo, come la materia, sono limiti e illusioni dovuti alla nostra fisicità di terrestri.

I SETTE RAGGI MISTICI E LA LORO AZIONE SULL'UMANITA'

Per cercare di comprendere il vero, profondo significato dell'azione proiettata dai Centri Occulti di Shamballa/Agarthi, lasciamoci guidare dalla Teosofia, così come espressa nelle parole di Annie Besant, dirigente della Società Teosofica, 33° del Rito Scozzese. « Se vedete uno di noi lavorare per un particolare movimento nel mondo, sappiate che è una parte del Piano Mondiale, e questo grande piano è: un nuovo Cielo e una nuova Terra edificati sulle rovine dell'antica civiltà » (cfr. Annie Besant, *The Light Bearers of Darkness*, (1930).

Annoverabile fra le società segrete o iniziatiche, la Società Teosofica fu fondata nel 1875 dalla nota occultista russa Helena P. Blavatsky, teorizzatrice dell'Antropogenesi, in epoca moderna meglio nota come Era dell'Acquario o New Age. Siamo al cospetto di un nuovo spiritualismo teocratico che pone al centro un'Umanità divinizzata, la quale ha acquisito, o sulla quale è scesa dall'alto, una Conoscenza universale, tuttavia accessibile soltanto a pochi individui spiritualmente dotati. Essi guiderebbero masse fiduciose e acritiche, sostanzialmente asservite. Gli strumenti per pervenire a questa nuova Civiltà Totalitaria è una sorta di *magia collettiva.*

Siamo nell'ambito della Gnosi e quel che la Teosofia propone è una religione unica su scala globale **(1)**

La concezione teosofica si fonda su un mondo sorretto da una Gerarchia Spirituale con sede a Shamballa, nel Tibet. I capi di tale gerarchia sarebbero Gesù e Budda, ma anche Mytra e Zoroastro, nelle persone di alcuni speciali reincarnati. Da questa Gerarchia messianica emanerebbe il Piano stabilito per l'Umanità e trasmesso a uomini *illuminati* per mezzo di Maestri di Saggezza, come si è detto, che guiderebbero così il genere umano lungo un percorso evolutivo iniziato molte migliaia di anni fa e segnato 2000 anni or sono dall'era dei Pesci, con l'apparizione di Gesù Cristo. La Teosofia è una dottrina incentrata sull'evoluzione spirituale intesa come destino dell'Umanità. Una legge governerebbe questa Evoluzione, che si svolgerebbe secondo "cicli energetici". Tale energia affluirebbe nella natura dal Centro d'irradiazione di Shamballa (Gobi) e dal Tibet (Agarthi) assumendo la forma di sette diversi tipi di raggio (raggi nati dal Caos).

La legge di tali cicli sarebbe quella conosciuta dall'astrologia caldeica, cioè sumera, che li farebbe durare 2000 anni. (si tratta della Legge dell'Uno riformata introducendo l'idea della Caduta dell'uomo e della sua espiazione per mezzo di sacrifici).

In questo quadro esoterico (forse interpretabile con una fisica avanzata, a noi sconosciuta) si dà un significato inedito ai cataclismi naturali, alle guerre e alle stragi, fatali o provocate ad arte: esse marcherebbero la transizione fra i *cicli energetici,* con una funzione di *purificazione.* Ovvero, gli olocausti si verificherebbero (o sarebbero organizzati in ambito massonico-illuminato) perché necessari a quella catarsi in grado di far compiere all'umanità il salto evolutivo verso il ciclo o eone successivo. Tutto ciò rimanda al Re del Mondo (Sanat Kumara) e alle sue direttive impartite, per interposte persone, ai governi della Terra. Ma vi è dell'altro. Gli antichi, materialisti Anunnaki.

---

(1) in epoca moderna, "magia collettiva" può essere un fenomeno di massa su scala globale nel quale si accentri l'attenzione, la preoccupazione, financo un forte sgomento dei popoli; stati d'animo che possono essere innescati dalla notizia diffusa dai media di un nemico esterno e invisibile, da combattere, ad esempio, una pandemia. Il panico prodotto ad arte, come abbiamo già riferito, dalla pandemia di Covid-19 può ben essere definito una magia collettiva;

GLI ANUNNAKI E I KUMARIANI RIVALI
PER IL CONTROLLO DELLA TERRA

Veniamo ora al rapporto fra Kumariani e Anunnaki per il controllo della Terra e dell'Umanità. Tale rapporto inizia presumibilmente 450 mila anni fa, quando gli Anunnaki scesero dal loro pianeta Nibiru (nella Nebulosa di Orione) in Atlantide e manipolarono il Dna della giovane razza radice condannandola alla fisicità. I Kumariani, probabilmente i creatori di quella razza, non si opposero, possiamo presumere, perché, osservanti della Legge Armonica dell'Uno, non conoscevano né concepivano opposizione o guerra. Più semplicemente, la loro condizione luminale vietava loro, a quel tempo, l'ingerenza in quella dimensione fisica, che per essi non aveva comunque alcun significato, essendo, sul piano cosmico, solo *illusione*. Come arguiamo dalla Teosofia, le Entità della Gerarchia Cosmica non si frammischiano alle vicende umane, ma delegano personalità illuminate, le quali operano all'interno di Cerchi Mistici. Anche l'affair della presa di potere anunnake in Atlantide dovette essere oggetto di *negoziati diplomatici* fra l'Atlantico e Shamballa. Ricordiamo la violazione della Legge dell'Uno (la Legge Universale) perpetrata dagli Anunnaki (distaccando il Cristallo dalle Forze Superiori) e il suo stravolgimento con l'introduzione della legge degli opposti e della *colpa*, caricata sul destino dell'Umanità, che la dovrà espiare per mezzo di una serie di singole reincarnazioni.

I Luminali Kumariani accettano questo nuovo corso impresso alle sorti della specie umana, sapendo che la vita visibile terrestre è soltanto illusione e che pertanto anche i sacrifici e le sofferenze a cui essa è condannata troverà un riscatto nella riassunzione dell'anima collettiva al Brahman, l'Assoluto, posto che la vita, il distacco dal Tutto, come si è detto, è per gli Eterici qualcosa di negativo ed è meglio dissolverla. **(1)**

---

(1) – *per i Veda indù, il Cosmo intero è il sogno di Dio; o, come il Kalahari Bushmen lo esprime," il sogno sogna se stesso");*

Per chiarire meglio, citiamo lo Svetasvatara Upanishad: "uno dovrebbe sapere che la natura è illusione (maya) e che Brahman è il creatore d'illusione (l'illusionista) Questo mondo è interamente pervaso di esseri che sono parte di lui... Poiché ogni cosa si genera e dispiega fuori dall'irriducibile totalità di Brahman, è ancora Brahman (maya) che ci tiene dall'accorgerci che non esiste, in definitiva, alcunché come la separatezza...". (il che significa che l'essere vivente nella fisicità crede di essere separato dal Tutto Cosmico, ma la separatezza percepita è un errore dovuto ai suoi cinque sensi, ndA).

In questo significato va dunque inteso l'atteggiamento dei Luminali di Shamballa/Agarthi e l'accordo concluso con gli Anunnaki (lo desumiamo) per un doppio governo dell'umanità su due piani diversi, quello spirituale e quello materiale. Quest'ultimo è di pertinenza degli Anunnaki, i quali hanno sin dalle origini sfruttato la razza umana per i propri scopi materialistici **(2)** e il loro dominio sul pianeta. A tal fine essi si sono serviti di circoli settari, ovvero delle Elite, che hanno sempre manovrato con la lusinga della ricchezza e del Potere; recentemente, dalla prima metà del XX secolo, stipulando accordi con le superpotenze del mondo, in particolare gli Stati Uniti, per condurre alla luce del sole, esperimenti sulla mente umana (e non solo) in cambio di conoscenza scientifico/tecnologica avanzatissima; una conoscenza che viene tenuta segreta all'opinione pubblica.

Il ricercatore Alex Collier (autore di *Defending sacred Ground*) e l'ex agente segreto James Casbolt (autore di *MI6 Buried Alive*) ci rendono edotti di laboratori segreti in gallerie scavate nelle montagne degli Sati Uniti, ma anche in Europa, dove personale misto, umano e alieno, o ibrido, conduce esperimenti sulle emozioni e sulla coscienza umana, intesi al perfezionamento di strumenti tecnologici di controllo mentale di massa. Ma perché questo attaccamento degli Anunnaki per questo pianeta e per i suoi abitanti *ospiti* ignari?

---

(2)– si ricorda che gli Anunnaki sono esseri interdimensionali, ma non luminali, cioè appartengono a un livello basso di evoluzione cosmica);

Dobbiamo tornare indietro al Cristallo energetico di Atlantide e al suo distacco dalla Griglia elettromagnetica che circonda la Terra. Come abbiamo riferito, si trattava di una connessione che serviva a stabilizzare la gravitazione del pianeta e lo manteneva in *carica*.

Non tutti sanno che la Terra, da molto tempo, rallenta di un secondo per secolo la propria rotazione e la propria orbita. Un secolo è molto per la vita media di noi umani, ma è niente per gli Anunnaki, la cui civiltà su Nibiru si sviluppò milioni di anni terrestri fa. Secondo Alex Collier gli Anunnaki sono tra i più antichi abitanti del Cosmo. **(3)**

Ed anche il sumerolgo Zecharia Sitchin avanza l'opinione che la nostra concezione del tempo sia legata al periodo di rivoluzione impiegato dal nostro pianeta per compiere la propria orbita intorno al sole, cioè un anno. Posto che il pianeta degli Anunnaki, Nibiru, faccia parte del nostro sistema stellare (al di là di Plutone) esso impiega 3600 anni per completare la propria orbita intorno al nostro sole. Il che porta gli Anunnaki a misurare il tempo in *sars* (termine sumero) periodo equivalente a 3600 anni terrestri. Ciò che significa che un anno per gli Anunnaki di Nibiru era (ed è) di 3600 anni t. Se una generazione umana è di vent'anni, vi sarebbero 180 generazioni in un anno anunnake, rendendo questi nostri progenitori quasi immortali, ai nostri occhi. È questo un aspetto molto interessante per comprendere la situazione degli Anunnaki e le loro (e nostre) prospettive future.

Il loro problema, è duplice: da un lato *invecchiano*, su un pianeta che ha un ciclo orbitale assai più breve di quello del loro pianeta originario. Ipotizziamo che si tratti di un invecchiamento non solo genetico, **(4)** ma *elettromagnetico* (ricordiamo che gli Anunnaki sono esseri *interdimensionali*, cioè usano le frequenze elettromagnetiche per spostarsi da una dimensione all'altra dell'esistenza) ed hanno perciò necessità di *ricaricarsi*. Dall'altro lato, anche la Terra ha bisogno di *ricaricarsi* energeticamente, come denuncia il suo rallentamento.

----

(3) – Alex Collier è un noto contattista di extraterrestri, che riceve informazioni da due amici abitanti della nebulosa di Andromeda, cfr. il suo "Defending Sacred Ground");
(4) – riportano i testi sumeri che Enki, il capo della spedizione Anunnake, disponesse di uno strumento che serviva a resuscitare i morti. Nella descrizione è riconoscibile un raggio laser. Esso veniva usato solo sui familiari, gli "dèi " della dinastia anunnake. Potremmo

dunque credere che gli Anunnaki siano passati attraverso molte resuscitazioni, che hanno consumato il loro Dna;

A fronte di questa circostanza, sembra che Nibiru abbia perduto le condizioni che lo rendevano abitabile. Le tavolette sumere riferiscono come i loro *dèi* fossero discesi sulla Terra con uno scopo: cercare l'oro da trasportare su Nibiru, per sospenderlo nella sua atmosfera e proteggerla dalle radiazioni cosmiche (cfr. Zecharia Sitchin, op. cit.). Noi terrestri inoltre rappresentiamo per gli Anunnaki una specie giovane e pregiata; pregiata perché, in qualche modo, conserviamo (alcune delle nostre razze conservano) qualcosa delle lontane origini luminali.

Quel che conta, noi umani siamo, al contrario degli Anunnaki, capaci di provare emozioni, malgrado essi ci abbiano creati in vitro (homo sapiens) *a loro immagine e somiglianza*, narrano i testi sumeri, trasmettendoci l'intelligenza, ma non la longevità, eccetto forse i primi uomini (l'A-dam) i quali vissero 930 anni ciascuno (se si prende alla lettera la Genesi biblica, derivata da quella sumera.) **(5)**

Quando le nostre emozioni sono forti, nelle situazioni di paura, di sofferenza, di rabbia, noi emettiamo un'energia vitale simile a quella elettromagnetica, che Wihelm Reich chiamava "orgone". **(6)**

---

(5) − la specificazione che gli Anunnaki crearono l'uomo a loro immagine e somiglianza chiarisce una volta per tutte la questione della natura dei nostri progenitori, che non erano ofidici (serpentiformi) altrimenti lo saremmo anche noi);

(6) - Wihelm Reich (1897-1957) psicanalista austriaco (allievo dissidente di Freud). Confortato dalle teorie di Einstein, Wihelm Reich considerò l'etere simile all'onda elettromagnetica e non qualcosa di statico. Quanto all'orgone, alcuni studiosi lo identificano con l'aura che circonda il corpo umano (rilevabile con strumentazioni adatte) e che si staccherebbe da esso nel trapasso dalla vita alla morte. Potrebbe essere l'anima di cui parlano gli antichi e la cui collocazione, da vivi, sarebbe nella ghiandola pineale, o epifisi. Questa parte dell'encefalo sarebbe, secondo i parapsicologi, una finestra su altre dimensioni e particolarmente attiva nei chiaroveggenti);

Scrive Alex Collier (op. cit.) che (a detta dei suoi amici Andromediani) solo la specie umana sarebbe capace di emozioni e perciò provvista di *orgon*, la cui propagazione massiva (in situazioni di panico e di angoscia collettiva, generata da guerre, rivoluzioni, regimi oppressivi) avrebbe effetti di *rigenerazione* sui vecchi Anunnaki; di più, gli stati emotivi di minaccia e sgomento collettivo prodotti nel mondo globalizzato (ad esempio nell'attuale pandemia di Covid-19) agirebbero in modo da isolare la Terra dall'energia positiva e armonica del Cosmo, quell'energia che continuamente si auto-ricarica e risana gli scompensi e i cali energetici/vibrazionali a cui l'intero Creato sarebbe soggetto.

In merito a tutto questo noi proponiamo un'altra tesi. E ripartiamo dal Cristallo di Atlantide. Come abbiamo riferito, i Kumariani, o i loro affini Luminali, fondatori di Atlantide, lasciarono che gli Anunnaki disconnettessero il Cristallo che garantiva la carica alla Griglia energetica terrestre. Nel tempo, le mutate condizioni della Terra hanno probabilmente reso difficile riconnettere (qualora lo avessero voluto) la Griglia ai Campi di Forza del Cosmo; il Cristallo del resto andò perduto con il primo cataclisma di Atlantide. (v. Charles Berlitz, *The Mystery of Atlantis)*.

Gli Anunnaki sono così rimasti intrappolati su un pianeta deteriorato. In proposito va considerato che la campagna allarmistica delle Elite circa un presunto riscaldamento e inquinamento della Terra dovuto all'azione *consumistica* dell'uomo, tradisce una matrice anunnake: Quel che si occulta ai popoli è in realtà il fatto, ben più grave e indipendente dall'uomo, che la Terra sta perdendo energia, decelerando la propria rotazione ogni secolo che passa. La questione può apparire irrilevante se commisurata alla durata media della vita umana e delle civiltà che si sono succedute su questo pianeta. Non così per gli Anunnaki, per i quali un secolo è poco più di un giorno terrestre.

Ricaricare   il Pianeta   mediante   Olocausti

Ricaricare il pianeta Terra è il loro obiettivo segreto, per potervi rimanere padroni indefinitamente. In che modo? servendosi dell'energia vitale degli umani, *l'orgon.* E' pur vero che nel corso dei secoli, gli Anunnaki non hanno fatto altro che ricaricarlo, tramite innumerevoli conflitti, rivoluzioni architettate, esodi di popoli terrorizzati. Ma oggi, a inizio del terzo millennio, è necessario che se ne produca molto, di orgon, innescando e scatenando paure e sofferenze, *specializzate* dalle nuove tecnologie. Si tratta di un'accelerazione voluta anche dai Kumariani di Shamballa/Agarthi. Ecco perché:

Dalla metà del XX secolo l'era dei pesci o cristiana, è per essi conclusa, il sole è entrato nella costellazione dell'acquario, segnando l'inizio di una nuova era. Su questa nuova era s'irradia da Shamballa (Gobi/Tibet) il *raggio* che deve dirigere l'Umanità verso un grado superiore di evoluzione cosmica. Non importa se il prezzo da pagare sarà un'enorme sofferenza e milioni di morti: la vita è illusione, ùbris e negatività, perciò va estinta e le anime umane restituite all'Assoluto (il Brahman) ripristinando così la connessione con le Forze Cosmiche Superiori, facendo salire spiritualmente la Terra e risanandola vibrazionalmente. In tal modo si emenda anche il peccato originale della Caduta della prima razza radice in Atlantide.

Come si vede, questo Progetto antico trova alleati i Kumariani e gli Anunnaki, pur con motivazioni diverse. E, se i primi, ispirati da ragioni spirituali, auspicherebbero forse lo sterminio completo del genere umano, i secondi, materialisti, operano per una drastica riduzione (a un miliardo di persone) onde rendere possibile la sua gestione, asservita, da parte di un Governo Unico retto dalle Elite. Elite, braccio secolare delle Associazioni Massoniche Internazionali, in una gerarchia settaria che sale fino agli Inattingibili Cerchi Interni, quegli *Illuminati* (eredi dei Belial atlantidei) che fanno da cinghia di trasmissione fra l'occulto Dominio Anunnake e l'Invisibile Eterico Dominio Kumariano.

IL PROGETTO MILLENARIO
E LA SUA ACCELERAZIONE

Nel nostro *I Protocolli di Sion e il Nuovo Ordine Mondiale*, (2020) abbiamo illustrato come il progetto di un Governo Unico del Mondo abbia origini antichissime, nella setta dei Savi di Sion fondata da re Salomone, 3000 anni fa, e come questa setta si sia perpetuata attraverso i secoli, assumendo varie denominazioni, le più celebri delle quali sono i Templari, i Rosacroce, gli Illuminati di Baviera. Abbiamo chiarito anche qui come il filo, la linfa che ispirava queste sètte fosse la Gnosi, ovvero il complesso dottrinario e religioso riconducibile a una matrice unica: il Brahmanesimo, la religione nata dalla Legge dell'Uno, portata sulla Terra dai Creatori Luminali della prima razza umana, i Kumariani di Lemuria e i loro affini, i Pleiadiani di Atlantide. Domandiamoci ora, a quali mani è stata affidata l'accelerazione verso la presa del Pianeta? Quando fu questa accelerazione comandata? E quale forma ha essa assunto? La prima risposta: le mani sono quelle delle grandi famiglie che abbiamo descritto nei precedenti capitoli. Da tali famiglie emerge un esponente che si è distinto per aver dichiarato in più occasioni la volontà e il progetto di realizzare un Governo Unico Mondiale, David Rockefeller (di cui abbiamo parlato nei precedenti capitoli).

Dopo la sua morte, il suo progetto è stato preso in carica dalla più attiva delle sue organizzazioni, la Rockefeller Foundation. In essa, nella sua propaganda, nei suoi documenti, troviamo le risposte agli altri due quesiti: la data in cui fu decisa l'accelerazione, il 2010; e la forma assunta da tale accelerazione: la falsa Pandemia chiamata SARS-CoV-2, ovvero il Colpo di Stato Globale, che deve incanalare i popoli della Terra verso il Nuovo Ordine Mondiale.

Nel presentare la Rockefeller Foundation, basti dire che questa *emerita* organizzazione internazionale fa passare per filantropia umanitaria l'azione di interventi che di fatto sperimentano sui popoli (cominciando dai più poveri) della Terra la previsione di *scenari* di eventi futuri, i quali altro non sono che la *programmazione* di svolte da imprimere alla vita sociale del pianeta, nella direzione di un sistema di supremazia formale delle Elite,   contro un'umanità sottoposta a un elaborato regime di controllo poliziesco, di cui "l'era del Covid-19" rappresenta solo il preludio. La Fondazione Rockefeller, che si esprime tramite il GBN, Global Business Network, ha pubblicato nel maggio 2010 un rapporto intitolato Scenario Planning, la Pianificazione di una Prospettiva per l'umanità, intesa a utilizzare le nuove tecnologie di frontiera per cambiare il suo modo di vita. Può interessare sapere che questo Report seguiva di qualche mese una conferenza del Bilderberg group (2009, Grecia) nel corso della quale venne posta una questione cruciale: se fosse meglio scatenare una crisi finanziaria/economica gravemente traumatica, tale da far crollare rapidamente le economie del pianeta, oppure una serie di piccoli traumi che diluissero l'effetto desiderato (cfr. Daniel Estulin, *Il Club Bilderberg*). Fu evidentemente scelta la seconda opzione. Ma venne programmata la mossa successiva, i cui effetti dovevano concretizzarsi nel decennio a venire; stiamo parlando della *pandemia* di Covid Sars-preparata alla fine del 2019 e lanciata al mondo nel gennaio-marzo 2020.

Cap. XVII - Verso il Governo Unico Globale

L'Arma Segreta: il Covid-19

Lo Scenario Planning della Rockefeller Foundation

*Il processo (dello Scenario Planning) comincia identificando
le forze del cambiamento nel mondo, poi combinando quelle forze in
differenti modi
per creare un insieme di storie −o scenari- su come il futuro potrebbe
evolvere.
(cit. da " Scenarios for the Future of Technology and Internatioanl
Development " maggio 2010)*

Rivelatore è già il glossario sul quale il relatore si sofferma, informandoci su due termini chiave, *Resilienza* e *Crescita Equa*. Il primo, accolto nell'uso quotidiano dei governi, sin dai primi mesi della pandemia, si riferisce alla "capacità di individui, comunità, e sistemi, di sopravvivere, adattarsi e crescere, di fronte a cambiamenti, persino catastrofici. La Crescita equa riguarda l'abilitazione di individui, comunità e istituzioni ad accedere a nuovi strumenti, pratiche, risorse, servizi e prodotti. "
Ancora più rivelatrice la frase, " gli Scenari sono un mezzo attraverso il quale un grande cambiamento può essere non solo prefigurato, ma anche *realizzato* "
Illuminanti sono le prefigurazioni dei seguenti 4 scenari:

La mossa della chiusura − un mondo in cui il controllo dei governi si fa più stretto e autoritario, con scarsa innovazione e crescente recessione nello standard di vita.

Attacco all'Economia − un mondo economicamente instabile e suscettibile di traumi, nel quale i governi si indeboliscono, la criminalità prospera ed emerge un'innovazione pericolosa.

Abili Insieme − un mondo nel quale emergono strategie coordinate ad alti livelli per affrontare efficacemente problemi urgenti annidati in tutto il mondo.

Operosità intelligente – un mondo economicamente depresso nel quale individui e comunità sviluppino soluzioni ingegnose a fronte di un crescente numero di problemi.

Alla luce delle condizioni instaurate (dalle Organizzazioni Transnazionali) nella congiuntura del Covid-19, ci accorgiamo che si tratta di scenari non alternativi, bensì *complementari* e assai verosimili. Tuttavia, il relatore tiene a precisare che le narrazioni, che saranno svolte in dettaglio, non sono previsioni di fatti, ma piuttosto *storie* funzionali all'esemplificazione di probabili sviluppi tecnologici e dell'evoluzione del mondo, di qui al 2030.
(nota - è solo un caso che il Report della Rockefeller Foundation *rifletta* l'Agenda dell'Onu da realizzare entro il 2030, o è viceversa?)

LOCK STEP - LA MOSSA DELLA CHIUSURA

Il redattore nel 2010 di questa fiction-verità, immagina per il 2012 l'esplosione di una pandemia di influenza scatenata da oche selvatiche. (la narrazione al passato è solo una foglia di fico).
" L'influenza, particolarmente virulenta e mortale, trova impreparate le nazioni e colpisce il 20% della popolazione globale, uccidendo 8 milioni di persone. (non diremo che si tratta della stessa *fiction*, l'Event 201, che sarà inscenata a New York nell'ottobre 2019, da Bill Gates e dai suoi accoliti -la Johns Hopkins Center for Health Security, con il World Economic Forum- seguita dall'esplosione della pandemia reale, due mesi dopo; ndA)
La pandemia ebbe (*avrà*) effetti letali sulle economie mondiali, portando a un arresto della mobilità delle persone e delle merci, debilitando il turismo, le industrie e spezzando la catena dei

rifornimenti. Localmente si registrera un blocco nel traffico commerciale di negozi e uffici, che si svuoteranno di clienti e impiegati." Il racconto prosegue descrivendo quasi esattamente le misure prese (nel 2020) dagli Stati Uniti, vietando i voli per l'estero, cosa che aumentò il contagio (sic); al contrario la Cina fu (sarà) il solo paese nel quale misure drastiche di contenimento porteranno a una soluzione abbastanza rapida della pandemia interna, favorendo la ripresa. Si passa quindi a descrivere come i governi del mondo imposero (imporranno) ai popoli provvedimenti autoritari, obbligando l'uso di mascherine e il prelievo della temperatura in stazioni, aeroporti e centri commerciali. Non basta, continua l'immaginifico redattore, giacché, anche dopo l'esaurirsi della pandemia i governi manterranno le misure di stretta sorveglianza sui cittadini. In vista del sorgere di ulteriori problemi sanitari e terroristici, nonché di popoli ridotti in povertà (perdita di lavoro, etc.) essi rafforzeranno il loro potere. Queste misure saranno accolte di buon grado dalle popolazioni, convinte dalle argomentazioni paternalistiche dei loro leaders.

La previsione per gli anni a venire è che le restrizioni nei contatti, anche dopo la pandemia, causerà un sovraccarico nelle reti delle comunicazioni cellulari. Ci saranno richieste di un balzo della tecnologica da parte dei governi, per rendere efficaci le limitazioni delle libertà individuali, a "garanzia della salute e della sicurezza sociale." (E' proprio questo l'oggetto del prossimo G7, mentre scriviamo, intitolato *Cyber Security*)

Scanners che utilizzano la tecnologia di immagini a risonanza magnetica diverrano la norma negli aeroporti e in altre aree pubbliche, intese a individuare comportamenti antisociali. Saranno sviluppate nuove diagnostiche per scoprire malattie contagiose. Inoltre lo screening (a caccia di malattie contagiose) diverrà la condizione per essere rilasciati da un ospedale o da una prigione.

(Mentre scriviamo, maggio/giugno 2021, il Parlamento europeo (che dovrebbe tutelare le libertà costituzionali dei cittadini rappresentati) ha annunciato l'approvazione del Green Pass, o "carta verde immuni"; dal mese di luglio per poter viaggiare all'interno dell'Unione si dovrà esibire un passaporto che attesti l'inoculazione di un vaccino anti-Covid o il test negativo del tampone. I governi (presto anche gli Usa) hanno avallato questa misura che rende le persone non più padrone del proprio corpo. Qualcosa che ricorda la situazione anteriore al Codice di Norimberga.)

HACK ATTACK

Il capitolo di questo scenario planning sviluppa la previsione di una pianeta dove l'autorità degli Stati è debole e molti spazi vengono presi dalla criminalità organizzata. Un ruolo speciale sarà assunto dagli hacker informatici, la cui azione volta a diffondere notizie (commerciali) false metterà in seria difficoltà banche e le grandi imprese. A ciò si aggiungerà il furto di proprietà intellettuale, con perdite ingenti per i titolari. L'informazione diventerà dubbia e inattendibile, perché difficile da autenticare, a causa delle falsificazioni dei marchi originali. Mentre aumenterà la sperequazione fra poveri e sempre più ricchi, saranno questi ultimi a sapersi difendere da ogni forma di illegalità diffusa, erigendo fortezze circondate da catapecchie di miserabili. Entro il 2025, la nullificazione dello stato sociale lascerà la maggior parte della popolazione mondiale priva di qualsiasi assistenza; molti saranno gli emarginati, dei quali le classi ricche non sapranno che cosa fare. La cristallizzazione delle classi, bloccherà la mobilità sociale e le pari opportunità (un tempo almeno *promesse* dalla democrazia liberale).
Si farà allora ricorso ai valori tradizionali: la famiglia, la religione, la bandiera nazionale. Fiducia sarà accordata a chiunque capace di garantire sicurezza e sopravvivenza, si tratti di un signore della guerra, un predicatore evangelico, o altro. In alcuni paesi il collasso dello Stato condurrà allo stabilirsi di un sistema feudale. Entro il 2030, la differenza fra nazioni in via di sviluppo e nazioni non più sviluppate sarà pressoché irrilevante.

Altre aspettative (annunciate): proliferazione di armi biologiche (virus e altri patogeni sparsi nei paesi rivali);
Internet: sarà invasa da spam e fioriranno le attività illecite nel Dark Web, dove nessun governo avrà la capacità di monitorare, identificare o bloccare le attività illegali. Questa situazione renderà necessaria l'adozione di tecnologie di identificazione biometrica, un database delle retine oculari di milioni di persone. Il che non basterà a difendersi dagli hackers, i quali ruberanno i database e utilizzeranno false identità (o identità clonate). In compenso la classe media potrà ricorrere al lifting facciale, grazie all'abbassamento dei costi della chirurgia cosmetica. **(1)**
Una nota confortante è data dalla previsione che la grave crisi che colpirà il lavoro nei prossimi anni spingerà molti immigrati in Europa a tornare nei loro paesi d'origine.

----

(1) – *E' il sistema sociale descritto nei romanzi cyber di William Gibson, sin dagli anni '80 del '900, e non così lontano, del quale si stanno ponendo le basi nell'era Covid).*

IL PIANO 2020 E SEGUENTI

Il Controllo Militarizzato dei Popoli

Se lo Scenario Planning del 2010 era fiction, quello del 2020 è realtà. In esso, dedicato principalmente agli Stati Uniti, riconoscerete i provvedimenti presi dagli Stati europei (su dettatura della Commissione) ed ora estesi alla campagna per la vaccinazione di massa, resa di fatto obbligatoria dalla "carta verde degli immuni". Non solo la mano della Fondazione Rockefeller è ravvisabile in questo nuovo Regime Covid-19, ma anche quella del sedicente filantropo Bill Gates **(1)** per voce dell'OMS, così prodiga di consigli e sollecitazioni alle chiusure e alle limitazioni della libertà personale, dettate dai comitati tecnico-scientifici posizionati strategicamente nelle nazioni d'Occidente, come governi ombra. Tutto ciò che la filantropia internazionale o transnazionale suggerisce, per comprimere lo stato liberale, ormai diventa legge delle nazioni.

Nell'aprile 2020 la Rockefeller Foundation ha presentato il "Piano d'Azione per il Test Nazionale del Covid-19" **(2)**. Alla stesura hanno contribuito diverse università americane, fra le quali si segnala la Johns Hopkins, che abbiamo conosciuto come organizzatrice di Event 201, insieme a Bill Gates (la simulazione della pandemia di Covid, inscenata nell'ottobre 2019). Il Piano prevede un nuovo modello di società militarizzata degno di un regime sovietico o cinese. A cominciare dalla istituzione di un Consiglio per il Test della Pandemia (Pandemic Test

Board) analogo al War Production Board creato in Usa durante la Seconda Guerra Mondiale. Il Consiglio sarebbe formato da esponenti di spicco del mondo degli affari, del governo e delle università, con i circoli della finanza e dell'economia in prima fila.

---

(1) – sono di Bill Gates l'idea di adottare una carte verde immuni per viaggiare tra le nazioni e quella dell'abolizione del denaro contante per evitare il contagio);
(2) – il piano dei Rockefeller sembra avere ispirato l'dea di una task force che l'ex primo ministro italiano Giuseppe Conte avrebbe voluto installare con pieni poteri a Palazzo Chigi, e che il Parlamento italiano ebbe l'accortezza di bloccare sul nascere);

Questa squadra di privati rappresentanti dell'Elite avrebbe il potere di prendere decisioni con la stessa autorità del Presidente Usa. Ma non è questo il peggio, né il costo in miliardi di dollari che le attività di test e l'acquisto di forniture sanitarie e servizi (nell'ambito di partnership finanziarie) produrrebbe, costo addebitato ai contribuenti americani. L'accento va posto sul monitoraggio a tappeto di 30 milioni di cittadini americani sottoposti a tampone ogni settimana e (mentre scriviamo) a vaccinazione, entro 6 mesi. Per portare a termine il Piano, il Consiglio di Controllo Pandemico sarebbe autorizzato a creare una forza di polizia speciale, il Pandemic Response Corps, in numero da 100 mila a 300 mila componenti, stipendiati dai contribuenti americani per farsi tenere sotto controllo con tecniche militari (le stesse adoperate probabilmente nei territori di guerra) basate su un sistema di tracciamento e identificazione nei luoghi di lavoro e di studio, nelle aree residenziali, nei posti pubblici, sui mezzi di trasporto, nelle stazioni, negli aeroporti…

I sistemi di sorveglianza verrebbero forniti da Google, Facebook, Apple; informazione, questa, che non ci sorprende, considerato che i social network, al di là della loro facciata ludica, sono stati inventati allo scopo sopra descritto. Secondo la Rockefeller Foundation, le informazioni relative allo stato di salute e alle attività dei cittadini rimarrebbe riservata, nei limiti del possibile; ma andrebbero a finire in una piattaforma digitale centralizzata gestita dallo Stato Federale e da compagnie private.

Il Consiglio avrebbe il potere di decidere quali zone del Paese dovranno essere sottoposte a chiusure e per quanto tempo. Al presente possiamo affermare che il Piano della Rockefeller Foundation è stato realizzato, sia pure con ritocchi e con modalità diverse, in Europa, dove il Consiglio di Controllo della Pandemia ha assunto i nomi più rassicuranti di Comitato tecnico scientifico (si veda l'Italia): di fatto governi ombra che hanno esercitato e continuano ad esercitare un' enorme influenza sui governi ufficiali, determinando la sospensione dei diritti individuali –libertà di movimento e sovranità sul proprio corpo- obbligando i cittadini a posizionarsi come pedine negli spazi pubblici, indossando mascherine-bavaglio, che non proteggono dal virus, ma il cui messaggio simbolico rivolto alla psiche profonda è evidente. E' stato inoltre instaurato un regime di "coprifuoco" che vieta di circolare di notte e di frequentare bar, ristoranti, dancing, del resto chiusi da metà pomeriggio. Condizioni, al momento allentate, ma suscettibili di essere reintrodotte nei prossimi mesi, con la recrudescenza delle *varianti* del virus, come preannunciato dai Dottori di Governo.

Mentre scriviamo, la campagna martellante di vaccinazione suggerisce ai governi la tattica dell'incoraggiamento a sottoporsi al vaccino, con conseguente rilassamento delle misure imposte negli scorsi mesi (tuttavia restano la mascherina, il distanziamento e soprattutto viene introdotto il Green Pass per viaggiare tra le nazioni europee, che rende di fatto *obbligatorio* sottoporsi a vaccinazione). Malgrado i virologi onesti affermino che il vaccino *non* neutralizza affatto il virus, le autorità inducono il pubblico a credere che vaccinarsi serva a scongiurare il contagio e ad affrontare le *varianti*, che arriveranno. In merito all'inganno perpetrato in prospettiva su questi due punti -contagio e varianti- diremo nel prosieguo.

Né si può trascurare il lato economico. Le chiusure forzate delle attività produttive medie hanno portato al fallimento di molte imprese, alla perdita di milioni di posti di lavoro, a misure straordinarie di indennizzo da parte degli Stati per famiglie e imprese, che pur rivelandosi esigue (ad esempio in Italia) hanno aumentato il Debito pubblico dei popoli europei; un *peccato* che la Grande Finanza ci farà pagare con ulteriori ricatti negli anni a venire.

Per converso, la crisi economica innescata dalla pandemia ha aumentato il fatturato di multinazionali specializzate nel commercio on line e portato miliardi nelle casse di Big Pharma, attraverso i contratti stipulati con gli Sati Uniti, l'Unione Europea e i singoli Stati, per la produzione di vaccini, la cui somministrazione –proprio mentre scriviamo- viene sospesa, o è comunque assai controversa, perché sta facendo vittime in Europa e in Usa (e i cui numeri reali vengono occultati). Ci torneremo, non senza prima dire sulla proprietà delle Case Farmaceutiche di Big Pharma, che tale proprietà, non troppo sorprendentemente, ci riporta ai Grandi Fondi d'Investimento e agli Hedge Fund dei capitoli precedenti; come dire il Potere Finanziario che governa il pianeta, che tutto decide, anche le pandemie. Riportiamo l'elenco in Appendice 2.

BIG PHARMA, LA FONDAZIONE GATES
E L'AFFAIR COVID-19

E' stato documentato da diversi autori (v. www.Global Reasearch) come la Fondazione Gates, il Gavi ed alcune Case Farmaceutiche siano state implicate (con cospicui profitti) negli anni passati in episodi di sperimentazioni sanitarie (vaccini) in Africa e in India, che hanno causato lesioni gravi ai soggetti trattati (in genere bambini) e decessi in quantità. Per i dettagli rimandiamo all'Appendice 2 in fondo al libro.

Dall'analisi di tali precedenti sembra di capire che l'opera umanitaria (tanto sbandierata) della Fondazione Gates e della sua istituzione-braccio armato, il Gavi Alliance, abbiano come movente non solamente il profitto, ma anche un implicito programma genocida delle popolazioni che nei primi decenni del '900 l'Occidente liberal democratico chiamava sotto-razze e che vide l'affermarsi della dottrina eugenetica; una dottrina mai scomparsa, in verità, che tende a riproporsi oggi attraverso canali clandestini, ma pervasivi, inquadrabili nel variegato Piano Ordinovista. Se lo scenario è questo, allora non sarebbe inverosimile mettere insieme le manovre della Fondazione Gates dell'ottobre 2019 (la famosa *simulazione* Event 201), la quanto mai *tempestiva* esplosione della pandemia di Covid-19 due mesi dopo, e la gran chiamata (da parte di Europa e Stati Uniti) rivolta alle Case Farmaceutiche, con il Gavi Alliance in testa, per la produzione di vaccini su scala mondiale; cosa che si è verificata in un tempo record (6 – 7 mesi) contro i due anni solitamente richiesti per la sperimentazione di un vaccino sicuro.

Ora che i vaccini, dopo essere stati lesinati all'Europa (a fronte dei miliardi pagati dai suoi cittadini) stanno uccidendo molte persone (forse più di quel che riportano i media) il sospetto viene che ciò non sia dovuto solamente alla *sbadataggine* dei loro fabbricanti, ma che il programma di sfoltimento della popolazione terzomondista si sia esteso anche ai popoli d'Occidente (tenendo a mente la matrice esoterica di un siffatto incredibile Piano, come abbiamo narrato nel cap. XVI). Ne riferiremo tra poco.

(Nota – Per l'attività della Fondazione Gates nel Terzo Mondo cfr. il sito Global Research. Ricordiamo che Gavi Alliance è la stessa organizzazione che il governo italiano, e certo altri governi europei, e la stessa Commissione hanno finanziato con centinaia di milioni, dei contribuenti europei, per la ricerca sui vaccini anti-covid, i cui effetti non sembrano adeguatamente sperimentati e affidabili, a giudicare dai numerosi casi di trombosi che stanno provocando i vaccini AstraZeneca, Johnson & Johnson e Moderna, mentre l'EMA, Agenzia Europea del Farmaco, continua a minimizzare. Per altro, si tratta di vaccini solamente approvati dalle varie agenzie del Farmaco, ma non provvisti di licenza).

E il Microchip è già Realtà

Controllo mentale e mutazione distruttiva

Nel 1997, uno scienziato della CIA confidò a David Icke che microchips sviluppati nel settore della ricerca militare statunitensi erano già così minuscoli da poter essere iniettati con aghi ipodermici nei programmi di vaccinazione. Con la nanotecnoogia nessuno se ne sarebbe accorto. La tecnologia dei computer comunicando con i chips ha la capacità di manipolare la mente della gente, emozionalmente e fisicamente. Questo poteva (e può) essere fatto in massa o individualmente attraverso l'unico segnale ricetrasmittente del chip stesso

Matt Agorist è un veterano del USMC (US Military Corps) in congedo, nonché ex operatore d'intelligence della NSA (National Security Agency). Questa esperienza gli fornisce una prospettiva speciale sui segreti del governo americano (governo che Agorist identifica col Complesso Militare Industriale, in un intrico di corruzione). Ecco che cosa riferisce in un post sul suo sito Free Thought Project (13 aprile 2021):

"La Teoria del Complotto diventa Realtà dal momento in cui il Pentagono crea il Microchip impiantabile per scoprire il Covid "

Nel 2004 la FDA (Food and Drug Administration) approvò l'impianto di microchips RF-ID negli umani, e benché non siano stati utilizzati (ufficialmente) è circolata voce che essi siano stati invece impiantati nei soldati. Un'altra voce è corsa nel 2017 a proposito dell'impianto di microchip-ID ai quali una ditta del Wisconsin avrebbe obbligato i propri impiegati, in modo da accedere ai computer più velocemente e svolgere meglio il proprio lavoro.

Veniamo ai giorni nostri. Nella cornice del dibattito sulla Distopia Tecnocratica del Covid-19, il microchip impiantabile è stato il tema della popolare trasmissione "60 Minutes" (analoga alla italiana "In Mezzora"). Il microchip sarebbe un "rilevatore a luce" del Covid-19. Attualmente in fase di studio, esso fa parte di uno dei programmi del DARPA (Defense Advanced Research Projects Agency) del Pentagono, che nel 2017 spese milioni di dollari in una nuova tecnologia chiamata "tecnologia di estinzione genetica", mirata alla distruzione di intere specie (si presume animali e vegetali, soltanto?).

Nella citata trasmissione "60 Minutes" è intervenuto di recente (primi di aprile 2021) il dottor Matt Hepburn, colonnello a riposo e infettivologo, il quale ha dichiarato che il microchip funziona come un motore di ricerca luminale. "è un sensore. Quella cosa minuscola verde che (il chip) contiene, voi la mettete sotto la pelle ed essa vi avverte che ci sono reazioni chimiche in atto nel vostro corpo; e quel segnale significa che domani avrete i sintomi (del Covid). Secondo il colonnello, il microchip, incorporato in una sostanza simile a gel, è progettato per testare continuamente il sangue del ricevente, in cerca del virus. Una volta che il Covid-19 venga individuato, il chip avverte il paziente di effettuare un test del sangue rapido, che può essere auto-eseguito, per confermare la positività (al virus). Noi incoraggiamo la comunità scientifica a fornirci soluzioni che potrebbero suonare fantascientifiche - conclude il colonnello Hepburn- il cui ruolo nel DARPA è quello di "togliere di mezzo le pandemie".

Il commento di Agorist è che, senza nessuna prova scientifica, il colonnello afferma che il microchip-sensore è in grado di arrestare l'infezione ai primi sintomi. Mentre, la realtà è che i test di massa hanno dimostrato non solo che essi sono inattendibili, a causa dei numerosi casi di falsi positivi e falsi negativi, ma anche che sapere di avere il Covid-19 non basta per arrestare il contagio.
E' inquietante, sebbene non sorprendente, che i media ufficiali in Usa stiano già contrabbandando questo microchip impiantabile come strumento per eliminare le pandemie per sempre.

Ora esaminiamo i due aspetti relativi a questo microchip, che dalla dimensione *mitica* della Controinformazione sul Web sta per passare a quella della realtà quotidiana, questione solo di tempo. C'è l'aspetto del profitto. Già nel 2020 la MintPress News metteva sotto i riflettori il business miliardario condotto dalla grande industria sanitaria insieme al governo statunitense nel mercato diagnostico dei POC (punti-di-cura), un mercato fiorente valutato $ 18.8 miliardi su scala mondiale. Le previsioni sono rese ottimistiche dall'aumentata domanda di tecnologia sanitaria   seguita alla pandemia; un'ondata profittevole che sta riempiendo le casse di Big Pharma e Big Tech, con l'aiuto, beninteso dei governi di tutto il mondo, in testa il Dipartimento della Difesa Usa. Quest'ultimo introdotto coi suoi tentacoli nel settore privato, DARPA o In-Q-Tel, dove il denaro pubblico viene fatto fluire nell'impresa privata tramite investimenti diretti, acquisto di azioni e contributi, nel quadro di cooperazione del Complesso Militare-Industriale.

L'individuazione del Covid-19 è tra i più affollati segmenti del mercato di diagnostica POC. Su di essi si è concentrata ultimamente la ricerca tecnologica, pervenendo ai vaccini mRNA e a test di grado avanzato. Interessa sottolineare che il Dipartimento Per la Sanità e i Servizi Umani americano (HHS, Health Human Services) ha fatto investimenti considerevoli nello sviluppo del vaccino mRNA sin dal novembre 2019 (due mesi prima dell'esplodere della pandemia) nonché nello strumento per diagnosticare il Covid-19, basato sulla stessa tecnologia mRNA. (nota - cfr. www.FreeThoughtProject)
Sul vaccino mRNA abbiamo già riferito (v. cap. XV) che, a detta di molti virologi indipendenti, non si tratta di un vaccino, ma di una specie di piattaforma software per modificare il DNA umano. (cfr. sito Global Research) Se mettiamo insieme questa tecnologia e il fatto che il governo Usa (con una preveggenza degna di Edgar Cayce) vi abbia investito tanto denaro, *prevedendo,* due mesi prima della sua comparsa, il tipo di virus da trattare con il vaccino mRNA, e se aggiungiamo l'esperimento di simulazione condotto dalla Fondazione Gates, nell'ottobre 2019, ci accorgiamo che il microchip-sensore del colonnello del DARPA non ha soltanto una valenza medica, né è inquadrabile nella sola logica bieca del profitto mercantile. Vi è probabilmente di più. Avanziamo delle ipotesi, proiettandoci in un futuro fantascientifico, quanto il microchip stesso, che è ormai realtà.

Posto che la (inesistente) pandemia di Covid-19 non sarà dichiarata estinta prima di molti mesi, se va bene un paio d'anni, secondo i virologi del Gran Consiglio Pandemico (OMS), c'è tutto il tempo affinché, cominciando dagli Stati Uniti, venga lanciata una campagna mediatica senza precedenti per annunciare:
1) che il corona virus-19 avrà presto, con molta probabilità, dei successori/varianti (già in fabbricazione nei laboratori di Wuhan e in altri gestiti dall'OMS) e che perciò bisogna farsi trovare pronti; 2) che è nato un dispositivo provvidenziale, non lo chiameranno *sensore-luce* (per non allarmare) ma adotteranno il nome più casalingo di "gel-test".
Ecco il tenore trionfale della propaganda prossima ventura:
‹ Finalmente potrete fare l'auto-test in casa per vedere se avete qualche infezione ed anche l'esame del sangue, senza dovervi recare in ambulatorio. Come posso fare dottore? Lo passa la mutua? Certo, signora, con il ticket, in farmacia. Come si usa? Basta inserirlo sotto la pelle, in qualsiasi parte del corpo, meglio sull'avambraccio. E quanto tempo lo devo tenere, dottore? (la casalinga e il pensionato telefonano

alla fidata trasmissione radiofonica); il tempo di avere la risposta immunitaria. Che vuol dire? Vuol dire che se ha l'esito positivo può subito prendere una cura, ancor prima di avere i sintomi del covid (o di quel che verrà) e poi sarà immunizzata. E quando lo devo togliere, dottore? Ma può tenerlo sempre, signora; tanto, sotto la pelle si vede appena, ci può mettere sopra un bel bracciale! Quali altri vantaggi? Il suo medico di base la potrà visitare anche per telefono; lei ha una connessione 5G, immagino. Con il gel-test sottopelle lei e i suoi figli, suo marito, potrete essere sempre sotto controllo medico, via computer.›

Non dice però l'esperto che il microchip gel verdolino viene venduto con un numero di serie che, abbinato al codice fiscale, è registrato nel Gran Terminale del Ministero della Sanità/Inps e per conoscenza delle Finanze. Tant'è che, quando andrete in banca o alla Posta a fare qualche operazione, l'impiegata vi dirà di alzare il sovrapolso per passarvi allo scanner-ID (chip viventi); dimodoché, in un colpo solo, lo Stato saprà quanto denaro prelevate o spostate da un conto a un altro e se avete il covid-2023 o il cancro alla cervice. Non soltanto lo Stato, ma anche certe agenzie, come la NSA alla quale i governi occidentali sono tenuti (da accordi segreti) a comunicare i dati *sensibili* dei propri cittadini, per "motivi di sicurezza internazionale" (v. cap. 1).

Il microchip permanente diverrà uno strumento *normale*, d'uso quotidiano, una tessera sanitaria incorporata. E poiché le vie della techne (e del NWO) sono infinite e sorprendenti, accadrà, in pochi anni, che il gel-sensore-microchip (magari un tipo *specializzato* innestato -per inoculazione- sulla vecchia piattaforma del vaccino mRNA) potrà essere rilevato senza il tramite di una connessione internet, ma direttamente, da remoto. Un ente qualsiasi, pubblico o privato (la Sanità, le Finanze, la Polizia, saranno in parte privatizzate) potranno, mentre siete al lavoro o in casa a cucinare, o mentre dormite, rilevare il vostro stato di salute (senza nemmeno chiedervi l'autorizzazione o comunicarvelo) e *influenzarlo*, ovvero, potranno agire sul vostro sistema nervoso, inviandovi segnali a distanza per indurvi a certi comportamenti utili al governo del momento, che sarà ancora (detto) *democratico* e *umanitario*. Si avvererà allora la predizione di René Guenon, alto esponente della Massoneria, "gli uomini diverranno dei robot animati artificialmente e sporadicamente da una volontà diabolica e questo ci dà un'idea precisa di ciò che accade al limite della dissoluzione" **(1)**

----

(1) *cfr. René Guenon, "Il regno della quantità e i segni dei tempi",1989).*

Ma il Nuovo Ordine Mondiale non si accontenterà di trasformarci in robot. Le sue mire puntano a oltrepassare quei limiti, pervenendo alla dissoluzione fisica dei corpi.

I Quantum Dot

La proiezione futuribile ci riporta fatalmente alla Fondazione Gates, (Bill) questo demiurgo dell'Era Technetronica già in atto. La nota Fondazione nel 2019, ha finanziato un **progetto di ricerca del MIT** finalizzato allo sviluppo di un dispositivo nanotecnologico capace di somministrare vaccini e di tenerne traccia *in situ,* come? depositando una piccola quantità di *quantum dot* come *marcatori* propri di ciascun farmaco inoculato. Senza addentrarci in specificità pertinenti alla fisica delle particelle, diciamo soltanto che i "quantum dot" sono minuscoli cristalli fluorescenti (composti di elettroni) di dimensioni nanometriche, che vengono reputati la nuova frontiera nella ricerca e nell'applicazione biomedica, perché, mentre i farmaci tradizionali fanno perdere le loro tracce subito dopo l'assunzione, i *quantum dot* possono permetterci di continuare a scambiare informazioni con le sostanze che introduciamo nei nostri corpi, per capire dove, quando e in che modo interagiscono con noi.

Nel caso del dispositivo del MIT, i *quantum dot* verrebbero usati come "tatuaggi intelligenti" capaci di codificare la nostra storia vaccinale direttamente sui nostri corpi, rendendola sempre accessibile anche da un semplice smartphone. Con un inciso, è interessante notare che la nanotecnologia ci immette in un mondo ai confini della realtà (conosciuta) fatto di punti zero-dimensionali e radiazioni elettromagnetiche; mondo nel quale entra in gioco il concetto di *entanglement,* introdotto dalla meccanica quantistica a proposito dell'azione a distanza tra particelle. Azione nota come paradosso EPR

(Einstein Podolsky Rosen) e relativa all'ipotesi della Teleportazione della materia (ne abbiamo già parlato nel cap. XVI).

Tale tipo di teletrasporto si basa appunto sulla proprietà di *entanglement* di due (o più) osservabili particelle. Ad esempio, due particelle *entangled* (ingl. *impigliate*) sembrano rispondere istantaneamente l'una dell'altra (in realtà violano il **principio di località**), ma le informazioni che si trarrebbero da queste risposte immediate andrebbero comunque utilizzate (comunicate) con velocità limitate da quella della luce.

Ciò implica che le due particelle *entangled*, intrinsecamente correlate nella dimensione quantistica, possono modificare a vicenda il proprio stato fisico in modo istantaneo, indipendentemente dalla loro reciproca posizione nello spazio. Ne conseguirebbe allora, in via teorica, che gli elettroni dei cristalli *quantum dot* potrebbero essere *controllati* a distanza proprio tramite l'*entanglement*, trasformando i *quantum dot* impiantati sotto la nostra pelle in una sorta di materiale alchemico e proteiforme, capace di assumere qualsiasi caratteristica fisico-chimica desiderata dall'operatore. Un *quantum dot* messo in *entanglement* con chi l'ha inserito, darebbe potere a tale agente sanitario (o a chi per lui) di agire sulla nostra fisiologia e sulla nostra mente.

La nanotecnologia può essere considerata una frontiera transhumanista, che consentirà in un futuro (non così lontano) la dematerializzazione dei corpi e la capacità di forze immateriali di interagire fisicamente con noi, tramite dispositivi tecnologici. Stiamo parlando di *materia programmabile*, ovvero della sua trasformazione in informazione pura, e viceversa. (nota – questo traguardo è stato previsto dalla tesi avanzata diversi decenni fa da fisici come Paul Davis, secondo i quali nell'Universo tutto è informazione, la materia e l'energia pura; di qui, come abbiamo cercato di spiegare, nel cap. XVI, il confine labile tra la prima e la seconda, che altro non sono che stati diversi dell'esistenza, o dell'Essere, come postula la dottrina induista, avallata implicitamente dalla fisica contemporanea).

Riprendendo il tema Covid, il virus, che ha una struttura materiale (secondo alcuni biologi, i virus sono sostanze morte, incapaci perciò di infettare) il Covid sembra l'occasione (o l'espediente) per allontanarci dai nostri spazi fisici e sospingerci, rinchiuderci in prigioni digitali dove monitorarci e sorvegliarci con le nanotecnologie.

Che tale prospettiva non sia soltanto frutto dell'immaginario cospirazionista in Rete, lo prova il fatto che anche la comunità scientifica ammette che la produzione e commercializzazione dei primi vaccini anti COVID-19 a m-RNA rappresenta una nuova meta, in quanto è la prima occasione in cui un prodotto delle nanotecnologie, ovvero della nanomedicina, è stato diffuso su scala globale.

E l'establishment scientifico aggiunge che la risoluzione della pandemia è affidata a queste tecnologie farmacologiche, senza nascondere però che "nessun intervento tecnologico di massa" potrà mai ambire ad essere del tutto neutrale o innocente. …

Secondo il movimento Transhumanista, la creazione di atomi artificiali attraverso la tecnologia dei *quantum dot*, dotati di qualsiasi proprietà immaginabile e capaci di trasmutarsi istantaneamente gli uni negli altri, permetterà un giorno all'ingegno umano di emanciparsi completamente dalla tirannia della materia, realizzando quella che lo scrittore Wil McCarthy, in un articolo del 2001 pubblicato su *Wired*, definì *alchimia definitiva*. Nelle parole di McCarthy, "ci potrebbe essere una sostanza veramente programmabile nel nostro futuro, capace di cambiare le sue proprietà fisiche e chimiche apparenti con la stessa facilità con cui lo schermo di una TV cambia colore. (nota - il che ci riporta agli Esseri luminali ed interdimensionali del cap. XVI)

Ecco che il Progetto NWO assume sempre più i contorni di un incubo futuribile, se ci si pone dal suo punto di vista, per cui i nostri corpi, nella realtà artificiale della pandemia, vengono sottratti alle istituzioni tradizionali del sistema liberal-democratico, con i loro organismi intermedi di controllo, (ospedale, scuola, fabbrica, caserma,) e consegnati a un sistema di operazioni (inavvertitamente coercitive) dettate da tecnologie biomolecolari che entrando nel nostro organismo con microprotesi, si realizzano in tecnologie di sorveglianza digitale, ipso facto, espropriandoci.

Agli scettici i quali obiettano come sia attualmente impossibile controllare le proprietà fisico-chimiche dei *quantum dot* con uno smartphone attraverso l'*entanglement* quantistico, e che la materia dei nostri corpi è ancora dotata di una grande autonomia rispetto ai flussi di dati che la attraversano, rispondiamo che lo stadio scientifico della nostra civiltà potrebbe essere assai più avanzato di quel che i governi (e le agenzie di sicurezza USA) vogliono farci credere, considerato che molte conoscenze scientifiche e tecnologiche sono notoriamente coperte da segreto militare.

Ridurre la Popolazione Mondiale Drasticamente e con ogni mezzo

In un articolo sul suo blog, del 7 agosto 2009, il giornalista David Hodges riporta le dichiarazioni di esponenti politici e dirigenti di organizzazioni vicine alle Nazioni Unite. Inizia riferendo dichiarazioni rilasciate nel 2007 da medici dell'establishment Usa, ad esempio Lorraine Day, del General Hospital di San Francisco, moglie dell'ex deputato americano Bill Dannemeyer, secondo i quali ci sarebbe un Piano delle Elite (ispirato alla teoria maltusiana) per eliminare il 95% della popolazione mondiale. (ma noi sappiamo che le Elite sono solo il braccio armato del Centro Mistico di Shamballa e di quello Tecnocratico degli Anunnaki).

Altre testimonianze, la dottoressa Rebecca Carley e il ricercatore medico e scrittore Patrick Jordan intervistati da Hodges nell'aprile 2009, sono pià specifici nel denunciare l'esistenza di un programma di depopolamento da parte dell'Elite Mondialista. Il mezzo escogitato, almeno dal 2009, sarebbe stato il vaccino contro l'H1N1 dal quale, secondo i due medici, sarebbe partito lo sfoltimento. Negli anni seguenti si sono moltiplicati sul Web le denunce e i documenti su questo piano, che ha, come vedremo la sua matrice in un programma non segreto, ma paludato di umanitarismo, delle Nazioni Unite. La falsa pandemia di Covid-!9 (sono ormai parecchi i virologi che lo denunciano) ha introdotto il vaccino di ultima generazione basato sul mRNA, un vero e proprio software, posto che il RNA (Acido Ribonucleico) è il fattore che trasporta l'informazione contenuta nel DNA (Acido Desossinucleico) cioè gli amminoacidi, determinando i processi vitali dell'organismo. L'mRNA vaccino modifica uno o più amminoacidi, ri-programmando così la risposta immunitaria dei vaccinati (per i dettagli v. cap. XV). Ciò potrebbe significare per gli anziani e malati, la vulnerabilità a qualsiasi malattia, anche lieve; per i giovani l'ereditarietà del software modificante inoculato col vaccino che sarebbe trasmessa ai propri figli; un software che potrebbe contenere un timer (ma tutti i vaccini lo contengono) il quale sarebbe regolato per terminare la vita dei vaccinati di lì a dieci, vent'anni e della loro prole in giovane età.

Prima di inoltrarci nella specificità del progetto *riduzionista* del NWO, passiamo in rassegna le dichiarazioni di alcuni noti rappresentanti dell'Elite, politici, scienziati, intellettuali, che da decenni propugnano una nuova/vecchia dottrina eugenetica, filtrata da falsi propositi umanitari e democratici, e ammantandola dello slogan allarmistico della *sostenibilità*, sovente associata a un fattore di rischio *invisibile* da combattere tutti uniti.

" se a loro (agli Americani e ai popoli in genere) fosse detto che c'è un nemico esterno, sia reale che inventato, che ne minaccia l'esistenza… tutte le persone del mondo invocherebbero di essere salvate dal male. …Se messa di fronte a questo scenario, la gente è pronta a rinunciare prontamente ai diritti individuali dietro garanzia di benessere che a loro potrà garantire il Governo Mondiale " *(Henry Kissinger, riunione gruppo Bilderberger, Evian, Francia, 1991)* **(1)**

Ancora attribuite all'ex Segretario di Stato americano:
" La popolazione mondiale ha bisogno di essere diminuita del 50% . Il depopolamento dovrebbe diventare la principale priorità della politica estera nei confronti del terzo mondo, poichè l'economia americana richiede quantità sempre maggiori di materie prime dall'estero, specialmente dai paesi meno sviluppati "

---

(1) – *è esattamente lo spirito dei Protocolli dei Savi di Sion, tema guida del nostro "I Protocolli di Sion e il Nuovo Ordine Mondiale", 2020);*

"Siamo nell'imminenza della trasformazione globale. Tutto ciò di cui abbiamo bisogno è una giusta crisi senza precedenti e le nazioni accetteranno il Nuovo Ordine Mondiale"
(David Rockefeller (meeting Bilderberg, 2009);

" Dobbiamo parlare più chiaramente su sessualità, contraccezione, aborto, sul controllo della popolazione, perchè la crisi ecologica corrisponde alla crisi della popolazione. Tagliate del 90% la popolazione e non ci saranno più sufficienti persone per causare grossi problemi ecologici "
(Michail Gorbaciov, meeting Bilderberg, 2000)

"Guerra e carestie non lo faranno. Invece, la malattia offre il modo più efficiente e veloce per uccidere miliardi di persone. L'AIDS non è efficiente perchè funziona troppo lentamente. Il mio candidato preferito per eliminare il 90% della popolazione mondiale è l'Ebola, perchè è altamente letale e uccide nell'arco di pochi giorni. Uccidere le persone. Pensate a questo. Anche l'influenza aviaria sarebbe buona. Per ognuno che sopravvive, dovremo seppellirne nove."
(Dr. Eric Pianka, ecologista evolutivo, Università del Texas)

"Nessuno entrerà nel Nuovo Ordine Mondiale a meno di non promettere di adorare Lucifero. Nessuno entrerà nella New Age senza una iniziazione luciferina"
(David Spangler, Direttore di Planetary Initiative, Organizzazione Nazioni Unite)

"Alla presente vasta sovrapopolazione, attualmente ben al di sopra della capacità portante della Terra, non si potrà rispondere con riduzioni del tasso di nascita attraverso contraccezione, sterilizzazione ed aborto, ma solo con la riduzione del numero di persone attualmente viventi. Questo dovrà essere fatto con qualunque mezzo"
*(Iniziativa delle Nazioni Unite ECO-92 EARTH CHARTER, a Rio de Janeiro, 1992.)(**2**)*

---

*(**2**) La conferenza dell' ONU, che con la partecipazione di tutti i governi del mondo, segnò l'avvio della famigerata Agenda 21-30, su cui torneremo più avanti);*

"Al Regime Planetario (Governo Unico) dovrebbe essere concessa la responsabilità di determinare il livello di popolazione ottimale sia per il pianeta che per ogni regione, e di arbitrare le varie quote nazionali all'interno di ogni singola regione mondiale. Il controllo del livello della popolazione dovrebbe essere prerogativa dei singoli governi, ma il Regime (il Governo Unico) dovrebbe poter mantenere l'ultima parola"
(John P. Holdren, consulente scientifico di Barack Obama, nel libro "Ecoscience").

"La direttiva dei Rockefellers e dei loro alleati è di creare un Governo Unico Mondiale che combini supercapitalismo e comunismo sotto lo stesso tetto, e tutto sotto il loro controllo... Si tratta di una cospirazione? Si, lo è. Sono convinto che esista questo complotto, a livello internazionale, pianificato da generazioni e incredibilmente malvagio negli scopi "
(Deputato del Congresso USA, Larry P. McDonald, perito in uno strano incidente aereo nel 1976).

(nota – fonte: sito web David Hodges).

*

Ha scritto il divulgatore scientifico Alvin Toeffer che alcuni virologi sarebbero al lavoro nei loro laboratori per cercare di individuare e isolare tipi di agenti patogeni in grado di aggredire determinati ceppi etnici e così eliminare etnie e razze umane designate (2); altri stanno progettando di ingegnerizzare una specie di insetti capaci di distruggere colture specifiche di certe aree geografiche del Terzo e Quarto Mondo, in modo da provocare carestie.

----

(2) – il che scopre la menzogna o l'abbaglio della politica e della scienza orientata a sinistra, cioè l' NWO, circa l'uguaglianza biogenetica delle razze umane);

Altri, ancora secondo Toeffer, sarebbero impegnati anche in operazioni di terrorismo ecologico che si esplicherebbe nell'alterazione del clima; un esempio di quest'azione sarebbero le scie chimiche (di cui i cieli italiani specialmente sono da qualche anno irrorati.)

Rientra nel progetto terrorista e riduzionista delle Elite anche l'HAARP (High Frequency Active Auroral Research Program) un'arma segreta Usa basata sull'emissione di onde elettromagnetiche da parte di 180 antenne (situate anche in Europa). Tali onde ad alta frequenza verrebbero fatte rimbalzare sulla ionosfera e dirette su certe aree del pianeta, dove si trovano le faglie, innescando terremoti…

Ulteriori dichiarazioni o suggerimenti per il Nuovo Ordine Mondiale:

Jacques Cousteau, ambasciatore dell' UNESCO (1991): "Per salvare il pianeta sarebbe necessario uccidere 350.000 persone al giorno."

Bertrand Russell, in *"L'Impatto della Scienza sulla Società"* (1953):
"Non pretendo di dire che il controllo delle nascite sia il solo mezzo per impedire ad una popolazione di aumentare. Ce ne sono altri… la guerra è piuttosto deludente al riguardo, ma una guerra batteriologica potrebbe rivelarsi efficace. Se una peste potesse propagarsi nel mondo ad ogni generazione, i sopravvissuti potrebbero procreare liberamente senza riempire troppo il mondo. Lo stato delle cose potrebbe essere un po' sgradevole, ma che importa? Le persone veramente nobili sono indifferenti alla felicità, soprattutto a quella di altre persone. Ci sono tre modi di garantire una società che voglia essere stabile per quanto riguarda la popolazione. Il primo è quello del controllo delle nascite, il secondo quello dell'infanticidio o con guerre realmente distruttive, e il terzo attraverso una povertà generale, fatta eccezione per una potente

minoranza." **(3)**

William S. Cohen, Segretario della Difesa, Testimonia davanti alla Commissione Congressuale (1997):
"Forme avanzate di guerra in grado di colpire specifici genotipi possono trasformare la guerra biologica da un regno del terrore a uno strumento politicamente utile."

Bill Gates: (oltre un decennio fa) "Il mondo oggi ha 6,8 miliardi di persone e sta andando verso i 9 miliardi. Ora se veramente accogliamo il lavoro sui vaccini, l'assistenza salutistica, i consultori per la riproduzione, potremmo abbassare questo trend del 10-15% ".

Le parole del magnate del software sono un imprimatur sugli avvertimenti che da molti anni si levano da parte della scienza indipendente: i vaccini sono molto pericolosi, tossici e cancerogeni, suscitano malattie a breve, medio e lungo termine. I vaccini sono "bombe ad orologeria" studiate appositamente per far ammalare le persone anche a distanza di tempo e condurle alla morte. Le campagne di vaccinazioni decimano le popolazioni sopratutto nei Paesi del Terzo Mondo. Si tratta di genocidi premeditati (concepiti dalle Elite) per diminuire "drasticamente" la popolazione mondiale.

----

(3) – Bertrand Russell ha reputazione di grande filosofo della modernità. Non si può non osservare che molti sono gli intellettuali, in ogni epoca, che hanno servito i progetti dell'Elite, ovvero il NWO, per acquistare posizioni di rilievo nella società e guadagnarsi una fortuna critica, negata a tanti dissidenti meritevoli; lo stesso servizio hanno reso al Nuovo Ordine molti scienziati e artisti, annoverati nelle enciclopedie);

I Vaccini, l'Arma eletta per lo Sterminio Diluito dell'Umanità

La verità occultata sulle migliaia di morti causate dai vaccini AstraZeneca e Pfizer, in specie in UK e Usa. Sono vaccini soltanto *approvati* non dotati di *licenza*, il che avverrà solo nel 2023, quando terminerà il loro periodo di sperimentazione! (sugli umani) affermano le autorità dei governi. E, aggiungono che –contemporaneamente- tali vaccini vengono sperimentati sugli animali, i quali invece mostrano di resistere al virus, non hanno reazioni avverse e non muoiono. Il risultato è che gli umani soltanto soccombono, ma non importa. Se aggiungiamo l'obbligo del passaporto verde per spostarsi oltre i confini, cioè l'obbligo di vaccinarsi, ne emerge il Disegno: la falsa pandemia è stata escogitata per inoculare alla gente i vaccini, i quali hanno il principale scopo di controllarla elettronicamente (microchip o sua piattaforma preparatoria, introdotta col vaccino) ma anche di ucciderne un buon numero (morti magari diluite nel tempo) per sfoltire la popolazione mondiale. Infine va detto che il passaporto verde è contro il codice di Norimberga sui trattamenti sanitari coercitivi, in quanto l'obbligo del passaporto per viaggiare rappresenta l'implicita pressione ricattatoria sulla gente a vaccinarsi.

Il Vaccino Anticovid: Truffa colossale e Bioarma di Distruzione di Massa

Le Testimonianze di alcuni eminenti scienziati

Il Prof. ANDREA MONTANARI

Microbiologo di fama internazionale, intervistato dal sito di controinformazione La viadiuscita.net   (Aprile 2021): alla domanda Perché i governi vogliono obbligare i cittadini a vaccinarsi, risponde:
" più ci si vaccina, più denaro arriva all'industria farmaceutica, il guadagno è infinito perché i vaccini non costano nulla; il valore

aggiunto di un vaccino non ha confronti con nessun altro prodotto al mondo (anche all'interno dell'industria farmaceutica). I vaccini non hanno sperimentazione perché è tecnicamente impossibile sperimentarli e chi racconta che invece sono sperimentati o è ignorante o è un imbroglione: non è vero che sono controllati perché da almeno un terzo di secolo le istituzioni non controllano i vaccini. Le industrie farmaceutiche non hanno responsabilità né civile né penale per cui al produttore non interessa fare un buon prodotto perché tanto non ha problemi. Inoltre non deve cercare clienti perché i clienti sono obbligati (ad esserlo, ndr) Il guadagno è quindi infinito e l'industria farmaceutica ha tutto l'interesse affinché più persone possibili si vaccinino perché per loro significa denaro a profusione. Ma c'è dell'altro: più io vaccino più la gente si ammala: per esempio il vaccino antinfluenzale aumenta del 36% le malattie polmonari, c'è un lavoro militare che lo dimostra. I vaccini fatti ai bambini preparano la clientela perché io comincio a massacrare il cliente da bambino per cui non sarà mai più una persona sana. Per un'industria che produce farmaci è come una rendita: lui sarà cliente per tutta la vita."

Alla domanda circa la sua valutazione del vaccino anticovid, risponde:
"Il vaccino anti covid è una truffa colossale per almeno due motivi. Primo motivo: questo è un virus non vaccinabile perché non dà immunità, esattamente come il raffreddore. Il covid-19 appartiene alla stessa famiglia del virus del raffreddore: chi si ammala per il raffreddore poi si riammala 10, 100, mille volte di raffreddore esattamente come per il covid. Ma c'è un altro problema: il covid è un virus che muta con una rapidità enorme, già oggi abbiamo migliaia di varietà. Com' è possibile pensare ad un vestito su misura, come dovrebbe essere il vaccino, per un qualcosa che cambia continuamente? E' come se io facessi un vestito a un uomo che un giorno è un metro e novanta e il giorno dopo un metro e 20, un giorno 150 kg il giorno dopo 80 kg. Non è possibile, è una truffa.

Nota – queste dichiarazioni suonano inquietanti, perché implicano una prospettiva: che, passata l'attuale campagna di vaccinazione, che i governi stanno presentando come un successo e l'unica arma contro il covid-19, tra molti mesi, essi avranno l'appiglio per rilanciare una nuova *emergenza contagio* (con rinnovate misure coercitive) vendendola come una reviviscenza del virus mutato; di qui la necessità di ri-vaccinarsi. E così all'infinito.

Il Dottor GEERT VANDEN BOSSCHE

E' uno dei maggiori ricercatori su scala mondiale, esperto nella fabbricazione di vaccini e nella ricerca pre-clinica, ha collaborato con diverse case farmaceutiche (GSK, Novartis, Solvay Biologica) e con la Gavi Alliance (Bill & Melinda Gates Foundation). Il dr Vanden Bossche ha anche coordinato il programma Ebola presso la GAVI (Global Alliance for Vaccines and Immunization). Possiede un certificato-laurea in Virologia e Microbiologia, è autore di oltre 30 pubblicazioni ed è l'inventore di un brevetto per le vaccinazioni universali. Al momento lavora come ricercatore e consulente indipendente sui vaccini. Potremmo definirlo un *pentito,* perché, mentre scriviamo, è impegnato in un'azione di denuncia sulle conseguenze dei vaccini anticovid, che l'OMS ha praticamente imposto a tutti gli stati. Il suo allarme accorato sulla Rete e non solo avverte che si sta creando un Mostro incontrollabile. Si stanno trasformando i vaccini in una BioArma di Distruzione di Massa. "è difficile pensare ad altre strategie altrettanto efficaci volte a trasformare un virus relativamente innocuo (il Covid) in una Bio-Arma di distruzione di massa ". Gli effetti terribili di quest'arma, apparentemente curativa nel breve periodo, si vedranno nel lungo periodo, su scala mondiale.

Problema principale. La flessione immunitaria globale. La previsione è condivisa da altri virologi (Jemma Moran e Mike Adams, cfr. Internet). Nell'analisi del dott. Bossche l'emergere di nuove varianti virali, molto più infettanti, sono tutti indici di "fuga o perdita immunitaria" dalla nostra innata immunità. Perdita provocata dagli stessi interventi governativi, le cosìddette Non-Pharmaceutical Interventions (NPIs) come ad esempio i lockdown e le coperture facciali con mascherina, tra gli scienziati extra-establishment più appropriatamente note come Non-Scientific Interventions.

Effetti perversi dei provvedimenti in vigore. Le vaccinazioni di massa avranno come effetto probabile una ulteriore perdita adattiva di immunità, visto che nessuno dei correnti vaccini previene la replicazione/trasmissione delle varianti virali. Pertanto, più si usano questi vaccini per immunizzare la gente nel mezzo della pandemia e più infettivo il virus diventa. Non solo, ma l'incremento di infettività porta con sé, fatalmente, un incremento di resistenza virale ai vaccini.

(nota – mentre scriviamo, gli annunci delle autorità sanitarie sono un inno alla speranza: i contagi (indice RT) si riducono, così i decessi e i ricoveri, merito –asseritamente- delle vaccinazioni (circa 40 milioni in Italia; con l'obiettivo di arrivare all'80% della popolazione in autunno. Il peana quotidiano ha l'evidente scopo di incoraggiare la gente a vaccinarsi, in specie i giovani refrattari. Bisognerà aspettare forse un anno perché le previsioni del dott. Bossche si avverino?)

CATASTROFICHE CONSEGUENZE DELLA VACCINAZIONE GLOBALE

Le affermazioni del dott. Bossche non sono altro che i principi elementari della disciplina di vaccinologia. Non si dovrebbero usare vaccini preventivi in popolazioni esposte ad alte pressioni infettive, come nel presente caso delle varianti multiple in circolazione, tiene egli a ribadire. In casi come questo, il vaccino accelera il responso adattivo del virus che forma nuovi ceppi e nuove varianti che sono molto più infettive e potenzialmente mortali, e, quel che è peggio, si tratta di super-ceppi che emergono in soggetti totalmente vaccinati. Bossche: "Le misure di contenimento di massa nei NACs (Non Asinthomatic Carriers, cioè i Portatori Sintomatici del virus) accelerano la perdita di immunità innata, mentre le vaccinazioni di massa dei non-NACs (degli Asintomatici, dunque sani) accelerano la perdita di immunità innata ed adattiva".

Il fenomeno dell'adaptive immune escape (perdita immune) significa che i vaccini forniscono pressioni adattive naturali al virus che diventa così un super-ceppo creato artificialmente e trasmesso da quelli che erano già vaccinati. (questo punto corrisponde all'avvertenza dei produttori di vaccini (Pfizer, AstraZeneka, Moderna) circa il fatto che essi non sono efficaci al 100%, ndr).

Mentre questi soggetti non sono immuni alle nuove super-varianti, persino i vaccinati vengono infettati dai nuovi super-ceppi. Dato che al loro sistema immune non è stata offerta l'opportunità di difendersi attivamente dalla prima variante originale, essi hanno poca speranza di combattere con successo il nuovo super-ceppo virale, e molta di questa gente è destinata a finir male, potenzialmente a morire.

Sono queste informazioni il contenuto della lettera che il dr Bossche ha indirizzato al WHO (OMS) avvertendo che la campagna vaccinatoria globale deve essere bloccata immediatamente, se non vogliamo che l'umanità intera paghi un alto prezzo per aver facilitato la diffusione di un incontrollabile Mostro.

Un passaggio della lettera:

LE VARIANTI IN CIRCOLAZIONE SI STANNO TRASFORMANDO IN MOSTRI

"Ribadisco che virologi, scienziati e clinici sono accecati dai risultati positivi a breve termine relativi a casi individuali, ma non paiono affatto preoccuparsi delle disastrose conseguenze verso la salute globale. A meno che io dimostri di sbagliarmi e di essere smentito dai fatti, è difficile capire come gli attuali interventi possano prevenire-impedire le varianti in circolazione dal trasformarsi in mostri selvaggi"

Nessuno, né dall'OMS né dal mondo politico ha risposto alla lettera del dott. Bossche, il quale commenta:

"Le mie dichiarazioni sono fondate su niente altro che la scienza. Ed è la scienza che li contraddice. Uno non può esprimere dichiarazioni scientifiche scorrette senza essere smentito dai fatti concreti. Ma sembra che l'élite degli scienziati e delle task force che stanno attualmente consigliando i leader mondiali preferiscano rimanere silenti, mentre prove sufficienti sulla gravità di quanto sta accadendo sono già state depositate sulle loro scrivanie, e rimangono inevase da quelli che hanno il potere e il dovere di agire."

Altri virologi e ricercatori si uniscono all'indirizzo allarmato del dottor Bossche: il dr Vernon Coleman si è associato a questo allarme globale sui vaccini Covid che possono "spazzare via la razza umana dal pianeta Terra". (si veda il suo post su youtube dove espone in che modo il Covid-19 è capace di produrre tanta devastazione.

Sul sito dell'Health Ranger Americano, Mike Adams discute le implicazioni globali della vaccinazione di massa, anticipando una previsione sulla seconda ondata di super-ceppi in arrivo che potrebbe essere letale per i più giovani vaccinati, i più vulnerabili e passibili di gravi conseguenze, con implicazioni politiche prima in USA e poi nel mondo.

UNA NON INCREDIBILE PREMONIZIONE DEL 2018

"il miglior modo di fabbricare una nuova epidemia dall'esito mortale è vaccinare la gente con vaccini contaminati"; confidò l'infettivologo Johan van Dongen al giornalista di *Modern Ghana*, Joel Savage, nel corso di un incontro avente come tema i crimini medici relativi all'Aids e all'Ebola. Spiegò van Dongen che le malattie contagiose si diffondono di norma lentamente, a meno che tutti non decidano di farsi iniettare direttamente il morbo nel corpo tramite la vaccinazione. È quello il modo sicuro per far crescere rapidamente un'epidemia. La tesi è condivisa da migliaia di altri scienziati nel mondo, tra i quali il dottor Lorraine Day.

Ciò non impedisce al WHO (OMS) di terrorizzare i popoli di ogni nazione, per indurli ad accettare la vaccinazione. Una popolazione sana, in specie in Africa e negli altri paesi sottosviluppati, continua a moltiplicarsi esponenzialmente; ciò che è insopportabile per il Nuovo Ordine Mondiale, il quale vuole ridurre la popolazione terrestre a 500 milioni di unità. Obiettivo che richiede lo sterminio dei rimanenti 7 miliardi. (nota – obiettivo, quello della riduzione del genere umano, sul quale hanno concentrato i loro sforzi, lo ricordiamo, istituzioni private *umanitarie* come la Fondazione Gates, la Rockefeller Foundation e il *neofita* George Soros, candidatosi a dirigere il NWO).

Come abbiamo già scritto, nell'aprile 2009, David Hodges intervistò il medico e scrittore Patrick Jordan e il dott. Carley. Si era all'inizio dell'epidemia suina ed entrambi rivelarono che l'Elite mondialista intendeva usare il vaccino contro l'influenza H1N1 come innesco per un primo sfoltimento dell'umanità.

I TRE VACCINI PRECURSORI DEL VACCINO mRNA ANTI-COVID-19

Degna di particolare interesse è la descrizione scientifica che il dott. Patrick Jordan fa, del nuovo sistema "dei tre vaccini " elaborato dall'Elite (forse già sin dal 2009) che anticipa il sistema mRNA usato in tutti i vaccini anti-covid in circolazione mentre scriviamo (Pfizer, AstraZeneca, Moderna, Johnson & Johnson). Spiega Jordan:

la prima inoculazione spegne i globuli bianchi (il sistema immunitario), la seconda inietta i virus, e la terza riaccende il sistema immunitario. Nel medio periodo i virus si diffondono nel corpo, ma la persona non si sente male, perché il sistema immunitario non li sta combattendo. Quando il sistema immunitario si risveglia, esso scatena un tale assalto sul cocktail di virus, da uccidere la persona. La dinamica è nota come tempesta di citokina, e si verifica quando il sistema immunitario è così sovraccarico che manda troppi anticorpi tutti insieme alle aree infette del corpo, il quale ne rimane ucciso.

I vaccini delle sopra note Case Farmaceutiche basati sul mRNA prevedono (al momento) due fasi, non le tre previste dal dottor Jordan; ciò può significare che la prima inoculazione ha il compito di "spegnere" i globuli bianchi (il sistema immunitario) mentre il "richiamo" riaccende il sistema immunitario. Ora, è ragionevole ipotizzare che il "medio periodo" evocato da Jordan possa coprire un arco temporale abbastanza lungo, molti mesi, forse qualche anno; altrimenti sarebbe troppo facile collegare le eventuali morti dei vaccinati direttamente con le inoculazioni subite. Inoltre, prevedere un intervallo abbastanza lungo di salute serve a dare il tempo alle *varianti* di palesarsi nei soggetti vaccinati (che saranno la maggioranza della popolazione) e ai comitati scientifici (dell'OMS) di dichiarare che sono necessari altri vaccini anti-covid, e altra vaccinazione di massa, mentre gli ex vaccinati moriranno come mosche.

Una siffatta logica è tipica del NWO, che (in tremila anni) non ha mai affrettato le tappe, e che vuole evitare lo scontro diretto con una umanità di oltre 7 miliardi (i numeri sono numeri). Ciò che rende conto anche della questione della riduzione della stessa umanità. I Padroni del mondo sanno che debbono accontentarsi di eliminarne la metà, da qui alla fine del secolo. I vaccini non basteranno e le epidemie rapide e crudeli, tipo Ebola vanno bene per l'Africa, non per l'Occidente, sede delle Elite. Nel nostro romanzo *Storia di due Donne,* il capo norreno di un'organizzazione eversiva, in un'Europa controllata da un regime NWO, e ormai invasa dall'immigrazione africana, propone di risolvere il problema a monte. "in che modo?" domanda Octave, il nostro protagonista. "bombe, bombe ai neutroni sganciate sull'intero continente " è la risposta tranquilla. Le bombe ai neutroni hanno una peculiarità interessante: sono letali per tutto ciò che vive, ma lasciano intatte le cose, e non richiedono perciò alcuna ricostruzione.

Sganciare bombe sull'Africa o sulle zone più popolose dell'Asia (India, Thailandia) per cancellarne le popolazioni implicherebbe un controllo dell'informazione da regime orwelliano, che non lasci trapelare nulla, ovvero che annunci e trasmetta immagini Tv di falsi terremoti, maremoti e uragani di portata eccezionale. L'Elite arriverà a qualcosa di così estremo, posto che essa è già tecnologicamente in grado di cambiare il clima (come nella Bibbia) innescando terremoti, maremoti e uragani. Nel frattempo continuerà a contrabbandare la menzogna della *sostenibilità* del pianeta devastato dall'attività dell'uomo, lanciando campagne terroristiche sul riscaldamento e l'esaurimento delle risorse primarie (cibo, acqua, fonti energetiche) mentre gli scienziati indipendenti vi direbbero (e dicono) che la Terra ha sempre saputo risanare se stessa, che nel Medioevo la temperatura terrestre era di due o tre gradi superiore all'attuale, e che le tecnologie agricole sono già capaci di moltiplicare le colture senza avvelenarle con pesticidi o Ogm, cosa che le multinazionali dell'agroalimentare (Monsanto) continuano a fare, come mezzo di arricchimento e per ridurre la popolazione planetaria (anche le emissioni elettromagnetiche sregolate servono allo scopo) obiettivo che risponde alla necessità principale di controllarla con un regime poliziesco. In definitiva per l'NWO sarà più facile sorvegliare 3 miliardi e mezzo di persone, piuttosto che 7 e mezzo.

(nota – cfr. articolo di Joel Savage, 17.9.2018, sito Modern Ghana. L'accenno alla influenza suina del 2009 indica che la riduzione della umanità (specie quella africana) fu tentata anche coi vaccini, ma non riuscì, così come non vi riuscirono l'Ebola e l'Aids. Evidentemente il virus covid-19 e soprattutto il nuovo vaccino mRNA dovrebbe essere lo strumento abbastanza specializzato da produrre gli effetti desiderati dalle Elite?).

L'Agenda 21 delle Nazioni Unite

E' ormai comune tra coloro che possiamo definire gli attivisti dell'Informazione Libera la consapevolezza che sia in atto, da parte degli Ingegneri del NWO, un'aggressione tranquilla e segreta all'Umanità, col proposito di sottometterla, un giorno dopo l'altro, tramite mezzi sottili di coercizione (il Covid potrebbe essere l'inizio di una nuova strategia che, messo da da parte il ricatto del Debito Pubblico, punti sulla dominazione sanitaria) mezzi tali da trasformare lo stile di vita delle persone e persuaderle a non essere più libere, non solo nei movimenti, ma nel proprio corpo. Corpo che, in una replica perfezionata del vecchio nazi/sovietismo, è consegnato alle cure di un Regime Igienico il quale si occuperà sempre più di controllarlo ed espropriarlo con dispositivi medici da lager, atti a mutilarlo e poi a *terminarlo* scientificamente (pandemie sono già allo studio nei laboratori). Il programma di *mutilazione* e deprivazione degli esseri umani si serve già da anni di manomissione elettromagnetica, manipolazione militare del clima, innesco di terremoti (v. il progetto HAARP) e la sottrazione graduale di materie prime, di risorse energetiche, tali da esaurire (o far apparire esaurite) le provviste e ridurre i popoli in miseria, in lotta per la sopravvivenza, coi prezzi degli alimentari sempre più lievitanti.

Tutto questo mentre i governanti –mendaci- promettono la *potente* ripresa economica post Covid, stanziano fondi miliardari che i cittadini, vessati da decreti coercitivi, non ricevono, o solo in misura irrisoria. Cittadini pazienti, cioè drogati dalla Disinformazione televisiva, i quali non comprendono e continuano ignorare quel che si prepara alle loro spalle: un Gran Reset sociale e politico, premeditato dalle Elite almeno sin dagli dagli anni '70 del Novecento, e messo a punto solo nel 1992 a Rio de Janeiro, nella Conferenza sulla Terra, promossa dalle Nazioni Unite, cioè dai governi *democratici* di tutto il mondo.

L'esito della Conferenza fu l'Agenda 21. Più propriamente Agenda 21-30, essa prevede il decremento del 95% dell'Umanità entro il 2030; è stata concepita dal dipartimento per gli Affari Economici e Sociali, divisione per lo Sviluppo sostenibile, come parte della politica della sostenibilità.

Sul sito delle Nazioni Unite si legge che l'Agenda è "un piano comprensivo di azione da attuarsi globalmente, nazionalmente e localmente dalle Nazioni Unite, coi governi e i maggiori gruppi d'interesse, in ogni area in cui *gli umani hanno impatto sull'ambiente.*

La premessa implicita è che il pianeta è stato *consumato* dall'azione dell'uomo, da una popolazione (7 miliardi e più) che la Terra non riesce più a sostenere né a sostentare, e che i guasti da inquinamento, il riscaldamento da CO_2 sarebbero il suo grido di allarme. Senza però dire che a inquinare, per profitto e a sottrarre le materie prime, accaparrandosi il cibo e l'acqua, sono le multinazionali (che controllano la stessa ONU). Il riscaldamento, infondato, come il cambiamento climatico, secondo gli scienziati indipendenti, è uno spauracchio per costringere i popoli ad accettare la deindustrializzazione e un nuovo modello di vita che gradualmente porti povertà nei paesi sviluppati e carestie, dunque morte in quelli sottosviluppati, via via nell'intero pianeta. La questione climatica e CO2 è la sub-agenda della principale Agenda 21-30.

Ma vi è di più. L'Agenda sottende l'abolizione della proprietà privata, cioè del sistema liberal-democratico, e la sovietizzazione della vita sociale. (nota – come pianificato nei *Protocolli dei Savi Anziani di Sion* del 1905).
I governi sono esortati a prendere il controllo della terra, quella da coltivare, e per conseguenza di ogni terreno edificabile. In questo nuovo regime comunista globale (preconizzato da A. Huxley ne *Il Mondo Nuovo*) non ci saranno più diritti individuali, ma prevarranno le esigenze della comunità (intesa come un immenso alveare popolato da insetti, che pensano tutti la stessa cosa nello stesso momento) così come stabilito da governi centralizzati (o piuttosto, ma questo non viene esplicitato, da un Governo Unico Globale). Difatti è previsto che la gente venga allontanata dalla terra (quella stessa terra che i proprietari miliardari delle multinazionali hanno già acquistato per centinaia e migliaia di ettari) gente che verrà radunata in conglomerati abitativi vicini ai luoghi di lavoro serviti dai mezzi di trasporto; una nuova classe unica di schiavi al servizio della classe padronale e dirigente.

Conclusioni

In conclusione della nostra ricerca non abbiamo soluzioni da proporre per combattere il Nuovo Ordine, che le Elite si preparano a imporre all'umanità, complici i governi, solo nominalmente democratici. Riteniamo che l'Agenda 21-30 sia una distopia irrealizzabile prima della fine del secolo e ancora allora soltanto in misura parziale, quanto alla riduzione del popolo terrestre.

Opporsi è possibile? Teoricamente si: gli esseri umani sono 7 miliardi, le Elite coi loro servi contano poche migliaia. Non va dimenticato che esse, le Elite, sono il braccio esecutivo (inconsapevole?) delle Entità extradimensionali che abbiamo descritto all'inizio di questa seconda parte, vale a dire gli Anunnaki d'Occidente e i Kumariani del Tibet. La storia della civiltà di questo pianeta (testimoniata dai reperti sumeri) pianeta del quale noi umani saremmo, non proprietari, ma soltanto *ospiti*, indica Creatori Eterici e Manipolatori, della razza umana, tecnologicamente potenti come divinità. (gli Anunnaki sono tecnologicamente avanzati centinaia di migliaia di anni, rispetto al tempo terrestre).

Essi hanno le armi per dominarci e per sterminarci, se vogliono. Una rivoluzione mondiale dei popoli, se organizzata da un fronte di eroici combattenti, causerebbe milioni e milioni di vittime, servendo il loro progetto riduzionista del genere umano. La soluzione allora dovrebbe e potrebbe essere un'altra: come nei migliori romanzi di fantascienza, impadronirsi di una tecnologia segreta −certo esistente- quella in grado di riattivare quel 95% del nostro DNA, detto *frattaglie* dai genetisti. Recuperare le nostre potenzialità originarie di razza radice, razza interdimensionale, creata dagli Esseri Luminali, per vivere liberi sulla Terra e in altre dimensioni dell'Universo.

Appendice 1

Big Pharma, la Fondazione Gates...

E I BAMBINI-CAVIE DEL TERZO MONDO

Premessa – La fondazione Bill e Melinda Gates (BMFG) è una istituzione umanitaria che si occupa di aiuti al Terzo Mondo, in particolare in Africa, in collaborazione con l'OMS (Organizzazione Mondiale della Sanità) della quale è (verosimilmente) la principale finanziatrice privata e alla quale suggerisce strategie d'intervento nei paesi sottosviluppati, e non solo. La fondazione Gates è inoltre intensamente coinvolta nell'attività delle principali Case farmaceutiche nel modo che andiamo ad esporre.

Alla fine del 2017 Big Pharma, ovvero l'Industria del Farmaco, registrò un sensibile calo nei profitti, dovuto anche alla severa legislazione mondiale che prescrive una laboriosa, lunga e perciò costosa sperimentazione dei farmaci. Fu presto compreso dai dirigenti delle Case Farmaceutiche che era necessario delocalizzare le sperimentazioni nei mercati emergenti, dove era possibile abbassare i costi delle sperimentazioni e i governi erano meno rigidi nei controlli. E' qui che entra in scena la Fondazione Gates, con il suo peso a livello transnazionale, per consigliare e facilitare strategie studiate appositamente per i paesi in via di sviluppo, dove "per accelerare la conversione degli studi scientifici in soluzioni praticabili, noi cerchiamo la strada migliore onde valutare e definire potenziali interventi –come, per esempio, candidati per i vaccini prima di avviare dispendiosi e lunghi test clinici."

Sembra la proposta a Big Pharma di fornirle assistenza (e relazioni) per eludere i regolamenti occidentali andando a sperimentare, in tempi brevi e a basso costo, nelle periferie del mondo. In che modo? tramite le istituzioni all'uopo create dalla Fondazione Gates, cioè la Gavi Alliance, il Global Health Innovative Fund e il Program for Innovative Technology in Health (PATH) il cui statuto è salvare le vite nel Terzo Mondo e che (longa manus della Fondazione Gates) cominciarono a condurre sperimentazioni cliniche su larga scala in Africa e nel sud dell'Asia a partire dall'anno 2000. Nel 2010 la Fondazione Gates finanziò la Fase III della sperimentazione di un vaccino per la malaria della GlaxoSmithKline, somministrando il trattamento sperimentale a migliaia di bambini in sette paesi africani. Ansiosi di assicurarsi l'approvazione dell'Organizzazione Mondiale della Sanità, necessaria per ottenere l'autorizzazione a distribuire il vaccino in tutto il mondo, Glaxo e BMGF (Bill e Melinda Gates Foundation) dichiararono che la sperimentazione aveva avuto un successo strepitoso. Ma così non era, giacché i documenti dello studio clinico riportavano 151 morti e 1048 casi di effetti collaterali (paralisi, epilessia, convulsioni) tra i 5949 bambini trattati. C'è poi la vicenda della campagna (finanziata dai Gates) in Ciad per lanciare il vaccino MenAfriVac. Riportano alcune fonti che circa 500 bambini sarebbero stati vaccinati (a forza di persuasione) contro la meningite, e che gli stessi abbiano sviluppato paralisi. La vicenda fu denunciata da un giornale sudafricano in questi termini: *"Siamo cavie per i fabbricanti di medicinali"*.

Ancora nel 2010 fu il turno dell'India. Qui, nelle regioni profonde di Gujarat e Andhra Pradesh, la Fondazione Gates e Big Pharma sperimentarono iniezioni di Hpv (il vaccino contro il Papillomavirus) su sette ragazzine (se ne occupò materialmente la Path). I vaccini, sviluppati da Glaxo e Merck furono somministrati a circa 23.000 ragazzine tra i 10 e i 14 anni, con il pretesto di salvaguardarle dal cancro dell'utero, che avrebbero potuto sviluppare in tarda età.

In seguito, esaminando i dati della sperimentazione, i medici indiani valutarono che almeno 1200 ragazzine avevano subito gravi effetti collaterali o sviluppato patologie autoimmuni come risultato delle somministrazioni. Nessun ulteriore controllo o cura medica fu offerta alle vittime. Vi furono delle inchieste che rivelarono diffuse violazioni delle norme etiche; inermi bambine dei villaggi furono spinte a gruppi nella sperimentazione, i loro genitori messi sotto pressione dai rappresentanti di PATH perché firmassero il consenso su documenti che non riuscivano a comprendere. In molti casi le firme furono semplicemente falsificate.
La commissione d'inchiesta del Parlamento indiano appurò che la campagna vaccinale finanziata da Gates era in realtà una sperimentazione su larga scala, condotta su iniziativa delle aziende farmaceutiche e mascherata da "studio di controllo" allo scopo di aggirare la legislazione indiana.
La Commissione stabilì che PATH aveva "violato tutte le leggi e i regolamenti governativi sulle sperimentazioni cliniche" con una "evidente violazione dei diritti umani e con l'abuso di bambini".
Se la Fondazione Gates eluse ogni responsabilità, è davvero singolare che la magistratura indiana abbia trascurato di aprire un fascicolo e di

spiccare un mandato d'imputazione internazionale a carico della Fondazione, della Path e dei loro responsabili.

Sperimentando il vaccino per il Papillomavirus in India la Fondazione Gates non stava soltanto facilitando i test clinici a basso costo ma stava anche fornendo assistenza nella creazione di nuovi mercati per un prodotto insicuro e inefficace. La versione della Merck del vaccino, chiamata Gardasil, fu introdotta nel 2006 assieme a una poderosa campagna di marketing che produsse vendite annuali per 1.5 miliardi di dollari. Aiutata dalle associazioni dei medici, Merck infine convinse gli americani che il Gardasil avrebbe protetto le loro figlie dal cancro alla cervice dell'utero.

Il prestigioso Journal of American Medical Association pose apertamente la domanda se i rischi del vaccino non superassero i potenziali benefici. Man mano che emergevano gli inconvenienti del vaccino Gardasil, le donne americane ed europee cominciarono a rifiutarlo.

Un duplicato prodotto dalla Glaxo, il Cervarix, subì la stessa sorte. Miliardi di introiti e di profitti erano bloccati. A questo punto entrò in campo la Fondazione Gates con la GAVI Alliance. Il proposito dichiarato era quello

"di alzare il livello del mercato dei vaccini". La Gavi riuscì a farsi finanziare dai Ministri della Sanità del terzo mondo, nell'attesa di trovare "fondi su larga scala necessari per sostenere programmi a lungo termine di immunizzazione". In concreto, la BMGF (la Fondazione Bill e Melinda Gates) è solita acquistare gli stock di medicinali scartati in Occidente e spedirli nelle periferie del Terzo Mondo, a prezzi scontati, con contratti vantaggiosi a lungo termine. Il carisma della Fondazione Gates è evidentemente irresistibile, perché malgrado le prodezze perpetrate in Africa e in India, nel 2011 −con l'approvazione entusiastica del Segretario Generale dell'Onu, Ban Ki Moon- il Gavi annunciò una campagna mondiale per diffondere il vaccino HPV (Papillomavirus) nel Terzo Mondo, "se i paesi (in via di sviluppo) dimostreranno la loro capacità di distribuire il vaccino, più di due milioni di donne e bambine in nove paesi potranno essere protette dal cancro dell'utero entro il 2015" fu lo slogan. La Glaxo adottò un "Modello Globale di Disponibilità di Vaccini" e nella campagna furono coinvolte l'Unicef e il WHO (l'Organizzazione Mondiale per la Sanità).

Non solo vaccini. La storia di un pericoloso contraccettivo getta una luce ulteriore sull'ispirazione che sembra muovere la Fondazione Gates. Il Depo-Provera della Pfizer, ha ricevuto il suo imprimatur per la distribuzione alle donne povere di tutto il mondo. Ora va detto che, in USA e in India le associazioni femministe hanno contestato aspramente per decenni l'approvazione di questo farmaco da parte della Food and Drug Administration US. Di fatto, la lista degli effetti collaterali lo dovrebbe bandire dall'intero pianeta. Essa include: sterilità, emorragie, depressione, ipertensione, infezioni vaginali, perdita di capelli, offuscamento della vista, dolori delle articolazioni, crescita dei peli facciali, osteoporosi…

Ma anche un altro aspetto è degno di nota. Alcuni studi sociologici hanno rilevato negli anni una marcata tendenza dei medici a prescrivere il Depo-Provera alle donne afro-americane, assai più che a quelle bianche. Cosa che portò qualche anno fa all'accusa (rivolta implicitamente alla Pfizer) di avere concepito questo contraccettivo per controllare la riproduzione delle donne nere. Considerato il suo insuccesso anche in Europa, la nota Casa farmaceutica ha puntato sul Terzo Mondo. Fu a tale scopo che la BMFG, organizzò a Londra nel 2012 il lancio di un programma per la Pianificazione familiare, la cui missione dichiarata era distribuire il medicinale a milioni di donne nell'Asia del sud e nell'Africa subsahariana entro il 2016. Dopo 4 anni, è ragionevole presumere che il programma sia stato avviato. Per quanto le aree più demograficamente esplosive del pianeta rimangano tali, la Pfizet deve avere conseguito il profitto desiderato. Di fatti, se il contraccettivo Depo-Provera è stato iniettato a 120 milioni di donne (magari assistite dalla Sanità pubblica) il costo dev'essere stato di circa 200 dollari l'anno pro capite; il che fa circa 30 miliardi di fatturato annuo per la Pfizer. Superfluo aggiungere che né le donne subasiatiche né quelle subsahariane sono state avvertite degli effetti collaterali di quel contraccettivo sottocutaneo. La pubblicità della Fondazione Gates è molto persuasiva nel far credere che il proprio sostegno a questo medicinale corrisponde perfettamente alle richieste delle donne più povere di non avere figli.

Abbiamo voluto narrare le avventure umanitario/farmaceutiche della Fondazione Gates nel Terzo Mondo, perché esse costituiscono in qualche modo un precedente utile a comprendere l'affair del Covid-19 e del Big Business poi dei vaccini, in tutto il pianeta, al di qua del Piano di sfoltimento dell'Umanità, descritto nell'Agenda 21 delle Nazioni Unite. **(1)**

---

(1) *Può interessare il lettore sapere che di recente negli Stati Uniti, 500.000 cittadini americani hanno sottoscritto una petizione per chiedere alla Magistratura di incriminare Bill Gates per crimini contro l'umanità.*

Bill Gates

Appendice 2

Big Pharma = Big Money
I Fondi d'Investimento che ci Vaccinano

(Dati del 29 dicembre 2020 e del 13 Aprile 2021 (Johnson & Johnson) rilevati su CNN Business)

Uno sguardo alla proprietà delle principali Case Farmaceutiche, che ci forniscono i costosi vaccini (a cui i governi di fatto ci *obbligano*, con l'introduzione del Passaporto Immuni Internazionale e domestico). Si tratta dei più noti Fondi d'Investimento, che abbiamo già incontrato nel capitolo XIV; gli stessi che determinano nei mercati finanziari, l'andamento delle economie, delle politiche interne ed estere degli stati nazionali, la vita dei popoli.

ASTRA ZENECA PLC (Public Limited Company)

E' proprietà di Investitori Istituzionali per il 15.81%. Seguono i Mutual Funds, 9.65%; Altre Istituzioni 6.15%;
Ma è interessante dare un'occhiata ai primi 5 azionisti, Fondi d'Investimento, i cui nomi si ripetono nella proprietà delle altre Case Farmaceutiche che prendiamo in esame:

Wellington Management Co. LLP
PRIMECAP Management Co.
Fidelity Management & Research Co.
Jennison Associates LLC
Capital Research & Management Co..

E Altri.

Mutual Funds

Vanguard PRIMECAP Fund
Vanguard Wellington Fund
Washington Mutual Investors
Fidelity Contrafund
Harbor Capital Appreciation

(Nota – Vanguard è riconducibile ai Rothschilds, v. cap. XIV);
‹‹‹‹‹‹‹‹‹‹‹‹‹‹‹‹‹‹‹‹‹‹‹‹‹‹‹‹‹

PFIZER INC.

Detenuta in gran parte da Investitori Istituzionali, 69.87%

Proprietà

The Vanguard Group, Inc.
SSgA Funds Management,
BlackRock Fund Advisors
Capital Research & Manag.
Wellington Management Co.
Geode Capital Management
Northern Trust Investments,

Ed altri Azionisti minori.

Mutual Funds

Vanguard Total Stock Market Index...
Vanguard 500 Index Fund
Washington Mutual Investors Fund
Vanguard Health Care Fund
Ed altri.

(Nota – Anche BlackRock, come Vanguard, è riconducibile ai Rothschilds, v. cap. XIV)

«««««««««««««

MODERNA INC.

Mutual fund holders
Individual stakeholders
Other institutional

Proprietà

Fidelity Management & Research Co...
The Vanguard Group, Inc.
BlackRock Fund Advisors
SSgA Funds Management, Inc.
Geode Capital Management LLC
Morgan Stanley Investment Manag.

E altri.

Mutual Funds

Fidelity Growth Company Fund
Vanguard Total Stock Market Index...
Vanguard Mid Cap Index Fund
iShares NASDAQ Biotechnology ETF
Vanguard Extended Market Index Fu...
Vanguard Growth Index Fund

Ed altri.

⟩⟩⟩⟩⟩⟩⟩⟩⟩⟩⟩

JOHNSON & JOHNSON

Investitori Istituzionali = 69,69%

Other institutional 35.36%
Mutual fund holders 34.33%
Individual stakeholders 0.20%

Proprietà

The Vanguard Group, Inc.
SSgA Funds Management, Inc.
BlackRock Fund Advisors
Geode Capital Management LLC
Wellington Management Co. LLP
Northern Trust Investments, Inc.
BlackRock Investment Manag.

Ed altri.

238

Mutual Funds

Vanguard Total Stock Market Index
Vanguard 500 Index Fund
Government Pension Fund - Global
Vanguard Institutional Index Fund
Washington Mutual Investors Fund
Vanguard Value Index Fund
Vanguard Dividend Appreciation In.

Ed altri.

Nota – Come si vede, in tutte e quattro le Case Farmaceutiche prese in esame ricorre la proprietà preminente di Vanguard e BlackRock, riconducibile ai Rothschilds.
Per le quote di proprietà, cfr. sito CNN Business.

Appendice 3

Antiche Mappe di Atlantide

Da " Story of Atlantis "(1896) di W. Scott-Elliot

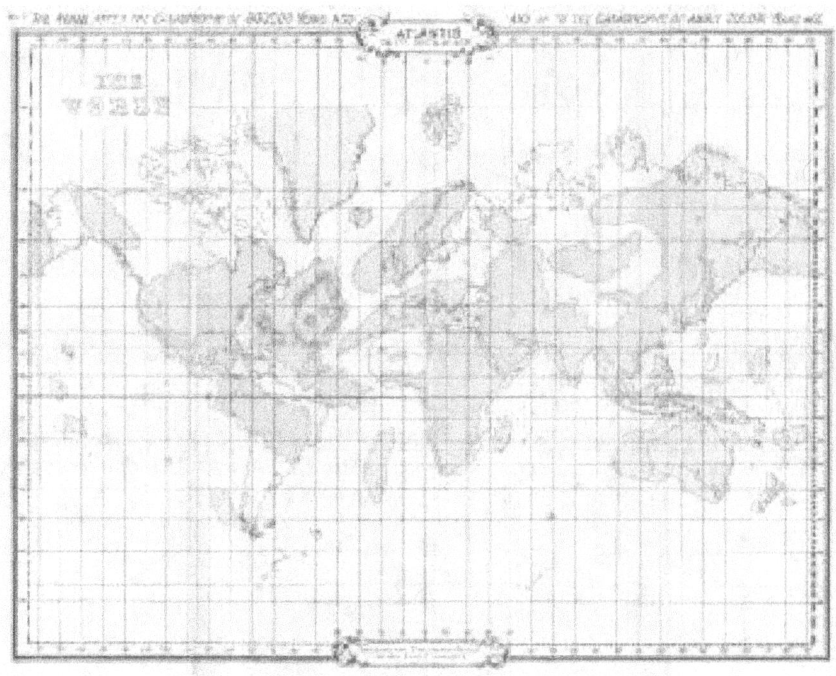

Atlantide nel primo periodo, 1 milione di anni fa

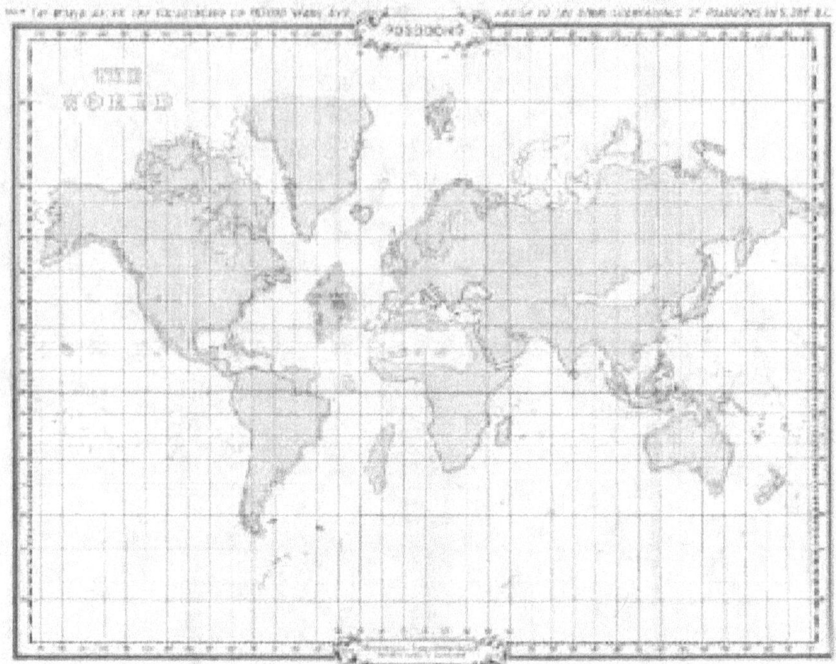

Atlantide dopo la terza catastrofe, circa 80 mila anni fa.
E' rimasta solo l'isola Poseidonis (Poseidia) al centro, fra la costa orientale
dell'America (a sin.) e il blocco dell'Europa; sotto c'è l'Africa. Poseidia sparirà in
una finale catastrofe nel 9564 a.C. (12 mila anni fa)

LA PIRAMIDE
DEL POTERE
MONDIALE

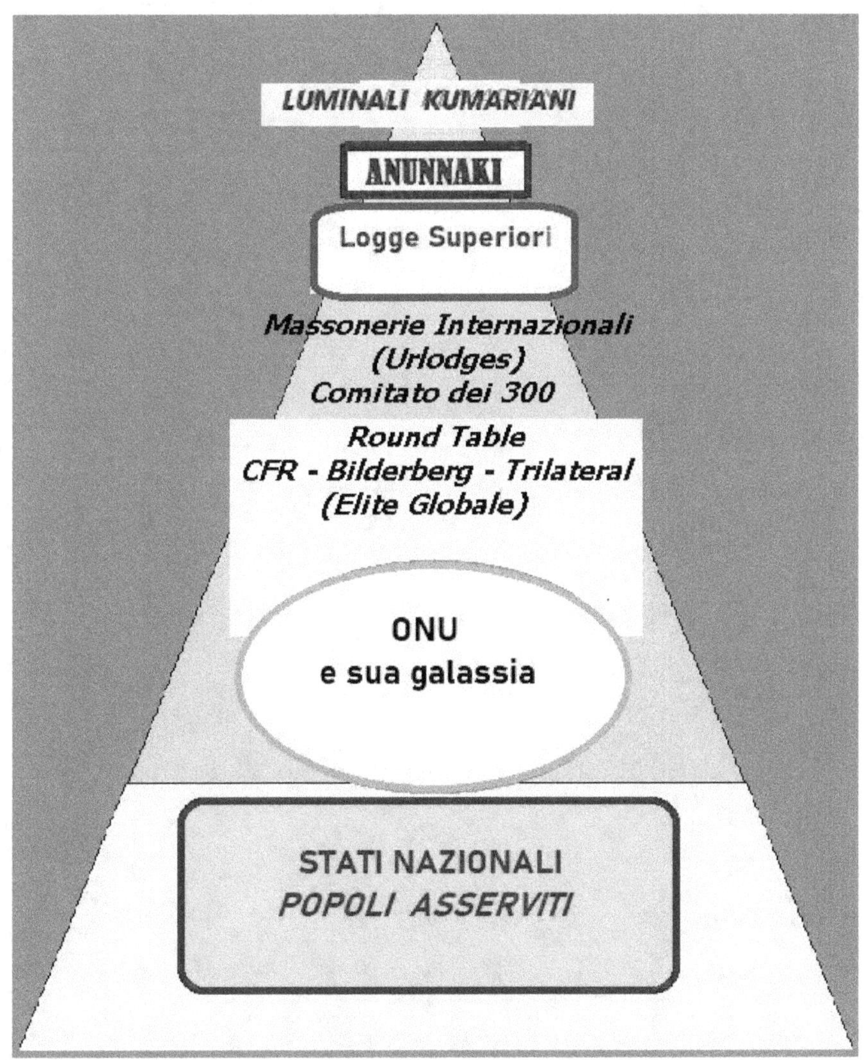

Bibliografia

Abels, Jules, *"The Rockefeller Billions: The Story of the World's Most Stupendous Fortune "*, New York: The Macmillan Company, 1965;

Allen Gary, *"The Rockefeller File"* (1976);

Allen Gary, *"None dare call it Conspiracy"* (1971);

Anglada Vicente Beltràn, *"Los Misterios de Shamballa"*, 1984;

Arendt, Hanna, *"Storia delle origini del Totalitarismo"*, 1949;

Betta, Chiara *"Marginal Westerners in Shanghai: the Baghdadi Jewish community, 1845-1931"*;

Bickers Robert & Christian Henriot, *"New Frontiers: imperialism's new communities in East Asia, 1842-1953"* Manchester University Press, 2000;

Blavatsky, Helena P. *"The Secret Doctrine"* (1888);

Berlitz Charles, *"The Mystery of Atlantis"*, 1976;

Brown, E. Richard, *" Rockefeller Medicine Men: Medicine and Capitalism in America"* Berkeley: University of California Press, 1979;

Collier Alex, *"Defending Sacred Ground"*, 1995;

Collier, Peter, and David Horowitz, *"The Rockefellers: An American Dynasty"*, New York: Holt, Rinehart & Winston, 1976;

Chernow, Ron. *Titan: "The Life of John D. Rockefeller, Sr.* London: Warner Books, 1998;

David Sassoon , in *Jewish Encyclopedia*, New York, Funk & Wagnalls, 1901-1906. - s.v. "Sassoon", articolo di Joseph Jacobs, Goodman Lipkind, J. Hyams;

Dickhoff, Robert Ernst, *Agharta*, 1951;

Emerson, Willis George, *Il Dio fumoso o il viaggio nella Terra Cava (The Smokey God or A Voyage to the Inner World*, Forbes & Company, Chicago, 1908;

Epiphanius, *Massoneria e Sette Segrete*, 1990;

Guenon René. *"Il re del mondo"* , 1927;

Josephson, Emanuel M. *The Federal Reserve Conspiracy and the Rockefellers:Their Gold Corner.* New York: Chedney Press, 1968;

Josephson, Matthew. *The Robber Barons.* London: Harcourt, 1962;

Knuth, E. C. *"The Empire of the City"*;

Lujendijc Jos, *"Nuotare con gli squali"* , 2000;

Morton Frederic, *"The Rothschilds"*;

Mullins Eustace, "*The New World Order: Our Secret Rulers*" (1992);
Palsetia, Jesse S. *The Parsis of India: Preservation of Identity in Bombay City*, 2001;
Scott.-Elliot, Walter *"Story of Atlantis" (1896)*;
Sitchin Zecharia, "*Genesis Revisited*" (1990);
Michael Sorkin, "*Too big to fail*" , 2000;
Sutton Anthony, "*Wall Street and the Bolshevik Revolution*", 2000;

Enciclopedia storica Garzanti
www.scenarieconomici.it (Nicoletta Forcheri);

Nota Biografica

Adriana Zanese Inserra

Scrittrice, saggista italiana.
Ha studiato Lettere e Filosofia presso la Facoltà di Lettere dell'Università La Sapienza di Roma. Storica della Cospirazione Globale, esperta di letteratura anglo-americana.

Nel 2015 ha fondato il Movimento Letterario *"L'altra Letteratura Scrittori Indipendenti"*
(web blog: laltraletteratura2015.altervista.org e Facebook: L'Altra Letteratura Scrittori Indipendenti) che tiene ogni anno un importante Festival della Letteratura il quale ha per protagonisti gli scrittori che pubblicano autonomamente sulle più note piattaforme editoriali del Selfpublishing. (Amazon, ilmiolibro.it). Il Festival, diretto da Adriana Zanese, si svolge presso la Casa delle Letterature del Comune di Roma, con la partecipazione di importanti istituzioni pubbliche.

Ha pubblicato:
-*Il VELO di MAYA,* poesie, semifinalista Concorso di poesia ilmiolibro.it 2012, e con la 2^ edizione finalista 2018 nello stesso concorso, Editore ilmiolibro.it/Feltrinelli (2012 e 2018);
-*YERMARY,* teatro, Editore ilmiolibro.it/Feltrinelli (2012);
-*ABDUCTION,* teatro, editore ilmiolibro.it (Gruppo Editoriale L'Espresso) (2013) e Kindle di Amazon.it (2016);

-*THE VANISHING LADY*, script, Editore Lulu.com (2013);
-*SCOMPARSA*, romanzo, Editore ilmiolibro.it (2014) e CreateSpace/Kindle di Amazon.it (2015 e 2016);
-*GLI ILLUMINATI DI SION*, saggio storico (due volumi) Edit. CreateSpace e Kindle di Amazon (2017); anche nell'edizione inglese, *The Illuminati of Zion*;
-*FINIS LUNAE*, 2 voll., romanzo fantapolitico, 2019, ed. Amazon);
-*SPILLANE INVESTIGATIONS*, sceneggiatura, 2019, Edit. Amazon);
-*GLI ILLUMINATI all'ASSALTO dell'EUROPA*, (saggio storico, 2 voll., Amazon, 2019) anche nelle edizioni inglese e francese,
-*ILLUMINATI ASSAULT on EUROPE*, (Amazon, 2019);
-*LES ILLUMINATI à l'ASSAUT de l'EUROPE*, Amazon, 2019);
-*STORIA di DUE DONNE* (romanzo, Amazon, 2020);
-*DONNA dai DUE VOLTI*, sceneggiatura, Editore Amazon (2020);
-*VIA dei FALEGNAMI*, (novella, Edit. Amazon, 2020);
-*I PROTOCOLLI di SION e il NUOVO ORDINE MONDIALE*, saggio storico 2 voll. (2020) Edit. Amazon, anche in edizione inglese,
-*THE PROTOCOLS of ZION and NEW WORLD ORDER*, e francese,
-*LES PROTOCOLES de SION et le NOUVEL ORDRE du MONDE*, Edit. Amazon,
<u>best seller su Amazon, in particolare in USA nell'edizione inglese.</u>

Stampato da Amazon Media eu

Dicembre 2025

In Italia

www.ingramcontent.com/pod-product-compliance
Lightning Source LLC
Chambersburg PA
CBHW061336250726
48657CB00004B/1188